Stefan Walter

Wahnsinnig! Glücklich!

Vom Reisen mit Kindern. Ein Vater erzählt.

360° medien

IMPRESSUM

Wahnsinnig! Glücklich! Vom Reisen mit Kindern. Ein Vater erzählt.
Stefan Walter

Bibliografische Information der Deutschen Bibliothek
Die Deutsche Bibliothek verzeichnet diese Publikation in der deutschen Nationalbibliografie.

Detaillierte bibliografische Daten sind im Internet über www.dnb.de abrufbar.

360grad-medien.de

Redaktion und Lektorat: Christine Walter

Satz und Layout: Lucas Walter, Marc Alberti

Gedruckt und gebunden:
LD Medienhaus | Hansaring 118 | 48268 Greven | ld-medienhaus.de

Bildnachweis: Alle Fotos im Innenteil: Stefan und Julia Walter, außer S. 171: Anda de Water Tours, Umschlag Rückseite: Luis Nelsen

ISBN: 978-3-947944-15-6

Hergestellt in Deutschland

360grad-medien.de

Stefan Walter

Wahnsinnig! Glücklich!

Vom Reisen mit Kindern. Ein Vater erzählt.

360° medien

Inhaltsverzeichnis

Der Beginn der größten Reise

Eine Seekuh in freier Natur zu erleben ...

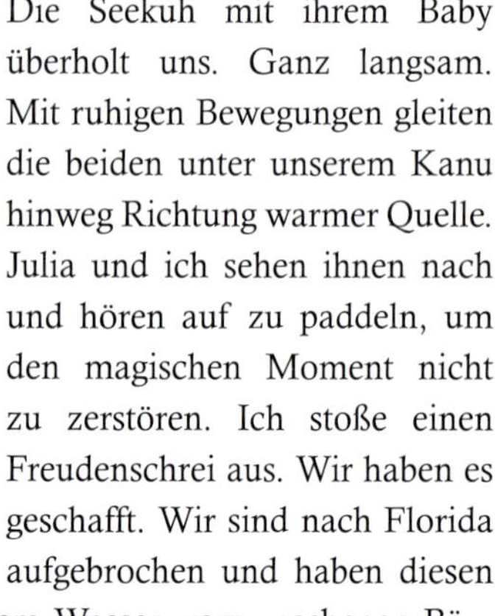

... ist wirklich ein magischer Moment

Die Seekuh mit ihrem Baby überholt uns. Ganz langsam. Mit ruhigen Bewegungen gleiten die beiden unter unserem Kanu hinweg Richtung warmer Quelle. Julia und ich sehen ihnen nach und hören auf zu paddeln, um den magischen Moment nicht zu zerstören. Ich stoße einen Freudenschrei aus. Wir haben es geschafft. Wir sind nach Florida aufgebrochen und haben diesen Ort mit glasklarem Wasser, verwunschenen Bäumen und diesen freundlichen Tieren gefunden. Zwischen uns kniet Hanna im Boot und schaut mich mit ihren blaugrünen Augen fragend an. Ich könnte sie umarmen vor Glück. Seit neun Monaten wirbelt sie jeden Tag und jede Nacht meines Lebens kräftig durcheinander. Jetzt gerade ganz besonders. Julia, mit der ich seit zwölf Jahren zusammen bin, und ich haben uns eine Auszeit von Alltag und Beruf, von Routine und Häuslichkeit gegönnt. Wir sind ausgebrochen, um herauszufinden, was Leben als Eltern alles bedeuten kann. Gedanken schießen durch meinen Kopf. Die Welt um mich herum wird klein und reduziert sich gerade nur auf uns drei in diesem Kanu, auf diesen Fluss in der herrlichen Natur. Tief aus meinem Bauch steigt eine Erkenntnis hoch und mich überkommt ein Glücksgefühl: Ja, auch mit Kind können wir unser Leben so leben und erleben, gestalten und genießen, wie wir uns das vorstellen. Und es ist noch so viel besser als früher. Dieser kleine Mensch zwischen uns, mit dem süßesten Lächeln der Welt, macht jede weitere Minute meines Lebens zu einem besonderen Moment – nicht nur wenn unter mir Seekühe vorbeiziehen.

Neun Monate vorher. Wir sind Eltern. Drei Worte. Nur ein simpler Satz. Aber diese drei Worte verändern unser Leben wie keine andere Entscheidung, die wir jemals getroffen haben – deren Ergebnis wir so sehnlichst her gewünscht haben.

Eine Weggabelung im Leben, an der wir nicht mehr umdrehen können. „54 Zentimeter, 3995 Gramm, Geburtszeit 17:08 Uhr, herzlichen Glückwunsch zu Ihrer Tochter Hanna. Ich werde jetzt nochmal nach Ihrer Frau sehen“, sagt mir die Hebamme im Familienzimmer und geht nochmal zurück in den Kreißsaal. Ich bin emotional noch mitgenommen von der langen Geburt, von dem Beruhigen und Händchenhalten, dem Unterstützen und Für-Julia-da-sein. Und dann liegt auf einmal dieses kleine Zauberwesen auf meinem nackten Oberkörper. Weil Julia noch medizinisch versorgt wird, verbringt Hanna die ersten 20 Minuten ihres Lebens auf mir. Sie ist wach, präsent und schaut mich an. Mir kommen Freudentränen vor Rührung. Ich habe eine Tochter. Ich bin Vater. So viele Gedanken habe ich und so viel möchte ich sagen. Aber was sagt man zu einem frisch geborenen Säugling? „Willkommen bei uns? Willkommen im großen Abenteuer, das sich Leben nennt? Wir haben dich sehnlichst erwartet?“ Kein Satz macht wirklich Sinn! Trotzdem spreche ich, um irgendwie Kontakt aufzubauen, die Stille zu vertreiben, sie zu beruhigen. Ich

Wir werden für unseren Mut aufzubrechen ...

... und über die Flüsse Floridas zu paddeln reichlich belohnt

habe schließlich keine Ahnung, was ich tun soll, wenn sie anfängt zu schreien. Ich halte sie vorsichtig, aber sicher fest, um ja nichts falsch zu machen. Nichts kann dich auf diesen Moment vorbereiten. Kein Geburtsvorbereitungskurs und keine anderen Babys im Freundeskreis. Ein Moment voller Wärme, Glück und Geborgenheit, der mich so mitnimmt und den ich nie wieder vergessen werde.

Nach der Geburt bekommen wir viel Besuch und noch mehr Glückwünsche. Familie und Freunde kommen vorbei und wir platzen förmlich vor Stolz, schließlich lässt ein süßes Baby alle Herzen dahin schmelzen. Alle freuen sich für uns und die Älteren schwärmen von ihrer Zeit als junge Eltern. Neben all den warmen Worten machen sich aber auch gutgemeinte Ratschläge breit. Speziell eine Lebensweisheit hören wir immer wieder: „Jetzt ändert sich euer Leben. So ein Baby braucht Ruhe. Euer Leben spielt sich ab jetzt zu Hause ab.“ Sätze, die in meinem Kopf nachhallen, in meinem Bauch rumoren und sich in meinem ganzen Körper querstellen.

In den nächsten Wochen spielt sich das Leben ein. Wir verbringen unsere erste Zeit tatsächlich zu Hause im schönen Bismarckviertel in Krefeld. Wir wollen schließlich Sicherheit kriegen im Elternsein. Routine im Windelwechseln, Baby schuckeln, baden. Der Kinderwagen und die Babytrage werden aber unsere wichtigsten Hilfsmittel. Denn wir wollen uns nicht in unserer Wohnung einigeln und verstecken. Vor allem die vielen Parks und Alleen, die grünen Adern der Viertel um unsere Altbauwohnung herum haben es uns angetan. Hanna ist ein perfektes Einsteigerbaby. Sie hat ein ruhiges Gemüt, schreit wenig und wenn doch, lässt sie sich immer mit einer Portion Muttermilch beruhigen. Wenn ich von der Arbeit als Sport und Englischlehrer an einem Gymnasium am Niederrhein zurückkomme, liebe ich es, mit ihr nach draußen zu gehen. Das gibt Julia die dringend benötigte Pause, denn ihre Nächte sind durch viele Stillpausen zerstückelt. Ganz entspannt hängt Hanna dann in der Trage an meinem Bauch und lässt sich bereitwillig mitnehmen, genießt es ganz nah bei Papa zu sein. Ebenso wie der Papa. Wenn wir dann spazieren gehen, überkommen mich Glücksgefühle, ich denke mir: „Wahnsinn, du bist jetzt Vater. Du hast eine gesunde Tochter. Ich kann meine freie Zeit mit Hanna komplett genießen. Alles ist perfekt.“ Scheinbar. Aber irgendwo in mir drin rumoren diese Sätze immer noch.

Als Hanna abends satt und zufrieden auf Julias Schoß eingeschlafen ist, berichte ich Julia von meiner Idee, die während der vielen Spaziergänge gekeimt ist: „Ich wünsche mir ein Leben, in dem ich voll und ganz für Hanna da sein kann. Nicht gedanklich hin- und hergerissen zwischen Beruf und Familie. Nach Schulschluss schnell nach Hause hetzen, um dich zu entlasten und meine Unterrichtsvorbereitungen in die Pausen im Familienleben schieben." Julia runzelt die Stirn. „Genau dafür ist doch Elternzeit da! Wir hatten doch schon mal überlegt, dass du auch Zeit vom Job frei nimmst." Ich spüre, wie mein Herz schneller schlägt. „Ich möchte mehr für Hanna da sein als die üblichen zwei Monate. Ich möchte Verantwortung übernehmen, auch wenn du nicht zu Hause bist, sondern auf der Arbeit. Und auf gar keinen Fall möchte ich, dass sich unser Leben von jetzt an zu Hause abspielt", entgegne ich unsicher. Julia sieht mich mit ihren großen braunen Augen an. Damit keine Pause entsteht, spreche ich hastig weiter. „Ich hatte an zehn Monate gedacht. Und ich würde gerne einen Teil mit deiner Elternzeit überlappend nehmen, sodass wir drei reisen können", versuche ich entschlossener zu sagen.

Freiheit und Reisen waren immer ein existenzieller Bestandteil meines Lebens und unseres Zusammenlebens. Nach dem Abitur bin ich für ein Jahr nach Down Under aufgebrochen. Ich habe mein sicheres Vorstadtleben verlassen und bin in eine neue Welt eingetaucht. Ich habe in einem alten Kombi gelebt, den Wagen abends geparkt und dort geschlafen, wo ich gerade war: Am Strand, im Wald, in den Bergen. Ich habe den Sternenhimmel beobachtet und am Feuer gesessen, bin mit dem Gesang der Vögel aufgestanden und in den Wellen geschwommen. Zwischendurch habe ich auf Farmen gearbeitet, Rinder durchs Outback getrieben und bin beim Schafe scheren in Neuseeland verzweifelt. Selten wusste ich, welcher Wochentag ist. Das ist Freiheit. Und Selbstbestimmung. Auch nachdem Julia und ich uns bei einem Segelkurs in Deutschland kennengelernt hatten, waren Abenteuerreisen mit Backpack immer ein fixer Bestandteil in unserer Beziehung.

„Vielleicht haben mich deshalb diese Sätze so getroffen", sage ich zu Julia. Wir waren immer viel unterwegs. Ich möchte nicht ein normales Leben führen. Arbeiten, vorsorgen, sichern. Kaufen, noch mehr kaufen und im Hamsterrad immer schneller laufen. Noch mehr arbeiten, Teureres kaufen – so schnell vergehen die Tage, Wochen werden zu austauschbaren Jahren. Aber wenn man einmal in diesem Kreislauf drin ist, ist es schwierig wieder herauszukommen. Julia weiß wie immer, was ich brauche und baut mich mental auf: „Dann ist doch Elternzeit die Lösung. Wir müssen kein normales Leben führen. Es ist unser Leben. Wir können und dürfen es so gestalten, wie wir das für richtig halten. Und wenn ich nach dem ersten Jahr Elternzeit in meinen Job zurückkehre, dann übernimmst du Hannas Betreuung." Was für eine befreiende Botschaft. Meine Gedanken rasen und ich spüre pure Lebensfreude in mir aufsteigen. In einem Punkt sind wir beide uns ganz einig. Wir möchten Hanna nicht mit einem Jahr in Fremdbetreuung geben.

Dafür ist die gemeinsame Zeit mit einem Kleinkind einfach zu wertvoll. Da wir durch Elterngeld auch finanziell nicht auf ein doppeltes Einkommen angewiesen sind, werden wir einfach zwei längere Elternzeiten wagen.

„Wohin möchtest du denn reisen?“, unterbricht mich Julia in meinen Gedanken. „Ich hatte an Florida gedacht. Da ist es auch im Winter warm, sicher, es gibt westliche Hygienestandards und medizinische Versorgung“, platzt es aus mir heraus. Mir fallen zuerst die rationalen Dinge ein. Fakten, die Julia beruhigen sollen und mich selbst auch. „Außerdem ist es der Sunshine State. Es ist das Land der endlosen Strände, warmem Meerwasser, wunderschöner Inseln. Berauschende Natur mit Flamingos, Seekühen und Delfinen, den Everglades und noch mehr Wildlife. Es ist der perfekte Ort, um mit dem Mietwagen herumzufahren und die Schönheit der USA zu erkunden.“ Julia ist sofort interessiert. In den nächsten Tagen lese ich Blogs und Zeitschriften und finde mich bestätigt. Andere junge Familien sind schon vor uns nach Florida aufgebrochen und sind offensichtlich auch gesund wieder nach Hause gekommen.

Der Test für die große Reise ist geglückt ...

Die folgende Zeit bestätigt uns in unserem Vorhaben, obwohl wir noch niemandem von unserer Idee erzählen. Hanna ist immer dann glücklich, wenn wir in der Nähe und für sie da sind. Im Notfall hilft Muttermilch immer. Dafür müssen wir aber nicht zu Hause sein. Ob wir bei meinen Schwiegereltern im westfälischen Ahlen übernachten, bei Freunden auf unserer Lieblingsinsel Norderney oder bei Freunden in Paderborn ist ihr egal. Überall findet sie etwas zu erkunden. Auch die langen Autofahrten sind kein Problem. Meistens schläft sie gemütlich ein, sobald der Motor brummt. Selbst bei einer Hochzeit schlummert sie gemütlich an mir in der Trage – auf der Tanzfläche. Hanna ist einfach ein Reisebaby.

Als Hanna ein halbes Jahr alt ist, fliegen wir nach Griechenland. Die Liste der Bedenken, die vorher an uns herangetragen wird, ist lang: „Das ist doch viel zu heiß für ein Baby. Ihr könnt doch nicht per Mietwagen durch Griechenland fahren. Das ist viel zu gefährlich. Was, wenn was passiert?“ Meine rationalen Einwände, dass auch in Griechenland Babys groß werden sollen, helfen nicht

... wir erkunden die Meteora Klöster auf dem griechischen Festland

gegen irrationale Ängste. Ich versuche mich gegen weitere Bedenken abzuschotten, und unser Bauchgefühl spricht ein klares: JA!

Wir reisen mit Mietwagen zu den Meteora Klöstern, zu Ausgrabungsstätten und besichtigen charmante Bergdörfer. Wir genießen das Essen und das milde Herbstwetter. Hanna ist der Eisbrecher schlechthin. Am Mittelmeer haben Babys einen ganz anderen Stellenwert in der Öffentlichkeit als bei uns. Ihre blonden Locken sorgen für große Augen und Lachen in den Gesichtern der Griechen. Wir werden oft angesprochen und immer willkommen geheißen. Alle Menschen freuen sich, dass wir als junge Familie ihr Land besuchen. Probleme hatten wir vor Ort keine, zumindest keine anderen als bei uns zu Hause. Generalprobe geglückt!

Dann buchen wir unser Abenteuer. Einen Hinflug nach Miami und einen Rückflug von New York. Dazwischen sieben Wochen, die wir drei ganz nach Herzenslust füllen können. Danach werden wieder sehr viele Bedenken an uns herangetragen: Ihr könnt doch einem Baby nicht einen zehnstündigen Flug zumuten! Und erst recht nicht euren Sitznachbarn! Da gibt es doch Mücken, die Krankheiten übertragen. Ihr wollt zelten? Das ist doch unsicher! Was ist, wenn Hanna nachts schreit? Florida ist so weit weg … Vielleicht ist es deutsch, sich so viele Sorgen zu machen, was alles passieren kann? Angst vor Ereignissen, die nicht in Routine und Komfortzone liegen? Furcht vor der Entfernung? Vielleicht aber auch normal für das engere Familienumfeld? Ich habe mich im ganzen Entscheidungsprozess immer von meinem Bauch leiten lassen. Natürlich sind mir auch Bedenken durch den Kopf geschossen. Aber ich habe so gut es geht versucht, die Gedanken nicht davon galoppieren zu lassen, sondern mich immer von meinem Bauchgefühl leiten zu lassen. Julia auch. Zwei Bäuche fühlen: Auf nach Florida!

Freiheit in Florida

„Ihr könnt bis zu drei Jahre eine Auszeit vom Beruf nehmen? Ihr habt danach Anspruch darauf, in eure alte Position zurückzukommen? Dafür bekommt ihr Elterngeld vom Staat? Unglaublich, was Eltern in Deutschland für ein Glück haben. Wenn ich nicht sieben Wochen nach Geburt zurück im Job bin, habe ich die Kündigung im Briefkasten. Sogar die Krankenhauskosten für die Geburt habe ich selbst bezahlt." (Cynthia, Florida, getroffen in Crystal River)

Im Landeanflug auf Miami komme ich aus dem Staunen nicht mehr heraus. Wolkenkratzer stehen nicht nur im Zentrum, sondern auch auf vorgelagerten Inseln. Ein schnurgerades Straßennetz voller Autos. Wasserwege durchziehen Teile der Stadt. Ich erkenne den Strand und das Funkeln des türkisfarbenen Meeres. Wir sind endgültig dem düsteren Winterwetter Deutschlands entkommen. Nach zehn Stunden Flug sind die Eltern gerädert und Hanna topfit. Sie hat schließlich die meiste Zeit auf Mamas Schoß verschlafen. Ganz friedlich, ohne irgendwelche Nachbarn zu stören. Die ersten Bedenken von außen sind also noch nicht mal eingetroffen, bevor wir überhaupt einen Fuß auf amerikanischen Boden gesetzt haben.

Nachdem wir am Gepäckband waren, geht mein Fitnessprogramm los. Wir haben sehr viel Gepäck. Nein, es gleicht eher einem Umzug. Unsere Idee zu campen, verfluche ich in diesem Moment. Julia trägt ihren Backpack, Hanna in der Trage am Bauch und einen Daypack. Ich habe meinen Rucksack und schiebe ein weiteres Gepäckstück im Buggy vor mir her. Den Kindersitz für Hanna balanciere ich oben auf dem Buggy. Am Boden liegt immer noch ein Umzugskarton voll mit Campingutensilien. Den schiebe ich mit einem Fuß vor mir her. Durch das endlose Terminal. Treppen hoch, Treppen runter. In den Skytrain, aus dem Skytrain. Holen uns am Mietwagen Office den Voucher. Warum schaut mich die Dame am Schalter stirnrunzelnd an, während sie mich fragt, ob die Kleinwagenbuchung korrekt ist? Wir schleppen uns ins Untergeschoss, ich trete weiterhin den Umzugskarton vor mir her – die einzige Möglichkeit das unhandliche Paket zu transportieren. Ich bin schweißgebadet. Dann stehen wir in einer gigantischen Halle voll mit blitzenden Autos. Schon kommt ein Mitarbeiter auf uns zu. Louie begrüßt uns amerikanisch überschwänglich und heißt uns herzlichen in Amerika willkommen. Dann sieht er Hanna, wie sie bei mir in der Trage hängt: „Oh, was für ein süßes Baby. Wie alt? Wie heißt sie? Mach ihr Urlaub hier in Florida?" ‚Ich verstehe, dass es eher nach einem Umzug aussieht', denke ich mir und will zu einer Antwort ansetzen, die uns weniger wie Reiseanfänger aussehen lässt. Dann sieht er uns genauer an. Er sieht diesen riesigen Haufen Gepäck und runzelt die Stirn: „Geht ihr irgendwie Campen oder so? Mit einem Baby?" Innerlich sacke ich zusammen. „Ist diese Idee denn so abwegig? Geht das wirklich nicht? Wir lieben es halt in der Natur zu sein und außerdem sind Hotels in Florida in der Hauptsaison nicht zu bezahlen. Nicht für die lange Zeit, die wir planen zu bleiben." Bevor ich mich rechtfertigen kann, schaut er in meinen Mietwagen Voucher. „Ihr habt einen Kleinwagen gemietet?" Jetzt bin ich kurz vor dem Zusammenbruch. In Amerika fährt jeder Mensch ein riesiges, völlig überdimensioniertes Auto. Wir sind da eher deutsch ökonomisch orientiert. Eine dreiköpfige Familie mit so etwas Abwegigem wie einem Zelt und Kleinwagen passt einfach nicht in sein amerikanisches Weltbild. Kopfschüttelnd holt er seinen Kugelschreiber raus und schreibt auf den Voucher: „Free upgrade – Minivan" drunter. „Nehmt euch ein richtiges Auto. Ihr habt wirklich eine süße Hanna. Viel Spaß in Florida." Und so verlassen wir die Halle mit einem Gratis-Upgrade-Minivan.

Wir kämpfen uns durch das dichte Verkehrsgewühl von Miami, biegen auf den Freeway und fahren Richtung Süden. Unser erstes Ziel liegt da, wo das Festland aufhört, wo Florida am schönsten sein soll. Auf den Keys. 100 Meilen blauer Himmel, grünes Wasser und Fröhlichkeit. Hier lebt sich die leichte Seite Amerikas, das Meer ist immer nur einen Steinwurf entfernt. Über tausend Inseln sind es und ein Highway verbindet viele davon mithilfe von unzähligen Brücken bis zum südwestlichsten Punkt: Key West.

Auf den Zeltplätzen auf den Keys haben wir Ruhe und viel Zeit nur für uns

Auf Key Largo schlagen wir unser Zelt auf einem Campingplatz auf, den ich schon von Deutschland aus telefonisch gebucht hatte. Wir genießen das milde Wetter und schütteln den Winter ab. Wir leben in den Tag hinein, frühstücken, wenn wir Hunger haben und schlafen, wenn wir müde sind – oder wenn Hanna uns lässt.

Kein Weckerklingeln mehr und kein Terminplan. Wir genießen die fantastische Natur. Von den Stegen am Meer beobachten wir Pelikane, wie sie nach Fischen tauchen. Die einsamen goldgelben Strände von Bahia Honda locken uns zum Baden. Den kleinen Strand unseres Zeltplatzes teilen wir uns mit Watvögeln wie Löfflern und Ibissen, die geschickt mit ihren großen Schnäbeln nach Würmern suchen. In den Mangroven beobachten wir große Krebse. Ein grüner Leguan tapst hier gemächlich und ungestört über den Strand. Wir sehen am endlosen blauen Himmel einen Flamingo fliegen. Fischadler drehen in der Luft ihre Kreise und füttern ihr Junges im Nest. Beim Schnorcheln entdecke ich Rochen, Barrakudas und Bullenhaie im geschützten John Pennekamp Coral Reef Park.

Ganz in der Nähe des Campingplatzes besuchen wir ein Delfinzentrum. Hier leben einige Delfine in weitläufigen Meerwasserbecken. Trainerinnen arbeiten jeden Tag mit den Tieren, die auch für die Therapie von Menschen mit Behinderungen eingesetzt werden. An vielen Tagen steht das Zentrum aber Besuchern offen, die die Tiere einfach nur hautnah erleben wollen. Wir sind in einem Zwiespalt. Auf der einen Seite wollen wir nicht die Gefangenschaft der Tiere unterstützen, auf der anderen Seite sind wir aber auch sehr interessiert. Wir möchten die Delfine aus nächster Nähe sehen. Kurzerhand entscheiden wir uns dazu, als Zuschauer bei einem Delfinschwimmen dabei zu sein. Vier gut gelaunte Urlauber stehen in wärmenden Neoprenanzügen im Wasser. Daneben eine Trainerin, die mit Fischeimer und Trillerpfeife das Kommando hat. Zwei Delfine pflügen durchs Becken. Ziehen ihre Kreise, kommen den vor Freude strahlenden Urlaubern immer näher. Umkreisen sie, schwimmen zwischen ihnen her, lassen sich streicheln und springen aus dem Wasser. Die Trainerin erklärt viel über ihre Arbeit und belohnt die verspielten Tiere. Dann ist die Delfinbegegnung vorbei. Wir können uns kaum von diesem Ort lösen und sehen den Delfinen im nun menschenleeren Becken weiter zu, können noch nicht aufbrechen. Wir verweilen noch lange am Beckenrand, Hanna liebt es mit ihrer Hand im Wasser zu patschen. Dann kommt die Trainerin noch einmal zurück: „Oh, ihr seid aus Deutschland.“ Dann folgt wie bei allen Amerikanern das überschwängliche: „*Amazing, welcome to our beautiful country, great that you are here*. Ich finde es toll, dass ihr mit Baby kommt. So süß. Wenn ihr mögt, könnt ihr noch eine ganz besondere Erfahrung machen.“ Julia und ich sehen uns an und nicken nur. Ein kurzer Pfiff ertönt und schon kommt ein Delfin angeschwommen. Zuerst ist Julia dran. Vorsichtig drückt sich das Tier aus dem Wasser. In Julias Mimik erkenne ich Anspannung, die in erleichterte Freude wechselt, als der Delfin Julias Wange mit seiner Schnauze berührt: Ein Delfinkuss. Ihr gelöstes Lachen wird für den Rest des Tages nicht mehr aus ihrem Gesicht weichen. Als Hanna dran ist, komme ich aus dem Fotografieren nicht mehr heraus. Wer kann schon von sich behaupten mit neun Monaten von einem Delfin geküsst worden zu sein? Auch Hanna strahlt. Sie lässt die Nähe eines so großen und nicht genau einschätz-

Unsere gemeinsame Delfinbegegnung werde ich nie wieder vergessen

baren Tieres zu, mehr noch, sie gluckst ihr ansteckendes Lachen vor sich hin. Ob uns diese besondere Aufmerksamkeit ohne Baby auch zuteilgeworden wäre? Natürlich kann man einen Delfinkuss auch buchen. Aber ähnlich wie mit Louies Mietwagen-Upgrade fühlt es sich so tausendmal besser an. Wie eine Bestätigung für unseren Mut mit Baby aufzubrechen.

Je weiter wir uns vom Festland entfernen, desto besser fühlen sich die Keys an. Wir machen eine lange Fahrt nach Key West. Wir passieren Inseln mit wohlklingenden Namen wie Islamorada, Bahia Honda Key oder Big Pine Key. Überall ist die entspannte Atmosphäre gegenwärtig. Angler stehen an den Brücken.

Die Sonne wird von keiner Wolke getrübt. Alles strotzt vor Grün und Leben. Flache Holzhäuschen säumen die Straßen. Cafés warten auf ihre Besucher, um ihre Gäste wahlweise mit dem berühmten Zitronenkuchen zu verführen oder mit Rum abzufüllen. Oder beides. Die Menschen tragen kurze Kleidung auf ihrer sonnenbraunen Haut. Niemand bewegt sich hier eilig. Wir sehen ständig das endlose Türkis des Meeres, immer weht uns ein frischer Wind durchs Fenster hinein. Hektik kennt hier niemand, auf der einspurigen Straße wird nicht gedrängelt, Stress scheint ein Fremdwort zu sein.

In Key West ist die Urlaubsatmosphäre am deutlichsten zu spüren. Es ist ein Ort, in den man sich nur verlieben kann. Das ganze Zentrum besteht aus kleinen niedlichen Holzhäusern, gestrichen in weiß oder pastellig fröhlichen Farben. Nie sind sie größer als zweigeschossig, umgeben von wildromantischen Gärten. Kein Wunder, dass Key West schon immer Schriftsteller, Künstler und Intellektuelle angezogen hat. Ich fantasiere mich in eine der vielen Hängematten oder Hollywoodschaukeln auf den ausladenden Veranden. Ich würde sofort in jedes dieser Häuschen einziehen und mich für den Rest meines Lebens nicht mehr von der Veranda herunter bewegen. Die salzige Luft einatmen und zu mir selbst sagen: „Angekommen." Wir besuchen Künstlerateliers und Boutiquen. Wir streunen durch den schönen Hafen und sehen den Segelbooten beim Ablegen zu. Abends genießen wir die Sonnenuntergangsfeierlichkeiten auf dem Mallory Square. Jeden Abend feiern hier Straßenkünstler mit den Besuchern. Feuerspucker und Jongleure, Einradartisten und Turner, Akrobaten und Gitarrenspieler konkurrieren um unsere Aufmerksamkeit. Nur in der Minute, in der die Sonne ins Meer eintaucht und hinter den Horizont wandert, halten alle inne. Werden leise. Schauen zu, atmen durch, genießen und applaudieren. So als wenn man der Sonne für einen weiteren wundervollen Tag danken möchte. Was für ein Ort. Hier drehen sich die Gespräche um das feuerrote Spektakel, wenn die Sonne im Meer versinkt – nicht um die Sorgen des Alltags. Lebensfreude pur. Hanna macht unseren Ausflug entspannt mit. Die lange Fahrt über die Inseln. Sie genießt es, auf den Holzstegen im Hafen ein wenig zu krabbeln. Der Menschenmenge am Abend schaut sie sicher und behütet aus der Trage zu. Und verschläft die zweistündige Rückfahrt im Dunklen zu unserem Zeltplatz. Was für ein Reisebaby!

Dann lassen wir die Keys und Miami hinter uns und folgen dem Highway ein ganzes Stück nach Norden immer der Küste entlang. Bei einem Zwischenstopp übernachten wir in im Jonathan Dickinson State Park in einer romantischen Hütte im Wald. Eine schöne Abwechslung zum Zelt. Wir erreichen nach den Keys unseren zweiten Sehnsuchtsort: Crystal River. Inspiriert von unserer gemütlichen Hütte im Wald buchen wir ein Motel für eine Woche vor. So lange möchten wir die Natur der Gegend erkunden. Das Motel ist bis um 16 Uhr des Anreisetags gratis stornierbar. Um 15:45 Uhr erreichen wir den Parkplatz. Ich steige aus. Hier ist es furchtbar. Es liegt direkt am Highway, sieht trostlos aus und bietet nicht mehr als eine Übernachtungsmöglichkeit auf der Durchreise. Schnell hin und schnell wieder weg. Nicht zu vergleichen mit der Romantik der Waldhütte. Ich rufe beim Campingplatz des Örtchens an und buche einen Platz. Um 15:55 Uhr storniere ich mithilfe des offenen Motel-WLANs unser Zimmer.

Angekommen auf dem Campingplatz werden wir wieder glücklich. Wir campen direkt am Wasser, Teichhühner laufen zwischen unseren Stühlen herum und wir verbringen unsere Zeit zu dritt in der Natur. Das passt so viel besser in unser Weltbild als ein staubiges Motel. Keine der von zu Hause an uns herangetragen Sorgen bewahrheitet sich beim Campen. Hanna schreit nachts niemanden auf dem Zeltplatz zusammen. Wird sie wach, so hat sie Hunger und Julia stillt. Mit vollem Bauch schläft es sich wieder sehr gut. Selbst wenn es anders wäre, würde Hannas Geschrei niemand mitkriegen. Jeder auf diesem Campingplatz wohnt in einem riesigen Campervan. Mit (Schall-)Isolierung, Satellitenschüssel, Klimaanlage, Backofen, bequemen Betten im Schlafzimmer, kleinem Wohnzimmer und allem, was noch zu Luxus-Camping dazugehört. So fallen wir natürlich sofort auf. Hauptsächlich Senioren reisen im Winter durch Florida, sie werden hier Silverbirds genannt. Zugvögel, die aus dem kalten Norden kommen und ihre Zeit in mildem Wetter verbringen möchten. Wir können kaum vom Waschraum zu unserem Zelt laufen, ohne dass Hanna verzückte Blicke der älteren Damen erntet. Meistens winkt sie freudestrahlend zurück, was uns immer einen kurzen Smalltalk einbringt.

Wir überstehen sogar einen Gewittersturm in der Nacht. Der Regen prasselt so laut, dass wir fast unser eigenes Wort nicht mehr verstehen. Das Zelt wackelt und ich mache mir Sorgen, ob die Plane wegfliegt. Passiert ist das zum Glück nicht. Auch weil ich im Regen hinaus bin und nochmal die Schnüre nachgespannt habe. Schlimmstenfalls hätten wir im Auto weitergeschlafen. Hanna hat davon gar nichts mitbekommen. So eine Sturmnacht ist vergleichsweise ein geringer Preis, den wir zahlen. Zum einen wörtlich, weil eine Zeltübernachtung ein Bruchteil der Unterkunftspreise kostet. Zum anderen, weil es keine bessere Möglichkeit gibt in der Natur zu sein und so viele Menschen kennenzulernen. Zum Beispiel den netten Nachbarn, der uns morgens eine Kanne Kaffee vorbeibringt, weil er Sorge hatte, dass wir bei dem heftigen Regen eine nasskalte Nacht hatten.

Die Kleinstadt Crystal River hat eine ganz besondere Lage. Sie ist über ein Netz aus Flüssen, Kanälen und Seen mit dem Golf von Mexiko verbunden. Am Stadtrand liegt eine warme und wie der Name sagt, kristallklare Süßwasserquelle. Jedes Jahr im Winter nutzen diese Quelle bis zu tausend eigenartiger Tiere: Rundschwanzseekühe. Sie kommen aus dem Meer über die Flüsse hierher geschwommen, um sich nach dem nassen Grasen wieder aufzuwärmen. Die Three Sister Springs-Quelle liegt in prächtiger Natur. Sie ist umgeben von alten Zedern, Zypressen und Sumpfeichen, an deren Ästen spanisches Moos wie verwunschene Stofffetzen herabhängen. Ein Weg aus Holzbohlen führt einmal herum. Vor

Klares Wasser, Seekühe und verwunschene Bäume: Crystal River ist ein Ort wie im Märchen

uns im Wasser hören wir ein gemächliches Prusten und Platschen der Seekühe. Über fünfzig Tiere liegen hier gerade im warmen Wasser und tun: rein gar nichts. Gemächlich treiben sie an der Oberfläche. Wenn sie Luft brauchen, stecken sie einfach die Nase heraus. Ich erkenne Babys, die sich eng an ihre Mütter kuscheln. Ein paar Jungtiere lassen sich ineinander treiben und raufen leicht herum. Manchmal wünschte ich, dass ich so ein Leben hätte. Den ganzen Tag nur futtern, dann mit Freunden und Familie im warmen Wasser treiben und keine Termine haben. Ich könnte hier Stunden verbringen und den Tieren zuschauen. Meditation pur.

Wir sind nicht die einzigen Besucher auf den Bohlenwegen. Busladungen von gutgelaunten Senioren werden hier zum Fotostopp abgesetzt. Sehr zur Freude von Hanna. Sie winkt den Menschen freundlich zu, schenkt ihnen mehr Beachtung als den Tieren. Das wird wie immer belohnt. Auch einige der Damen interessieren sich mehr für unser Baby als für die Seekühe. So kriegt jeder an diesem Ort, was er braucht. Und ich brauche mehr Abenteuer als den Bohlenweg um die Quelle. Mehr als mit Sicherheitsabstand die Tiere erleben. Morgens, wenn die Flut reinkommt und noch wenige Tiere in der Quelle sind, dürfen Besucher vorsichtig hinein schnorcheln. Ich stelle mir das fantastisch vor, denn ich bin sowieso ein Tierenthusiast. Ich teile meine Idee mit Julia: „Wir könnten uns morgen Kanus leihen, zum Eingang der Quelle paddeln und mit den Tieren Zeit im Wasser verbringen. Dann haben wir diesen Ort weitestgehend für uns." Julia ist einverstanden. „Aber nur wenn wir einen Verleiher finden, der Babyschwimmwesten im Angebot hat", sagt sie in einem Ton, der keine Zweifel aufkommen lässt. So viel Sicherheit muss sein.

Wir paddeln los. Über Kanäle in Flüsse auf einen großen See. Zurück in Kanäle, deren Ufer von kleinen Ferienhäusern gesäumt werden. Hier würde ich auch sofort einziehen, mit meinem Boot zur Arbeit oder zum Supermarkt fahren. Im Garten sitzen und nach Seekühen Ausschau halten. Vom Schaukelstuhl ins Wasser springen, ohne einen Fuß auf den Boden zu setzen. Warum haben wir in Deutschland nicht auch solche Orte? Dann passiert dieser magische Moment, als die Seekuh mit Baby unter unserem Kanu durchschwimmt. Enthusiastisch paddeln wir weiter zur Quelle. Mitarbeiter einer Freiwilligenorganisation patrouillieren hier in Kajaks am Quelleneingang. Sie stellen sicher, dass Besucher nur in die Quelle schwimmen, wenn weniger als dreißig Tiere drin sind. Ansonsten wird es zu voll – und stressig für die Seekühe. Anfassen oder in die Schutzzonen schwimmen ist strengstens verboten. Zum Glück gibt es hier klare Regeln. Overtourism hat schon viele Orte auf diesem Planeten zerstört.

Wir knoten unser Kanu an einem Baum fest und ziehen uns nacheinander die Taucherbrille über. Mit Hanna zusammen trauen wir uns nicht ins Wasser. Dann schwimme zuerst ich los, durch einen schmalen Wasserlauf zwischen alten Bäumen in die warme Quelle hinein. Das magische Gefühl von eben wird sofort getoppt, denn ich werde beim Schwimmen aus nächster Nähe überholt. Während ich mich anstrenge, um vorwärts zu kommen, bewegen die beiden Seekühe nur langsam ihre Schwanzflosse. Kommen näher, schweben förmlich neben mir, nur einen Meter entfernt. Keine Scheu oder Unsicherheit in ihren Bewegungen. Meine Bewegungen werden ruhiger. Wir sehen uns in die Augen. Sie schauen mich aus ihren dunklen Augen an, nehmen aber keine besondere Notiz von mir. Sie haben keine Scheu. Ich könnte sie tatsächlich anfassen, widerstehe aber der Versuchung. Dann ziehen sie zügig an mir vorbei.

Schnorcheln in der warmen Quelle: Näher kann man den Tieren nicht kommen

Ich verweile in der Quelle und vergesse die Welt. Um mich herum tummeln sich einige Tiere. Ein Fischschwarm umgibt eine Seekuh und putzt ihre Schwanzflosse. Ich gleite über den strahlend weißen Sand in klarem Wasser. Die Zeit scheint in diesem Moment stillzustehen. Immer mehr Tiere kommen hinzu, umkreisen mich und gesellen sich zu den anderen. Ich frage mich, welche Geschichten sie wohl erzählen. Vielleicht berichten sie von den besten Seegraswiesen oder wie sie Haifischangriffen entkommen sind. Ich beobachte sie und wünsche mir, ihre Sprache zu verstehen.

Obwohl die Quelle lauwarm ist, bin ich bald durchgefroren. Kaum zu glauben, dass Seekühe sich hier aufwärmen. Danach genießt Julia ebenso intensiv wie ich und ist lange weg. So lange kümmere ich mich im Kanu um Hanna, die keine Lust mehr hat, still im Boot zu sitzen. Sie möchte viel lieber die Welt außerhalb des Kanus erkunden und wird unruhig. Neben mir liegt ein leeres Passagierboot, der Kapitän wartet auf seine Schnorchelgäste. Als er Hanna sieht, winkt er uns zu sich. Er freut sich darüber, dass wir mit Baby die Seekühe besuchen. Und bietet uns gastfreundlich etwas an: warmen Kakao und Kekse für Papa und Baby. Was für ein Tag.

Ein paar Tage später erreichen wir Fort Myers und beginnen eine ganz besondere Woche. Vor unserer Abreise hatte ich meine Eltern gefragt, ob sie nicht eine Woche mit uns gemeinsam in Florida verbringen möchten. Diesmal ohne Zelten. Wir haben zusammen ein kleines Ferienhaus gemietet, von dem aus wir zu den schönsten Orten in der Umgebung fahren können. Die Freude bei unserem Wiedersehen ist groß, als wir aus dem Auto steigen und die Großeltern auf uns warten. Hanna rudert wild mit ihren Armen und möchte sofort zu Oma auf den Arm. Oma und Opa haben nur Augen für die Kleine. Auch für sie war es schwer, vier Wochen von ihrer Enkeltochter getrennt zu sein. Wir kommen aus dem Wiedersehenstaumel kaum noch heraus. „Wie geht es euch? Seid ihr gesund? Habt ihr alles gut geschafft? Wie hat Hanna alles mitgemacht?" Vielleicht müssen erst einmal ein paar Sorgen raus, und es ist normal, dass sich Familienangehörige um das Wohl der Kinder sorgen. Aber jetzt herrscht Freude auf allen Seiten. Meine Eltern sind glücklich, in Florida zu sein.

Familienzeit: Oma und Opa kommen zu Besuch

Gemeinsam unternehmen wir jeden Tag schöne Ausflüge. Wir fahren zum Anwesen des bemerkenswerten Erfinders Thomas Edison. Dieser Mensch war sehr inspirierend. Er hat vor ca. 100 Jahren schon über 1000 Patente für eine Vielzahl von Erfindungen eingereicht, die die Welt veränderten. Zum Beispiel für die Glühbirne, für das Grammophon oder die Kinematographie. Wir besuchen sein beeindruckendes Herrenhaus, das an einer palmengesäumten Allee direkt am Meer liegt. Werkstätten, Labore und Hallen befinden sich ebenfalls auf dem Anwesen und wir können besichtigen, wie Edison experimentiert hat.

Im Haus prangt ein großes Schild mit Edisons bedeutendstem Zitat: „Ich habe nicht versagt, ich habe nur 10.000 Wege gefunden, die nicht funktionieren." Was für eine Aussage! Sie zeigt zum einen seine Bescheidenheit. Prahlen mit seinen Erfolgen für die Gesellschaft hatte er wohl nicht nötig. Zum anderen bewundere ich seinen Mut, seine Hartnäckigkeit und Entschlossenheit, seine Ideen in die Tat umzusetzen. Egal, ob der eingeschlagene Weg am Ende erfolgreich ist. Schließlich bekommen wir im Alltag häufig nur perfekte Ergebnisse präsentiert. Die Medien und besonders die Werbung zeigen uns hochglänzende Produkte, Menschen oder Resultate. Dass hinter jedem erfolgreichen Weg aber auch ungezählte Fehler, Befürchtungen, Sorgen und Ungewissheiten liegen, bekommen wir nie gezeigt. Ich nehme mir für mein Leben vor, mir Fehler zu erlauben und als Teil meines Weges zu akzeptieren. Das Alphabet hat schließlich noch 25 weitere Buchstaben, nachdem Plan A gescheitert ist. Wenn selbst so ein erfolgreicher Unternehmer wie Edison 10.000 Fehler gemacht hat, dann darf ich das auch. Mich bestärkt der Besuch im Edison Estate und das Nachdenken über sein Zitat in unserem aktuellen Vorhaben. In meinem Hinterkopf gibt es immer noch diese kleine Stimme, die seit Elternzeitbeginn ab und an leise ruft: „Du könntest jetzt auch arbeiten und deutlich mehr Geld verdienen, als du Elterngeld gezahlt kriegst. Ist das, was du gerade tust, richtig für deinen beruflichen Werdegang?" Ich versuche, diese leise Stimme zu ersticken. Schließlich stehen wir uns im Leben selbst im Wege, wenn wir uns vor jeder Entscheidung verrückt machen und ja keine Fehler machen wollen. Ich genieße schließlich die intensive Zeit mit meiner Familie in vollen Zügen. Kommt es am Ende nicht auf diese Momente an? Weniger Sorgen machen, mehr leben! Mein Herz sagt, ich mache gerade alles richtig. Ich stehe jeden Morgen hier in Florida mit einem Lächeln auf. Ich verbringe Zeit mit meinen Lieblingsmenschen. So möchte ich mein Leben leben. Und die leise kopfgesteuerte Stimme ausblenden.

An einem anderen Tag fahren wir auf die wunderschöne Insel Sanibel Island. An den weiten Stränden sehen wir Delfine in den Wellen spielen. Eine ständige Meeresströmung spült jeden Tag lebende Muscheln und andere Tiere in riesiger Anzahl an. Der Strand ist voll von Muscheln, Seesternen, Korallen und auch mal ein paar Fischen. Alle Tiere, die irgendwie noch nach Leben aussehen, werfe ich zurück ins Wasser. Aber es sind tausende von Tieren. Ich versuche für die paar, an denen ich vorbeilaufe einen Unterschied zu machen. Alle anderen sorgen für ein Fest für die Strandvögel. Während wir so am Strand langlaufen, fühle ich mich einfach nur frei. Es ist so ein Hochgenuss. Wir sind hier in Florida, an einem tollen Ort am Strand, an dem es nicht viel Schöneres auf dieser Welt geben könnte. Ich habe meine Eltern hier um mich herum, die gesund sind, meine Frau, die ich über alles liebe, läuft neben mir, und wir haben unsere Tochter Hanna dabei – das großartigste und wertvollste Geschenk, das wir jemals in unserem Leben bekommen haben. Die leise Kopfstimme ist nun endgültig ausgeblendet. Ich bin einfach nur glücklich, dass wir die Chance hatten, diese große Reise zu machen.

Gemeinsame Zeit ist das größte Geschenk

Sanibel Island bietet nicht nur einen wunderschönen Strand mit beeindruckenden Tieren, sondern auch einen Wildlife Drive durch das Inselinnere. Hier können wir Pelikane und andere Watvögel sehen. Wir beobachten, wie Alligatoren im seichten Lagunenwasser liegen. Die bequemeren Menschen können hier aus dem fahrenden Auto heraus Tiere beobachten. Wir aber steigen an allen interessanten Orten aus und laufen näher, um Fotos zu machen. Alligatoren leben in Florida zusammen mit dem Menschen und sind im Grunde genommen ungefährlich. Sie leben überall in den Flüssen und Wasserwegen. Wir haben sie schon von der Straße aus gesehen, oft in der Nähe von Wohnhäusern. Die Versuchung ist zu groß ein Foto zu machen, auf dem wir mit einem Alligator zu sehen sind. Während wir einer nach dem anderen (trotzdem ohne Hanna) mit Sicherheitsabstand zu dem Tier posieren und uns gegenseitig fotografieren, fährt ein Reisebus vor. Im Reisebus sitzen Senioren, die alle gerne wilde Tiere auf ihrer Tour sehen möchten. Hanna dreht sich kurzerhand zu dem langsam vorbei rollenden Bus und winkt wie immer freundlich den Menschen zu. Das löst eine Kettenreaktion aus. Überall im Bus sehe ich verzückte Gesichter und freundliche ältere Damen zurückwinken. Der ganze Bus winkt jetzt. Ich frage mich, ob die Gäste überhaupt den Alligator gesehen haben, oder ob Hanna an dieser Stelle die Hauptattraktion war.

Alligatoren liegen gefühlt an jeder Parkecke herum und sonnen sich

Die Woche verfliegt, wir verbringen jeden Tag an den schönen Stränden dieser Gegend, beobachten eine amerikanische Strandhochzeit, machen Picknicks. Wir hören Livemusik am Fort Myer's Pier und beobachten, wie sich dabei der Himmel rot verfärbt. Wir genießen gutes Frühstück in unserem kleinen Garten und stoßen jeden Morgen auf Louie's Wohl an, der uns den Minivan gegeben hat, mit dem wir auch noch die Großeltern mitnehmen können. Dann kommt der Tag des Abschieds. Wir sind alle etwas traurig, aber wir wissen ja, dass es nicht mehr lange dauert, bis wir uns zu Hause in Deutschland wieder sehen werden.

Julia, Hanna und ich genießen unsere letzten Tage in Florida und fahren in die Everglades, das riesige Sumpfgebiet im Süden des Staates. Wir geben schon nach kurzer Zeit den Versuch auf, die Alligatoren zu zählen. Die leben hier in so großen Mengen, dass wir aus dem Staunen nicht mehr heraus kommen. Die Amerikaner sind hervorragend darin, ihre Nationalparks den Besuchern zugänglich zu machen. An einigen Stellen führt ein Bohlenweg mitten über die Seen und Sümpfe, sodass wir von oben nach Wildlife suchen können. Neben all den Krokodilen entdecken wir auch Schildkröten, Fische, Kormorane, Schleiereulen, Bartgeier. Dann fahren wir zu unserer letzten Station, nach Miami und zum Flughafen, wo noch das Dessert unserer Reise wartet: ein paar Tage in New York als Stopp auf dem Rückflug.

Unsere Zeit hier in Florida geht vorerst zu Ende. Es ist sicher nicht alles glatt gegangen. In Miamis Hipsterviertel Wynwood ist unsere komplette Kameraausrüstung aus dem abgeschlossenen Auto gestohlen worden. Die Funksignale der Fernbedienung sind anscheinend leicht zu knacken. Die amerikanische Polizei interessierte sich überhaupt nicht für unser Problem und ließ uns nicht mal eine Anzeige erstatten. Auf der langen Fahrt nach Jupiter machten wir ungezählte Stopps, weil Hanna schrie und sich nicht beruhigen ließ, was völlig untypisch für sie ist. Entnervt kamen wir nachts an und fanden mit viel Glück noch eine Unterkunft. Der Sturm auf dem Zeltplatz sorgte für eine schlaflose Nacht. In den Everglades habe ich mit einem Schlag auf meinen Arm zwei Mücken gleichzeitig getötet, so viele Blutsauger haben uns gleichzeitig angeflogen – und so schnell haben wir noch nie die Flucht angetreten. Auch habe ich gelernt, dass Autofahrer auf den Parkplätzen in den Everglades ihre Wagen mit einer Plane abdecken sollten. Als wir von einer Wanderung zurückkamen, hatten Bartgeier unsere Scheibenwischer und Dichtungsgummis zerfressen. Völlig unbeeindruckt saßen sie immer noch mir ihren scharfen Krallen auf unserem Wagendach. In all diesen Momenten waren wir erschrocken, sauer, enttäuscht und von unserer Reise genervt. Aber macht nicht auch genau dieses das Leben bunt? Passiert ist unterm Strich keinem von uns etwas. Aber unser Mut wurde belohnt. Mit einer wunderschönen Elternzeit fern vom Alltagstrott zu Hause.

Wahnsinnig: *Der Zeltplatz ist anstatt mit Rasen mit kleinen Kieselsteinen ausgelegt. Ständig müssen wir Hanna davon abhalten, sich die Steine in den Mund zu stecken. Manchmal müssen wir sie auch vorsichtig wieder aus dem Mund entfernen. Wir haben immer eine Restsorge, dass sie einen Stein heruntergeschluckt haben könnte.*

Glücklich: *Wenn ich morgens im Zelt von einer kleinen Patschehand geweckt werde, die mich daran erinnert, dass das Leben gelebt werden will. Jetzt sofort!*

New York City und worum es im Leben geht

„Ihr müsst links in die 43. Straße einbiegen. Kommt, ich begleite euch noch ein Stück auf dem Weg. Wir New Yorker helfen gerne Besuchern. Ich habe mich auch schon oft verlaufen, kein Grund sich zu streiten. Habt eine gute Zeit mit eurem Baby!" (Ashley, getroffen an einer Kreuzung während eines sinnlosen Paarstreits)

Wir landen in New York City. Mit der Metro fahren wir ins Zentrum von Manhattan. Schon der Blick aus den Zugfenstern lässt uns frösteln. Es ist kaltes trübes März Wetter. Die Menschen laufen in dicken Jacken herum, haben verkniffene Gesichter, die Bäume biegen sich unter dem eiskalten Wind. Wir fahren teilweise unter der Erde, aber auch oberirdisch durch endlose Häuserschluchten. Den Rest zu unserem Hotel in Lower Manhattan laufen wir. Was für ein Kontrast zu Florida. Keine Spur mehr von Ruhe und Gemütlichkeit. Jeder ist in Eile. Hektische Bewegungen. Die Straßen sind vollgestopft mit Autos, die sich langsam durch das Gedränge wühlen.

Als wir durch die Stadt bummeln, kaufen wir uns zuerst Schal und Mütze. Am 9/11 Memorial stoppen wir. An der Stelle, wo früher das World Trade Center stand, klafft eine Lücke. Ein Wasserbecken im Ausmaß eines der beiden Türme

Die Namen am 9/11 Memorial wühlen die Bilder im Kopf wieder auf und lassen uns dankbar werden für unsere kleine wachsende Familie

erinnert an die Opfer der terroristischen Angriffe vom 11. September 2001. Es dient als Ort der Trauer und des Gedenkens an diejenigen, die ihr Leben verloren haben. Das Memorial erinnert uns aber auch an die Bedeutung von Einheit und Zusammenhalt in schwierigen Zeiten. Es ist ein Symbol dafür, dass wir als Gemeinschaft zusammenstehen und uns gegenseitig unterstützen können, auch inmitten von Tragödien. Demütig lesen wir die Namen der Menschen, die ihr Leben an diesem Tag verloren haben.

Per Boot verlassen wir Manhattan in Richtung Lady Liberty

New York wirkt anfangs wie ein kalter Entzug von Florida. Es wirkt grau und gehetzt. An einer Kreuzung fangen Julia und ich einen Streit an, weil wir uns nicht einigen können, wo und wohin wir wollen. Dies bekommt eine Einwohnerin mit und fragt uns freundlich, ob sie helfen könne. Wir scheinen ein sehr hilfsbedürftiges Bild abzugeben, mit Hanna in der Trage und zwei erwachsenen Menschen, die sich auf offener Straße streiten. Sofort verfliegt die Kälte. Wir legen unseren Streit beiseite und fragen uns, warum wir uns von solchen Kleinigkeiten aus der Ruhe bringen lassen.

Am nächsten Tag beginnen wir unseren Tag amerikanisch: Wir frühstücken bei Dunkin Donuts und nehmen schon am frühen Morgen unsere komplette Tagesration an Kalorien und Zucker zu uns. Später nehmen wir das Boot zur Freiheitsstatue. Schon die Fahrt vom Südende Manhattans auf die vorgelagerte Liberty

Wir drei stehen vor der Freiheitsstatue, dem Symbol für Aufbruch und Chancen

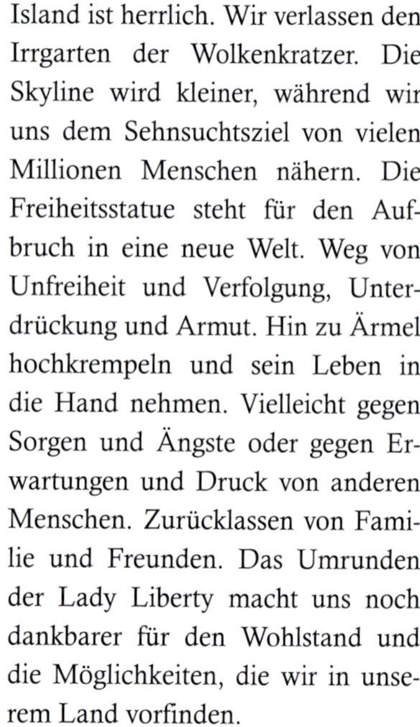

Island ist herrlich. Wir verlassen den Irrgarten der Wolkenkratzer. Die Skyline wird kleiner, während wir uns dem Sehnsuchtsziel von vielen Millionen Menschen nähern. Die Freiheitsstatue steht für den Aufbruch in eine neue Welt. Weg von Unfreiheit und Verfolgung, Unterdrückung und Armut. Hin zu Ärmel hochkrempeln und sein Leben in die Hand nehmen. Vielleicht gegen Sorgen und Ängste oder gegen Erwartungen und Druck von anderen Menschen. Zurücklassen von Familie und Freunden. Das Umrunden der Lady Liberty macht uns noch dankbarer für den Wohlstand und die Möglichkeiten, die wir in unserem Land vorfinden.

Auch bei dem Trubel und den vielen Menschen am Times Square bleibt Hanna ruhig in ihrer Trage – ein echtes Reisebaby

Später wühlen wir uns im Schneetreiben durch den Times Square. Dieser gigantische Platz überfordert uns mit seinen riesigen Bildschirmen, auf dem unentwegt Werbespots laufen. Auch das ist ein riesiger Kontrast zur Ruhe Floridas. Trotzdem ist der Anblick und die vielen Menschen hier überwältigend.

Wir laufen zur Fifth Avenue, immer mit Hanna in der Trage. Hier liegt ein Luxusladen neben dem nächsten. Alle großen Marken und Luxuslabels sind hier vertreten. Über diese Straße bummelt jeder, der in New York shoppen gehen möchte. Dabei schleppen die Menschen tütenweise Kleidung aus den Läden. Vor einigen Läden stehen sogar Türsteher und lassen nur eine begrenzte Anzahl an Menschen herein. Ironischerweise scheint das die Leute geradezu anzuziehen. So bilden sich lange Schlangen davor. Das gibt den Menschen drinnen das Gefühl von Exklusivität und jemand Besonderes zu sein. Ich vermute, diese Strategie zahlt sich aus. Die Menschen erleben die Marke dieses Ladens als begehrenswert und kaufen mehr, weil sie auserwählt sind und die Möglichkeit haben in diesem Laden zu sein.

Ich persönlich denke, dass jeder Mensch das tun sollte, was er möchte, was er kann und was ihm wichtig ist. Für mich persönlich ist die Fifth Avenue aber ein Sinnbild dafür, was ich nicht möchte. Ich möchte mir von Geld lieber eine gute Zeit kaufen anstatt Besitz anzuhäufen. Ich möchte mir Erlebnisse kaufen. „Let´s have a good time!", ist ein Ausspruch, der im englischen Sprachgebrauch häufig benutzt wird. Die gute Zeit ziehe ich materiellen Dingen grundsätzlich vor. Ich möchte mir besondere Momente schaffen und Zeit kaufen. Diese möchte ich wiederum für Sachen nutzen, die mich glücklich machen: Reisen, gut essen und Zeit mit meiner Familie und meinen Freunden verbringen. Davon habe ich so viel mehr als von einem vollen Kleiderschrank mit teuren Markenklamotten. Oder eine Einfahrt mit teuren Autos. Oder ein Wohnzimmer mit trendigen Möbeln. Oder Handys, Gadgets oder Armbanduhren, deren Preis nur damit zu rechtfertigen ist, dass sie dem Besitzer Emotionen, Status und Stärke versprechen. Schon seitdem ich in Australien nur mit den begrenzten Gegenständen in meinem Rucksack das glücklichste Jahr meines Lebens verbracht habe, habe ich diese Einstellung. Studien zur Glücksforschung zeigen, dass die Freude über einen gekauften Gegenstand nur kurz anhält. Dann wird der Gegenstand zur Normalität und wir haben wieder das Verlangen uns vermeintlich glücklich zu kaufen.

Am letzten Tag schlendern wir durch den Central Park. 3,4 Quadratkilometer Oase im Hochhausmeer. Er ist ein ikonischer öffentlicher Park und gehört zu den angenehmsten Sehenswürdigkeiten der Stadt. Für uns bietet er eine Flucht aus dem städtischen Trubel und Entspannung. Hier kommen endlich ein paar Frühlingsonnenstrahlen auch auf dem Boden an. Zwischen die Hochhäuser schaffen sie es selten bis zur Straße. Hier joggen die Menschen durch die Gartenanlagen, über Brücken und an Denkmälern vorbei. Alle wirken so viel entspannter als auf den vollen Straßen. Nachdem wir Hanna in den letzten Tagen sehr viel in der Trage hatten und sie alles geduldig mitgemacht hat, bietet uns dieses Stück Natur eine gute Gelegenheit, sie im Grünen krabbeln zu lassen.

Am späten Nachmittag möchte ich mir mein persönliches Highlight von New York erfüllen. Ich möchte die untergehende Sonne vom 70. Stock des Rockefeller Center anschauen. Schon mittags haben wir eine getimte Eintrittskarte für den späten Nachmittag gekauft. Wir fahren in einer unfassbaren Geschwindigkeit im

Aufzug all die Stockwerke nach oben zur Aussichtsplattform „Top of the Rocks." Von hier oben wird uns das gigantische Ausmaß Manhattans noch deutlicher. Ich habe in meinem ganzen Leben noch nie so viele Glasfassaden und so viel Stahl auf einmal gesehen. Tief unten in den Straßen wirken die Leute wie Ameisen. In der Luft sehe ich Hubschrauber fliegen. In der Ferne über dem Wasser steht die Sonne schon tief. Der Wind geht eiskalt hier oben umher. Die meisten anderen Besucher bleiben nur kurz für ein Selfie und verschwinden dann wieder

Was für ein Abschluss unserer ersten großen Reise: Auf dem Rockefeller Center blicken wir weit über New York

im Aufzug. Zusammen mit Julia und Hanna verstecke ich mich in einer kleinen windgeschützten Nische, aus der von unten warme Abluft nach oben strömt. So lässt es sich aushalten. Wir schauen dem Spektakel am Horizont zu. Das Sonnenlicht nimmt immer mehr ab und gleichzeitig gehen in jedem Haus, in jedem Wolkenkratzer mehr Lichter an. Es fühlt sich so gut an hier als Abschluss unserer ersten großen Reise zu dritt zu sitzen. Gedanken jagen durch meinen Kopf.

Hanna hängt warm und gemütlich in der Trage an Julias Bauch. Julia ergreift meine Hand und ich spüre ihre Wärme auf meiner. Wir kuscheln uns eng aneinander und verspüren ein Glücksgefühl. Wenn ich über den Rand der Aussichtsplattform schaue, dann muss ich daran denken, dass das Leben ein Geschenk ist und ich bin sehr froh, dass wir es so annehmen. Dass wir verstanden haben, dass wir damit machen können, was wir wollen. Denn es ist unser Leben. Nur unser Leben und unsere Entscheidung, wie wir es leben wollen. Es geht meiner Meinung nach im Leben schließlich um das Entdecken von Schönem und Sinnvollem. Um lieben und geliebt werden. Dem gemeinsamen Erleben von Abenteuern und dem Bewältigen von Herausforderungen und dem damit verbundenen innerlichen Wachsen. Dem Begegnen von spannenden Menschen und der Wohltat in schöner Natur zu sein. Nicht nur darum, wie viel wir leisten. Später, wenn wir alt sind, wird es uns egal sein, ob wir viel Reichtum erworben haben und unser Leben lang gut und fleißig für den Chef gearbeitet haben. Wir wollen unser Leben nicht nur darauf reduzieren, ein Rad im Getriebe zu sein mit der Bestimmung zu funktionieren. Ich glaube fest daran, dass wir im Alter von unserem Leben erzählen möchten. Von den Geschichten, die wir geschrieben haben und den Momenten, die wir als wertvoll erlebt haben. Von den Menschen, die wir geliebt haben. Deshalb wollen wir beide im Hier und Jetzt leben. Wollen uns bewusst machen, dass wir jetzt in diesem Moment auf der Plattform des Rockefeller Center sitzen und unser Leben in den letzten Wochen einfach in die Hand genommen haben. Wir sind reicher an Erfahrungen und definitiv ärmer auf unserem Bankkonto. Aber wir haben keine Angst vor den Konsequenzen, wenn etwas als Familie nicht klappt. Voller Vertrauen in unser Leben möchten wir leben, es wird schon alles irgendwie gut werden. Julia legt ihren Kopf auf meine Schulter. Ich spüre, dass sie ähnlich über unser Vorhaben denkt. Unser Blick wandert in die Ferne. Mittlerweile ist die Sonne komplett untergegangen. Die Skyline vor uns leuchtet wie ein einziges Lichtermeer im dunkelblauen Himmel. Was hätte es für einen schöneren Abschluss unserer ersten großen Reise geben können, als diesen Ort? Einen Ort, der die richtigen Gedanken über unser Leben in mir zum Vorschein bringt und mich voll Optimismus in die Zukunft blicken lässt.

***Wahnsinnig:** New York im März ist sooo kalt. Wir suchen oft Geschäfte auf, damit Hanna sich aufwärmen kann, dass sie ein wenig krabbeln kann oder dass wir ohne den eisigen Wind die Windel wechseln können.*

***Glücklich:** Nie ist es hier ein Problem für die Verkäufer, obwohl wir offensichtlich nichts kaufen. Wir sehen nur freundliche Gesichter.*

Geschenke auf dem Weg nach Kroatien

„Nehmt ein Glas Honig geschenkt. Keine Sorge, das Gewitter ist auch gleich wieder vorbei. Ihr seid aus Deutschland? Willkommen. Ich habe mal in Deutschland gearbeitet. Schön, dass ihr den weiten Weg mit Kind nach Kroatien gemacht habt." (Josip, Marktbeschicker in Rovinj)

Hinter Herausforderungen liegen immer auch Geschenke. Und es gibt nur einen Weg zu entdecken, welche Geschenke auf mich warten könnten – indem ich meine Herausforderungen annehme! Die Monate nach unserer Florida-Reise werden eine große Herausforderung für mich. Denn Julia geht wieder arbeiten und ich bin im Umgang mit unserem kleinen Zauberwesen auf mich allein gestellt. Zwölf Monate ist Hanna alt und ich werde mich die nächsten sechs Monate voll und ganz um sie kümmern. Und wie alle Kleinkinder fordert sie ihre Bedürfnisse ein: Essen, Trinken, Sauberkeit, Wärme, Schlaf, Bewegung, Aufmerksamkeit, Quatsch machen, Beruhigen, Sicherheit. Obwohl ich speziell durch die viele gemeinsame Zeit unserer Florida-Reise ja noch mal Sicherheit im Umgang mit Hanna erlernt habe, stehe ich meinen ersten Tagen mit gemischten Gefühlen entgegen. Schließlich habe ich jetzt die alleinige Verantwortung für das Wohl eines kleinen Menschen, der es sein gesamtes Leben gewohnt war, dass Mama schon immer irgendwie in der Nähe ist oder zumindest schnell zur Verfügung stehen wird.

Es ist Frühling. Sonnig, warm, voller Leben. Nach dem Frühstück verabschieden wir Julia, müssen Mama immer aus dem Fenster hinterherwinken. Dann gehe ich mit Hanna im Kinderwagen durch die Alleestraßen unseres alten Viertels, genieße die Altbaufassaden, die vom längst vergangenen Prunk dieser Stadt erzählen. Ich spaziere durch den Stadtwald und probiere verschiedene Spielplätze in der Umgebung aus. Ich bin für Hanna da, während sie die Welt entdeckt. Sich täglich motorisch, kognitiv und emotional weiterentwickelt. Treffe viele Mütter und einige Väter auf den Spielplätzen und wir freuen uns gemeinsam, dass wir gerade mal nicht auf der Arbeit sind, sondern Zeit mit unserem Kind verbringen dürfen. Natürlich besteht auch vieles aus Alltag. U-Untersuchungen, Einkaufen, Windeln wechseln, füttern, trösten. Mittags versuche ich mich als Koch für Babyessen und genieße danach, dass Hanna in meinem Arm einschläft. Jetzt habe ich keine Termine oder muss Dinge erledigen. Ich darf einfach nur die Nähe meines Kindes spüren. Was für ein Geschenk, dass ich ihr volles Vertrauen habe, während ich sehe, wie sich ihr kleiner Brustkorb rhythmisch hebt und senkt. Obwohl sie schläft, lehrt sie mich, dass ich das Leben aus einer anderen Perspektive sehen darf: Wie schön und einfach das Leben sein kann. Wir haben heute nichts geschafft. Nur zusammen die Welt entdeckt. Das reicht vollkommen. Ich erlebe jeden Tag als einziges Geschenk. Aber obwohl ich ihr alles gebe und ihre Bedürfnisse erfülle, ist der Moment an dem nachmittags die Wohnungstür aufgeht, Freude pur. Hanna hat Mama natürlich vermisst. Da muss erst ausgiebig gerauft und geknuddelt werden. Kein Vater kann das ersetzen.

So gehen die Tage und Wochen vorbei. Der Frühling wird zum Sommer und wir möchten natürlich wieder raus. Für die nächste Reise möchten wir ähnlich simpel planen, wie schon in Florida. Deutlich kostengünstiger soll es aber schon werden. Also Zelt und Campingsachen in den Kofferraum meines alten Golfs, nur die erste Nacht als Startschuss vorbuchen und schauen, was das Leben für uns bereithält – möglichst bis nach Kroatien. Wir möchten in kleinen Etappen nach Istrien fahren, zur schönen Halbinsel ganz im Norden. Unterwegs möchten wir Salzburg und Slowenien kennenlernen.

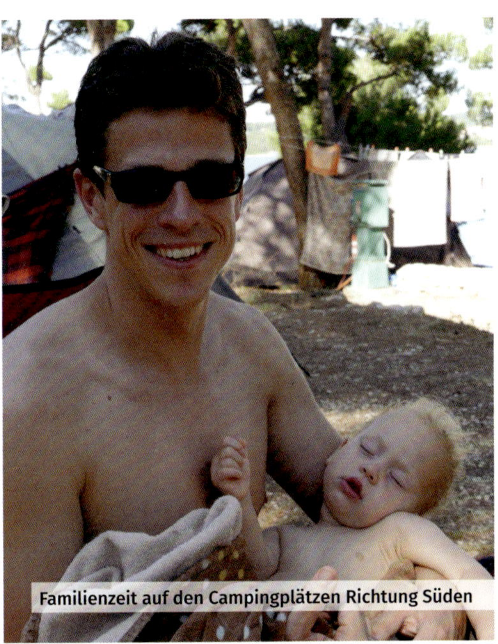
Familienzeit auf den Campingplätzen Richtung Süden

Wir stoppen in Worms, um den Dom zu bestaunen. In München treffen wir uns mit meinem alten Schulfreund Tim, mit dem ich zu Studienzeiten in Südostasien einige Abenteuer erlebt habe. Dann passieren wir die Grenze zu Österreich und erreichen die wunderschöne Stadt Salzburg, wo wir für ein paar Tage bleiben. Salzburg ist eine malerische Stadt, in deren Mitte der Fluss Salzach grün schimmernd fließt. Über der Altstadt mit ihren engen Gassen und historischen Gebäuden thront die Festung Hohensalzburg. Der Ausblick von hier oben über die grünen Hügel der Umgebung und auf die Altstadt ist einfach wunderschön. Am Schloss Mirabell wandern wir durch prunk-

Ein altes Auto, Zelt, Schlafsäcke, ein paar Klamotten und wir drei – mehr brauchen wir gerade nicht

volle geometrische Barockgärten und entspannen in Parks. Sie bieten uns so viele Möglichkeiten zum Entdecken und Erkunden. In den kleinen Wirtshäusern probieren wir Spezialitäten mit klangvollen Namen wie Kasnocken, Krapfen oder Gröstl. Natürlich darf die bekannteste Süßspeise der Stadt nicht fehlen: Mozartkugeln, eine Verlockung aus Marzipan und Kakao. Wir passieren hier auch das Geburtshaus von Mozart. Hannas Highlight ist ein Fontänenbrunnen, dessen Wasser in einer schmalen Gasse hinunterläuft. Nur in Windel bekleidet kühlt sie sich ab und jauchzt glücklich in den Wasserstrahlen. Hunderte bunte Plastikbälle dürfen Kinder hier bergab rollen und wieder hochtragen. Ein sensorisches Fest für ein Kleinkind. Ich ziehe mir ebenfalls die Schuhe aus und spiele mit Hanna

So ist auch die Großstadt attraktiv für Familien mit kleinen Kindern: Wasserspiele in Salzburg

im Wasser. So bekomme auch ich ein Geschenk, denn Hanna zieht mich wortwörtlich in ihr Abenteuer. Wir haben so viel Spaß zusammen, dass uns sogar Touristen fotografieren. Das ich am Ende triefend nass bin, macht mir nichts aus. Ich darf mich jung und lebendig fühlen.

Am Abend fahren wir zurück zu unserem Zeltplatz. Auf den letzten Metern überholen wir in einer ruhigen Straße eine junge Fahrradfahrer-Familie. Vorneweg ein Tandem, auf dem Vater und der älteste Sohn sitzen. Die Gepäckträger und Satteltaschen sind vollgepackt mit Campingausrüstung. Sie ziehen ein Kinderrädchen, das mit einer Stange mit dem Fahrrad verbunden ist. Hier sitzt seine Tochter. Dahinter fährt die Mutter. Ihr Fahrrad ist auch mit Satteltaschen bepackt und voll beladen. Sie zieht einen Kinderanhänger mit zwei weiteren Kindern. Wie es der Zufall so will, campen sie neben unserem Stellplatz. Während sie ihr Lager aufschlagen, beobachte ich sie genau. Sie haben für ihre sechsköpfige Familie nur wenig Gepäck dabei. Schließlich müssen sie alles mühsam transportieren. Sie haben nur ein kleines Zelt, Schlafsäcke und Isomatten, kaum Kleidung, weder Campingtisch noch Stühle. Ihr Abendessen kochen sie auf dem Gaskocher und sitzen dabei auf den leeren Satteltaschen. Sie wirken sehr glücklich. Sie lachen die ganze Zeit, raufen herum und abends verschwinden sie früh im Zelt, von wo wir immer noch mehr lachen und gute Laune hören. Am nächsten Morgen spreche ich die Mutter an: „Was für eine Reise macht ihr?" Sie antwortet: „Wir kommen aus Belgien und machen hier im Salzkammergut zwei Wochen Fahrradurlaub. Und das Besondere daran ist, dass wir unsere gesamte Ausrüstung auf unseren Fahrrädern transportieren. Zwei Erwachsene und vier Kinder im Alter von ein, zwei, drei und vier Jahren." Meine Augen weiten sich vor Erstaunen. „Wenn wir abends auf einem Zeltplatz ankommen, müssen wir zuerst noch Proviant einkaufen, damit wir uns etwas zum Abendessen kochen können und für den nächsten Tag gerüstet sind. Aber es ist einfach wunderbar hier zu sein und ich bin so glücklich und begeistert von unserer Reise!" Während sie mir das erzählt, strahlt sie vor Freude und Glück. Ich bewundere sie für ihre Stärke und komme mir gerade ein wenig komisch vor, weil wir mit einen Kind schon viel Gepäck dabei haben. Und ein Auto, das uns viele Mühen abnimmt. Dann stelle ich ihr eine Frage. Eine Frage, die mir, seit ich sie am Vorabend auf der Straße gesehen habe, nicht mehr aus dem Kopf geht. Durch ihre Reisebeschreibung drängt sie sich mir weiter auf: „Ihr habt vier kleine Kinder in super kurzen Abständen gekriegt. Jetzt reist ihr mit ihnen nur auf Fahrrädern. Zieht sie hinter euch her, damit ihr die Strecke schafft. Ist das nicht wahnsinnig anstrengend?" Ihre Antwort darauf ist kurz, aber ein absoluter Augenöffner: „Ja, aber ist es im Leben nicht immer anstrengend?"

Ich glaube in dieser Antwort liegt sehr viel Wahres. Ich glaube, dass jeder erwachsene Mensch sein Leben als anstrengend betrachtet. Egal, ob wir keine Kinder haben, ob wir ein Kind haben, zwei, drei, vier oder noch mehr. Haben wir mehrere Kinder, stöhnen wir darüber, dass wir die Bedürfnisse von mehreren Kindern jonglieren müssen – mit all den Herausforderungen, die das Elternleben so mit sich bringt. Haben wir nur ein Kind, so nehmen wir unseren Alltag als Ein-Kind-Familie auch als anstrengend war, obwohl es objektiv weniger Anstrengungen gibt. Aber wir investieren verhältnismäßig mehr Zeit und Mühen in das eine Kind. Unser Bewusstsein dreht sich trotzdem ständig um seine Bedürfnisse. Haben wir keine Kinder, so stürzen wir uns auch in unsere Herausforderungen, arbeiten lange oder setzen andere Dinge um, die uns wichtig sind. Vielleicht überfrachten wir uns und unsere Zeit, weil wir im Leben hoch hinaus wollen, etwas Bedeutsames schaffen wollen. Vielleicht macht es keinen Unterschied für die wahrgenommene Anstrengung in unserem Leben, ob wir oder wie viele Kinder wir haben. In unserer Wahrnehmung ist das Leben immer anstrengend. Aber die Stärke und Zuversicht der belgischen Mutter nimmt mir letzte Bedenken, dass wir mehr als ein Kind nicht schaffen würden. Denn, wenn ich die Nachbarfamilie beobachte, scheint sich ja das Glück mit steigender Kinderzahl zu potenzieren. Auch mit wenig materiellem Besitz. Und das ist das größte Geschenk.

Wir verlassen Salzburg und fahren weiter durch die Alpenrepublik. Wir bewundern hohe Berge und Schluchten entlang der Autobahn. Wir sehen romantische Holzhäuschen und kleine Städte an den Hängen liegen. Schneebedeckte Bergspitzen sind immer irgendwo in Sichtweite. Genau wie Tunnel. Acht Kilometer künstliches Licht im Karawankentunnel begleiten uns bis nach Slowenien. Dann biegen wir von der Autobahn ab und erreichen das Covermotiv sämtlicher Slowenienreiseführer: Bled.

Staunen, Enten füttern, in der Trage hängen ...

... Slowenien zeigt uns seine schönsten Seiten

Die Stadt liegt am Ufer des gleichnamigen Sees. Mittendrin liegt ganz verwunschen die gleichnamige Insel, die von einer alten Kirche gekrönt wird. Eingerahmt wird der türkisfarbene See von den Julischen Alpen, die zu schönen Wanderungen einladen und uns unvergessliche Ausblicke auf den See bieten. Als wäre das nicht schon genug, thront das gleichnamige Schloss auf einem Felsen oberhalb des Sees. Wir bleiben fast eine Woche auf dem Campingplatz am Westufer des Sees. Wir verbringen unsere Tage mit baden und entspannen an dem kleinen bewaldeten Strand. Wir lernen viele andere Familien kennen, die sich mit Baby oder Kleinkind von zu Hause aufgemacht haben, um die schöne Alpenrepublik zu erkunden. Ein Kind ist ein wunderbarer Eisbrecher, um andere Familien kennenzulernen. Denn wir fühlen uns sofort verbunden und haben einen guten Gesprächseinstieg. Gemeinschaft ist ein weiteres Geschenk, das uns Hanna macht.

Vom Strand aus kann ich sogar bis zu der Insel in der Mitte des Sees schwimmen, die nur zwanzig Minuten Kraulschwimmen entfernt ist. Das Wasser ist so ruhig und warm, dass ich es nicht unversucht lassen kann. Ich erreiche die Treppen, die direkt aus dem See hoch zur Kirche führen. Da ich, nur in Badehose bekleidet, nicht in die Kirche hineingehen möchte, setze ich mich davor und beobachte das rege Treiben. Im Minutentakt landen hier traditionelle Pletna-Boote an, die seit Jahrhunderten auf dem See fahren. Sie bringen Touristen zur Insel. Die meisten Gäste stammen aus Fernost, sind mit Kameras und Gadgets schwer beladen und fotografieren alles, was sich bietet. Auch einen Deutschen in Badehose vor einer Kirche. Alle sind auf einer geführten Rundreise durch Europa, die ca. zehn Tage dauert. Dafür brauchen sie fast ihren ganzen Jahresurlaub auf. Und wollen natürlich so viel sehen, dass ihr Reiseablauf vollgepackt ist mit Highlights. In den zehn Tagen besuchen sie mindestens vier Länder. Ankommen, besichtigen, fotografieren, teilen, Likes kriegen, Haken dran, weiter fahren – und wieder von vorn. Wieder einmal bin ich froh über das wertvollste Geschenk: Zeit.

In Ljubljana, der Hauptstadt von Slowenien haben wir den einzigen richtigen Schrecken der Reise. Am Nachmittag kriegt Hanna Fieber und wir gehen in die Jugendherberge zurück, um uns auszuruhen. Vielleicht haben wir es doch übertrieben? Ihr zu viel zugemutet mit den Wanderungen und dem Baden? Ein paar Mal sind wir von Regengüssen auch nass geworden. Immer unterwegs sein, ohne feste Routinen kann sie überfordert haben. Wir wissen nicht, was die Gründe sind, sind aber trotzdem verunsichert. Schließlich sind wir weit weg von zu Hause. Wir beschließen den restlichen Tag im Bett zu bleiben und Hanna Ruhe, Schlaf und Muttermilch zu gönnen. Nach einer unruhigen Nacht ist das Fieber aber ausgestanden.

Oh nein – Fieber in Ljubljana. Die einzige Schwierigkeit unseres Roadtrips nach Kroatien

Wir werden heute in aller Ruhe durch die Stadt laufen und Hanna einen ordentlichen Mittagsschlaf gönnen. Und die Stadt hat es wirklich in sich: Die Altstadt von Ljubljana ist gut erhalten und bietet eine Mischung aus barocken, Jugendstil-, Art déco- und modernen Gebäuden. Die schmalen Gassen laden dazu ein, uns zu verlieren. Brücken führen über den Fluss Ljubljanica. Entlang des Ufers liegen Grünflächen, darunter Parks und Gärten. Am Marktplatz herrscht reges Treiben und wir dürfen an den Bauernständen lokale Produkte probieren. Wie schon in Salzburg thront eine Festung oberhalb der Altstadt. Wir fühlen uns von der Größe, der Entspanntheit der Menschen, darunter viele Studenten, und der schönen Altstadt an unsere Studentenstadt Münster erinnert. Hannas Fieber kehrt nicht wieder zurück, mit erwachenden Lebensgeistern aber ihr Tatendrang.

Die Fahrt aus den Alpen hinunter ins flache Kroatien ist ein einziger Traum. Die Gebirgsbäume wie Fichten, Tannen und Buchen weichen Kiefern, Steineichen und Olivenbäumen. Die Luft wird wärmer und wir erkennen das Blau der Adria. Kroatien werde ich für immer mit Gerüchen verbinden. Dem trocken-würzigen Geruch der Pinien. Der salzigen Luft des Meeres. Und den dampfenden Spanferkelgrills entlang der Straßen. Am Südende Istriens verbringen wir eine Woche am Wasser. Wir surfen und baden. Saugen die Sonne auf und tun zu dritt: nichts. Wir genießen fangfrischen Fisch und schlagen uns den Bauch mit Bureks voll. Wir probieren alle Füllungen dieser traditionellen Teigtaschen: Spinat, Käse, Apfel, Hackfleisch. Wir besuchen die Altstadt von Rovinj, sie liegt wie von der Zeit vergessen auf einem Hügel auf einer Landzunge. Alle Häuser sind mit roten Tonschindeln bedeckt und die Fassaden in erdigen Farbtönen gehalten. Säulenzypressen ragen empor und über allem thront die Kirche mit ihrem kroatisch-typischen Glockenturm.

Rovinj – kurz bevor uns das Gewitter vertreibt

Über der Halbinsel braut sich gerade ein Unwetter zusammen. Wind kommt auf und wir frösteln in unserer kurzen Kleidung. Schwarze Wolken schieben sich vom Meer herüber. Wir laufen vom Hafen zurück auf den kleinen Marktplatz, der komplett mit Glasdächern bedeckt ist. Keine Sekunde zu früh. Das Unwetter tobt sich aus. Regen prasselt über uns nieder. Blitze zucken über dem Meer. Wir stehen geschützt zwischen einem Kräuterstand und einem Imker. Ich schaue mich um. Niemand lässt sich von dem Gewitter die Laune verderben. Die Menschen hier lachen und sind froh, nicht den vollen Regen abzukriegen, obwohl der Wind feine Tröpfchen auch unter die Überdachung trägt. Wir scherzen und sprechen mit den Marktbeschickern. Während ich das Gewitter über uns und das Treiben neben uns beobachte, hänge ich meinen Gedanke nach.

Ob man eigene Kinder haben möchte oder nicht, ist natürlich jedem selbst überlassen. Ich glaube, dass Wachstum ein grundlegender Bestandteil des menschlichen Glücks ist. Das gilt für alle Bereiche des Lebens. Wie kann man sonst erklären, dass Menschen sich ein Gemüsebeet anlegen, obwohl sie doch Tomaten und Möhren ohne jeglichen Aufwand für kleines Geld im Supermarkt kaufen können. Auch die Strapazen eines Hausbaus kann man nur glücklich überstehen, wenn man das Zuhause wachsen sieht. Ich bin fest davon überzeugt, dass Kinder unser Elternleben Tag für Tag mit Sinn füllen, das einzig und allein dadurch entsteht, dass wir etwas wirklich Bedeutendes in unserem Leben geschaffen haben und es wachsen sehen. Es gibt durchaus auch anderes als Kinder, das man in seinem Leben wachsen lassen kann, sei es die Karriere oder sogar das eigene Unternehmen, oder das, was man sonst als sein Lebensprojekt bezeichnen möchte. Aber ich glaube, dass es letzten Endes genauso ist, wie es die belgische Familie auf dem Campingplatz in Salzburg formuliert hat. Das Leben ist immer eine Herausforderung. Ob wir keine Kinder haben oder viele Kinder. Es ist unsere Einstellung zum Leben, ob wir die Herausforderungen und die damit verbundenen Geschenke annehmen. Ich bin für alle Herausforderungen belohnt worden: mit dem schönsten Geschenk, das sich ein Vater wünschen kann. Ich spüre Hanna an meinem Bauch. Sie schaut mich strahlend an. Ich strahle zurück.

***Wahnsinnig:** Auf der Rückfahrt übernachten wir an einem herrlich grünen Gebirgsfluss in Slowenien. Sein Lauf wird in ein Schwimmbecken geführt, wo wir bequem baden können. Leider ist das Wasser eiskalt. Hanna will trotzdem lange planschen und erst herauskommen, als die Lippen blau sind und sie zittert.*

***Glücklich:** An Land spürt Hanna Mamas Wärme. So eng und intensiv und lange hat sie sich noch nie angekuschelt.*

In die Fremde eintauchen und bei uns ankommen: Singapur und Malaysia

„Es ist so bereichernd mit zwei Kindern um die Welt zu reisen. Wir haben unsere aus der Schule genommen und ziehen jetzt einmal um den Globus. Toll, dass ihr diese Erfahrung schon mit zwei so jungen Kindern wagt." (Amy, aus Neuseeland, getroffen in den Cameron Highlands)

Der Löwe tanzt durch die schmalen Gassen des Marktes. Zwischen Fischbuden und Fleischständen, Gemüsehändlern und Amulettverkäufern wuselt er, tanzt er, springt er auf und ab. Ein gewaltiger Plüschkopf mit großen bunten Augen wippt hin und her. Die beiden Tänzer, die unter dem glitzernden Umhang stecken, nehmen sich Zeit für jeden Stand. Nach einer kurzen Einlage treten die beiden näher und bekommen ein bisschen Kleingeld zugesteckt. Schon wippen sie wieder los und segnen springend den nächsten Stand. Es ist chinesischer Neujahrstag in Singapur. Und wir sind mittendrin in der Exotik, Fremde und wilden Gebräuchen.

Der Anfang unserer Reise ist hart. Die Schwüle hängt über Singapur wie ein dicker Vorhang. Der Himmel drückt die Feuchtigkeit gleich einer Waschküche herunter und verwandelt die Welt in klamme Schwere. Während der stehenden Mittagshitze fährt das neue Klima wie ein Kreislaufkiller in meinen Kopf. Die Helligkeit blendet und ein paar schwarze Sternchen flimmern vor meinen Augen. In unserem Fall kommt noch der Jetlag dazu. Eine Nacht, in der wir wegen unseres gestörten Tag-Nacht-Rhythmus kaum geschlafen haben. Jetzt dreht sich Singapurs pulsierender Trubel wie ein Karussell um mich herum. Verkehrslärm, ein undefinierbarer Sprachmix, Menschen, die aus allen Richtungen an uns vorbeiströmen, erschlagen mich an unserem ersten Tag. Zum Glück ist ein fliegender Händler nie weit. Wir genießen eisgekühltes Kokoswasser frisch aus der Frucht im Schatten eines alten Banyanbaumes. Sofort hält das Karussell an und meine Sinne landen wieder sicher in dieser einzigartigen Stadt bei meiner Familie.

Und unsere Familie hat sich verändert. Hanna ist mittlerweile drei Jahre alt und viel zu aktiv, um noch in der Trage geschleppt zu werden. Da wäre sowieso kein Platz mehr, denn daraus schauen mich zwei tiefblaue Augen intensiv an. Eva bereichert seit acht Monaten unser Familienleben und wirbelt es nun zusammen mit Hanna kräftig durcheinander. Nach einer ersten Phase des Kennenlernens stand für Julia und mich wieder der Entschluss fest: Ich nehme länger Elternzeit: ein volles Jahr. Anfangs möchten wir reisen und danach wird Julia wieder arbeiten – aber an einem ganz anderen Ort als bisher. In unserem Monat Überlappung möchten wir Singapur und Malaysia kennenlernen. Südostasien gilt als besonders familienfreundliches Reiseziel. Malaysia ist zudem ein Schwellenland und weist eine gute Infrastruktur und medizinische Versorgung auf. Da wir uns oft zwischen all den tollen Ländern der Welt nicht entscheiden können, hat aber letzten Endes der Flugpreis den Ausschlag gegeben. Ähnlich wie bei einem Münzwurf. Dazu sind die Reisekosten niedrig, sodass wir Zelt und Isomatten zu Hause lassen und uns schöne Hostels vorbuchen. Bestärkt von unseren positiven Erfahrungen in den USA wollen wir jetzt also in exotischere Welten eintauchen. Drei Tage haben wir in Singapur, dann werden wir gute zwei Wochen Malaysia erkunden, um nochmals einen letzten Abend in der Metropole am Südende der malaysischen Halbinsel zu verbringen.

Müsste ich Singapur in einem Wort beschreiben, so würde ich kosmopolitisch wählen. Mehr Schmelztiegel verschiedener Kulturen und Nationalitäten geht nicht. Chinesen, Malaien und Inder sind die größten ethnischen Gruppen, aber auch viele Araber und Europäer wohnen hier. Singapur ist eine ehemalige britische Kolonie und hat dadurch eine westliche Prägung, die sich in der Architektur und der allgemeinen Lebensweise widerspiegelt. Neben den futuristischen Wolkenkratzern im Zentrum stehen alte Kolonialbauten mit Giebeln und Prachtfassaden.

Nur wenig davon entfernt liegt aber wieder eine ganz andere Welt: Little India. Hier sind die Straßen gesäumt von traditionellen indischen Geschäften, Restaurants und Tempeln, die mich sofort wieder in den Trubel Indiens zurückversetzen. In eine Zeit vor den Kindern, wo wir den wilden Tanz und das Gewusel der Welt kennengelernt haben, ohne Komfort, Geld und Sicherheitsbedürfnisse. An jedem Laden werden wir freundlich mit einem Kopfnicken begrüßt und durch die Straßen wabert die typische Duftmischung aus Gewürzen, Räucherstäbchen, Essen und Abgasen. An einer maroden Mauer werben Plakate für Cremes, die die Haut weißer machen. Paradoxe Schönheitsideale: in Europa wollen alle sonnengebräunte Haut und hier möchten die Menschen helle. In einem kleinen Barbershop, empfängt mich erst eine Statue von Ganesha, dem Elefantengott, dann macht sich der junge Barbier schläfrig daran meine Haare zu kürzen. Ich liebe es auf Reisen zum Friseur zu gehen. Pantomimisch vormachen, wie ich gerne den Haarschnitt haben möchte, die belustigte Aufmerksamkeit der Wartenden und die Unvorhersehbarkeit des Ergebnisses gefallen mir. Nie ist es teuer und fast immer habe ich einen vernünftigen Haarschnitt. Diesmal ist es leider umgekehrt.

Wieder nur einen Katzensprung weiter liegt Chinatown. Das Viertel zieht uns in seinen Bann mit seiner engen Bebauung und bunten Gebäuden voller Schriftzeichen, denen wir einfach keinen Sinn entnehmen können. In den glitzernden Tempeln bewundern wir die schier unschätzbare Anzahl an Heiligenstatuen, die die Wände von oben bis unten zieren. Das Licht ist gedimmt und die Atmosphäre wirkt ruhig und konzentriert. Menschen wedeln mit Räucherstäbchen vor Schreinen und beten in sich versunken. Manche legen Opfergaben dar. Obst, Münzen, Kekse, Reis. Vereint im Glauben an die Götter und an eine glücklichere Zukunft. Nur auf den ersten Blick total anders als bei uns. Auf den zweiten ähneln sich Religionen dann doch. *Same same but different*. Zusammen mit den Kindern zünden wir anstelle einer Opferkerze ein Räucherstäbchen an und stecken es in einen schweren Sandbottich.

Zurück im gleißenden Licht der Straße reihen wir uns ein in den Strom der Menschen. Wir laufen entlang der Straße unter roten Lampions und bestaunen kleine Geschäfte, die traditionelle chinesische Waren wie Seidenstoffe, Schmuck, Kunsthandwerk und Souvenirs verkaufen. An einem kleinen Essensstand lassen wir uns nieder und probieren chinesische Gerichte wie Dim Sum und Nudelsuppen. Hanna genießt trotz der Hitze die salzige Brühe und stopft sich freudestrahlend die langen Fadennudeln in den Mund. Das beruhigt uns schon mal, da Hanna wirklich nur wenige Lebensmittel mag, und schon in Deutschland fragen wir uns manchmal, wovon sie sich überhaupt ernährt. Für Eva machen wir eine gemütliche Stillpause.

Wir erreichen die Marina Bay, das Herz Singapurs. Futuristische Wolkenkratzer geben diesem Ort seine besondere Note. Das Art Science Museum ist in der Form einer gigantischen Lotusblüte gebaut. Daneben steht das Wahrzeichen Singapurs: das Marina Bay Sands Hotel. Seine drei Türme bestehen aus modernen glatten Glasfassaden und ragen in den Dunst. Verbunden werden die Türme von einer gewaltigen Dachterrasse in der Form eines Surfboards. Hier oben befinden sich Bars und ein Infinity Pool für die Besucher, die es sich leisten können. Immerhin dürfen wir vier durch das Erdgeschoss laufen. Hier befindet sich die Mall mit Singapurs Luxusläden. Fein, sauber, ordentlich. Was für ein Kontrast zu Little India. Ein künstlicher Wasserweg befindet sich im Keller, dort können Besucher

Unsere Familie ist gewachsen – Zeit für neue Familienabenteuer

zum Vergnügen traditionelle Ruderboote ausleihen und sich schon mal die Geschäfte vom Wasser aus anschauen.

Hafen von Singapur

Während Julia einen kurzen Spaziergang macht und sich in den Luxushallen umsieht, setze ich mich mit Hanna und Eva an den Rand des Hauptgangs der Mall und lasse die vielen Passanten vorbeiziehen. Eva hing genug in der Trage und Hanna saß genug im Kinderwagen, deshalb sollen sich die beiden etwas bewegen. Eva lasse ich ein wenig auf einer Decke herum krabbeln. Hanna will fangen spielen. Vor Freude prustend rennt sie los, versteckt sich hinter einer nahen Topfpflanze und kräht: „Fang mich doch!“ Ich renne lachend los, verfolge sie und scheuche sie laut klatschend zurück zu Eva. Was ich dann sehe bringt mich zum Erstarren. Ich habe Eva vielleicht 30 Sekunden allein auf der Decke gelassen. Eine chinesische Großfamilie steht neben der Decke und hat Eva hochgehoben. Schock. Sie ist auf dem Arm der Mutter. Irritation. Die Familie posiert mit meinem Kind für Selfies. Fassungslosigkeit. Ich sehe Evas Gesichtszüge nach unten gleiten. Eine Mischung aus: „Darf die das?“ und „Ich will das nicht!“ Wut. Ich komme angestürmt. In meinem westlichen Selbstverständnis darf niemand ungefragt mein Kind hochheben. Erst durchatmen. In der asiatischen Haltung darf man niemals sein Gesicht verlieren. Man streitet nicht offen, schreit nicht und sagt nicht mal „nein“. Stattdessen Kopfnicken, lächeln und „vielleicht“. Bevor ich etwas sagen kann, nicken mir alle Familienmitglieder freundlich zu. *„Cute baby. Curly hair. So nice.“* Entwaffnung. Ich nehme Eva aber wieder an mich. Dann machen wir noch zusammen ein Foto für Facebook. Ich weiß zwar nicht wieso, aber ich mache mit. Mir fällt ein Satz aus dem Reiseführer ein. Malaysia und Singapur sind so kindervernarrte Länder, dass es passieren könnte, dass die Kellnerin ungefragt mit deinem Kind in die Küche rennt und es erst mal allen Bediensteten zeigt. Die Köche würden dann erst mal aufhören zu kochen und sich nur mit dem

Pause in der schwülen Hitze Asiens – Eine eiskalte Kokosnuss weckt die Lebensgeister

Kind beschäftigen. Ohne das Gesicht zu verlieren gehen wir dann alle wieder unserer Wege. Mein Herzschlag ist wieder auf normalem Niveau. Niemand wollte mein Kind entführen. Niemand wollte meinem Kind etwas Schlimmes tun. Aber trotzdem werde ich mich auch für 30 Sekunden nicht mehr von Eva entfernen.

Exotik zum Anfassen und Draufsetzen. Hanna liebt die steinernen Löwen in den botanischen Gärten

Nach dem Schreck verlassen wir die klimatisierte Hotelmall und gehen zurück in die Schwüle Singapurs. Wir betreten die Marina Bay Gardens. In der weitläufigen Parkanlage weht der Wind.

Mittlerweile dämmert es und das Klima ist jetzt fast angenehm. Wir laufen durch die grünen Wege des Parks. Alte Bäume mit verwunschenen Wurzeln laden zum Klettern ein. Steinerne Löwen bewachen Weggabelungen. In den Teichen tauchen Schildkrötenköpfe zwischen Seerosenblättern auf. Laternen leuchten den Weg im Dämmerlicht. Wir bestaunen die Lichtshow an den Supertrees im Supertree Grove. Hanna ist fasziniert von den bis zu 50 Meter hohen künstlichen Bäumen und ihren vertikalen Gärten mit tausenden lebender Pflanzen.

Kurz bevor die Lichtshow losgeht. Die Supertrees in Singapurs botanischem Garten

Jeder Supertree dient als vertikaler Garten, Regenwassersammler, Kühlturm und Solarmodul und ist mit einer Vielzahl von LED-Lichtern ausgestattet, die in verschiedenen Farben und Mustern angeordnet sind und in der Nacht ihr Spektakel vollziehen. Während der Lichtshow werden die Supertrees synchronisiert, um mit den Musik- und Soundeffekten zusammenzuarbeiten, die den Park erfüllen. Eine Erzählerstimme raunt durch die Dunkelheit und alle Besucher halten inne. Erzählt werden Märchen, Geschichten aus der Vergangenheit, Aktuelles über Singapur und die

Gärten. Bewegliche Muster und Farben blitzen auf, werden Teil der Choreografie und verändern sich mal langsam und mal schnell. Traditionelle Musik wechselt sich mit modernen Hits ab. Hier kommen alle zusammen. Die Singapurer und die Europäer. Gäste vom amerikanischen Kontinent, einige aus Afrika und die meisten aus Ländern Asiens, vor allem aber aus Indien und China. Was für eine schöne Stimmung, um die innovative Technologie und Architektur Singapurs zu genießen. Schließlich spiegeln die Supertrees das wider, was in Singapur an jeder Straße auffällt: Ich kenne keine grünere Großstadt mit solch einem Bestand an uralten Bäumen. Ich kenne keine Stadt mit solch einer abwechslungsreichen und individuellen Architektur. Singapur ist also nicht nur kosmopolitisch, sondern auch modern, lebhaft, exotisch, sauber, effizient, vielfältig, beeindruckend, luxuriös, heiß, geschäftig, bunt, pulsierend, hochtechnologisch, gastfreundlich, fortschrittlich, harmonisch, reichhaltig, kulinarisch … – kurzum, ein Fest für die Sinne, auch wenn zwischendurch mal die Sterne vor den Augen tanzen.

Wir fliegen weiter nach Langkawi, einer Tropeninsel ganz im Norden Malaysias, in der Nähe zur thailändischen Grenze. Es ist eine entspannte Urlaubsinsel, wo ähnlich wie schon in Singapur viele Asiaten hinreisen – ein bisschen das asiatische Mallorca. Wir wohnen in einem kleinen Backpacker-Hostel, wo wir ein Familienzimmer ergattern. Das Entspannte hier ist der kurze Weg zum Strand, zu den vielen Restaurants mit Küchen aus der ganzen Welt und dass das Haus eine große überdachte Terrasse hat, unter der wir sonnengeschützt die Kinder laufen lassen können. Der Strand selbst war vor 20 Jahren bestimmt traumhaft. Palmen, weißer Sand, blaues Meer, Ruhe. Heute ist er stark mit Urlaubern belebt. Im Wasser donnern chinesische Besucher auf ihren Jetskis, ignorieren die geschützten Schwimmerzonen und beschimpfen auch noch die armen malaiischen Verleiher, dass ihre Jetskis nicht genug PS haben. Peinliches Urlauberverhalten gibt es nicht nur am Ballermann.

Strandtage in Langkawi

Eine kleine Wellblechhütte neben unserem Hostel hat es uns besonders angetan. Eine ganz herzliche malaiische Familie wohnt und kocht in dem kleinen offenen Areal und wird in dieser Woche zu unserem Stammlokal. Wir bekommen hier die tollsten Gerichte serviert, nachdem wir zugeschaut haben, wie in den schweren Woks alles vor sich hin brutzelt. Das Nationalgericht Malaysias, Nasi Lemak, besteht aus gedämpftem Kokosreis, gebratenem Hühnchen, Sambal, Gurken und gerösteten Erdnüssen. Ich liebe die würzigen Satayspieße aus mariniertem Hühnchen mit Erdnusssauce. Julias Favorit ist Laksa, eine würzige Nudelsuppe, die mit Kokosmilch, Garnelen oder Tofu und verschiedenen Gewürzen zubereitet wird. Besonders würzig ist Rendang: ein Currygericht aus Rindfleisch, Kokosmilch und unaussprechlichen Gewürzen. Von Indonesien

Wir probieren uns durch alle Stände: Atmosphäre auf Langkawis Nachtmärkten

kenne ich schon Nasi Goreng: ein gebratenes Reisgericht mit Eiern, Gemüse und Hühnchen, gewürzt mit Chili und Sojasauce. Schließlich ist die malaiische Küche eben auch kosmopolitisch und aus Indien, China, Indonesien und auch Arabien beeinflusst. Dazu genießen wir frischen Ananassaft, Papayasaft, Melonensaft, Mangosaft und Säfte von Früchten, von denen ich vor und nach Malaysia nie gehört habe. Und für Hanna, für deren Geschmack das würzige und scharfe Essen natürlich überhaupt nichts ist, macht die Familie immer Extrawünsche wie gekochte Eier oder einfach nur heiße Nudeln ohne jegliche Würzungen. Hier dürfen wir die Küche betreten, mit Hanna und Eva auf dem Arm, ohne dass uns jemand die Kinder wegreißt und allen Bediensteten zeigt. Aber ganz vorbehaltlos lassen sie uns auch hinter den Herd treten.

Wir unternehmen Touren auf der Insel. Wir lernen die magische Atmosphäre auf den Nachtmärkten kennen. Wir chartern mit einer rumänischen Familie ein Motorboot mit Kapitän. Wir erkunden die Inselwelt hinter dem lauten Strand. Auf einer wunderschönen Insel des kleinen Archipels baden wir im klaren Wasser eines Sees eingerahmt von Felswänden und dichtem Wald. Später legen wir an einem einsamen Strand an und schnorcheln. Der Kapitän wirft in einer geschützten Bucht Fische über Bord und wir beobachten wie die Seeadler kommen und sich ihren Fang holen.

An einem anderen Tag fahren wir mit einer Gondelbahn und blicken von oben auf die Baumriesen des Regenwalds. Neugierige Rhesusaffen belauern uns an der Bergstation und fordern von uns etwas zu essen. Hanna ist völlig fasziniert davon, als ich einem Tier ein paar Früchte hinwerfe, die es dankbar verspeist. Einmal angefüttert werden wir die Affen leider nur schwer wieder los.

Affen fast zum Anfassen: Hanna kommt aus dem Staunen kaum wieder heraus

Wir vermeiden die größte Mittagshitze am Strand, gehen in den Morgenstunden und am Abend, selbst nach Sonnenuntergang ist es immer noch angenehm warm und wir können in Badesachen am Strand bleiben. Jetzt haben auch die Jetski-Verleiher wieder ihre Ruhe und der Strand verwandelt sich von einem lauten überlaufenden Ort hin zu einem kleinen Idyll, wo wir am letzten Abend in einer Strandbar sitzen. Während die Kinder im Sand buddeln, schauen wir der Sonne zu, wie sie langsam und in Ruhe im Meer versinkt.

George Town zum chinesischen Neujahr

Die Feierlichkeiten für das chinesische Neu Jhr dauern zehn Tage. Mit Paraden, Tempelfesten, Drachentanz-Aufführungen

George Town ist festlich geschmückt. Überall entdecken unsere beiden etwas

Touchdown in George Town. Nur drei Stunden mit dem Boot liegt eine der hippsten Städte Asiens entfernt. Wir werden sofort in die Atmosphäre hineingezogen. Die chinesischen Neujahrsfeierlichkeiten sind hier noch in vollem Gange. Durch die engen Altstadtgassen zieht eine Parade mit Tänzern und Musikern. Die Straßen sind geschmückt mit roten Girlanden, rote Papierlampions hängen über den Geschäften. Rot scheint eine Glücksfarbe zu sein. Junge Männer lassen an Stöcken einen 30 Meter langen Papierdrachen durch die Luft wandern. Mit seinen gewaltigen Zähnen und großen Augen jagt er der Menge Schrecken ein. Als Kontrast tänzeln hübsche Mädels in traditionellen Kostümen vorbei. Vor einem prunkvollen Tempel sehen wir wieder zwei Tänzer in einem Glücksdrachenkostüm, wie schon in Singapur. Auf einer Bühne vollführen die beiden waghalsige Sprünge über Hindernisse. Die Menge klatscht. Dazu ertönen Trommeln.

In unsere Nasen steigt der Duft von köstlichem Streetfood. Teigtaschen, umwickelte Garnelen und Dumplings dampfen in Holzkörben vor sich hin. Die Bars und Cafés sind gut gefüllt. Vintage-Läden, Design-Boutiquen und Kunsthandwerkergeschäfte verwöhnen das Auge mit Schönem. In den Altstadtgassen entdecken wir Straßenkunst sprichwörtlich an jeder Ecke. Tauchen in die Kultur ein bei Besuchen des bekanntesten Tempels Kek Lok Si. Bestaunen den Prunk im Herrenhaus des ehemaligen Großindustriellen Cheong Fatt. Kommen aus den Tempelfesten kaum noch raus.

Auch abseits des Trubels ist diese Stadt einfach nur zum Verlieben. Ein Taxi bringt uns zu den botanischen Gärten am Penang-Hügel. Hier stehen noch Urwaldriesen, wie man sie sonst nur in den geschützten Nationalparks im Landesinneren findet. Der Dschungel ist hier familienfreundlich zugänglich gemacht. Wenn ich früher, vor den Kindern, solche Orte als unauthentisch abgelehnt hätte und stattdessen herausfordernde Anreisen in unberührte Gebiete unternommen hätte, bin ich jetzt froh über diese Möglichkeiten für uns als Familie mit Kinderwagen. Wir klettern auf Luftwurzeln und ziehen an Lianen.

George Town – Tempelpracht Hanna liebt es durch die Gebetshallen zu wuseln und den glitzernden Prunk zu bestaunen

Urwaldriesen in den Parks von George Town bringen uns zum Staunen – und Spielen

Dann kommen wir an eine Brücke und sehen eine Gruppe Brillenlanguren, wie sie Früchte am Ufer des Baches futtern. Wir lassen den Kinderwagen auf der Brücke stehen, verfolgen diese schönen Affen entlang des Baches. Sie haben keine Angst vor uns, aber laufen am Boden immer ein Stück weiter weg, während wir uns nähern. Hanna und ich schleichen uns ganz leise und vorsichtig an. Ihr Entdeckergeist ist geweckt. Wir versuchen so nah wie möglich zu kommen, um ein Foto zu machen. Als wir lange genug Fotos gemacht haben, bemerken wir, dass uns die Affen in eine Falle gelockt haben. An unserem Kinderwagen, den wir in 100 Meter Entfernung stehen lassen haben, macht sich gerade der Rest der Familie über unser Picknick her. Wir rennen laut schreiend zurück und verscheuchen die Tiere, aber eine Ananas verschwindet und auch ein paar Papayas. Wir müssen lachen, das haben die Affen wirklich geschickt gemacht. Dafür haben wir schöne Fotos.

Während uns dieser Affe ablenkt, macht sich seine Familie über unser Picknick her

Malaysia hat in den Punkten Sicherheit und Hygiene gehobene Standards, sodass wir uns sehr wohl fühlen. Aber wie auch schon in Slowenien sind die Kinder auf Reisen natürlich nicht vor Krankheiten sicher. Seit einigen Tagen beobachten wir einen Ausschlag auf Hannas Armen. Wir müssen sie davon abhalten die roten Punkte aufzukratzen. Beunruhigt fragen wir an der Rezeption unseres Hotels nach einem Kinderarzt. Zum Glück ist ein Krankenhaus fußläufig zu erreichen. Ohne Termin betreten wir die Kinderarztpraxis und werden von einer jungen und gut englisch sprechenden Ärztin empfangen. Kein Warten in einem vollen Zimmer, wo hustend und schniefend die Viren verteilt werden. Nachdem die Ärztin einige allgemeine Untersuchungen macht, Größe und Gewicht notiert, diagnostiziert sie eine Bakterieninfektion auf der Haut. Dagegen hilft ein Antibiotikum, das wir in der nächsten Apotheke kaufen können. Alles genauso simpel wie in Deutschland. Wo genau die Infektion herkommt, wissen wir nicht, eine Vermutung ist, dass das Waschmittel des Waschsalons der Ursprung war. Nach ein paar Tagen heilt die Bakterieninfektion wieder ab. Ernsthafte Schwierigkeiten hatten wir dadurch auf unserer Reise keine.

Hanna und Eva machen unsere täglichen Touren in die Stadt wirklich super mit. Wir versuchen uns immer am Rhythmus der Kinder zu orientieren. Sie sind meist früh wach. Dann verlassen wir unser Hotel, unternehmen unsere Streifzüge und kommen mittags wieder, um sie für den Mittagsschlaf hinzulegen. Am Nachmittag gehen wir wieder auf Erkundungstour. Wir essen immer an den belebten Hawker-Centern, die es überall in Malaysia gibt. Es sind große überdachte Plätze, in deren Mitte viele Tische und Stühle stehen. Rundum gruppieren sich Essensstände, jeder auf eine Spezialität spezialisiert. An einem werden ausschließlich Suppen verkauft, am nächsten wird nur Fleisch gegrillt, an anderen werden gebratene Nudeln bereitet. Weitere Stände bieten japanische Spezialitäten an, einige chinesische. Jeder kann an seinen Lieblingsstand gehen, sich etwas zu essen aussuchen und später genießen wir alle gemeinsam am Tisch.

Wenn wir abends von unseren Erkundungen aus der Stadt zurückkommen, ist es schon lange dunkel. Durch den Mittagsschlaf halten die Kinder lange durch. Unser wunderschönes Hotel, ein ehemaliges Kolonialgebäude mit vielen tollen Zimmern und einem großen Pool, bietet uns abends noch ein Mini-Abenteuer. Hanna und ich lieben es zu schwimmen und möchten uns noch vor dem Schlafen extra abkühlen. Die Hotelregeln besagen aber, dass der Pool nach 19 Uhr nicht mehr benutzt werden darf. Also schleichen Hanna und ich uns heimlich über die Terrasse unseres Zimmers ein paar Meter weiter in den verlockenden Pool. Im Schutz der Dunkelheit sieht uns keiner und ganz leise steigen wir ins Wasser. Hanna hat ihre Schwimmflügel an und ich ziehe ein paar Bahnen mit ihr. So leise wie möglich und mit wenig Wasserspritzen versuchen wir abends noch Quatsch zu machen. Das klappt super gut bis auf den letzten Abend. Hanna springt einfach zu laut in den Pool. Ich sehe schon von Weitem wie die Security entschlossen in unsere Richtung schreitet. Verstecken gibt es hier nicht. Untertauchen hilft auch nichts. Also warten wir in aller Ruhe ab, bis der Sicherheitsmann den Pool erreicht. Ich bin etwas nervös, aber auch neugierig. Denn ich kenne ja die Einstellung der Asiaten zu öffentlichen Konfrontationen. Er baut sich vor uns auf, fuchtelt nervös an seiner Uniform, schaut uns bewusst nicht ins Gesicht und sagt: *„No swimming time!“* Ohne irgendeine Reaktion von uns abzuwarten, dreht er sich um und geht wieder weg. Was macht er wohl mit Randalierern? Oder Einbrechern? Trotzdem verlassen wir pflichtschuldig den Pool.

Langkawi und George Town waren wirklich angenehme und familienfreundliche Urlaubsziele. Ich kann Julia überzeugen, noch etwas Wilderes zu machen. Im Internet finden wir heraus, dass die Cameron Highlands nur drei Busstunden entfernt sein sollen. Zu der Streckenlänge sagt Julia noch so gerade ja. Am Ende sind es dann doch sechs Stunden. Aber während des Transfers geht alles glatt und ich bin froh, dass wir die Wahrheit nicht vorher wussten. Hier in den Cameron Highlands ist alles anders. Im berühmten Höhenkurort ist das Klima angenehm. Keine Schwüle mehr, vor unserem Busfenster breiten sich grüne Teeteppiche über immer neue Hügeln und Kuppen aus. Die Teeplantagen wirken so kuschelig weich, dass ich am liebsten auf ihren Hängen schlafen würde. Wir besichtigen hier Teeplantagen, baden in heißen Quellen und in einem Wasserfall. Aber in den verbleibenden Regenwäldern, die nicht den Teeplantagen weichen mussten, wartet noch ein kleines Abenteuer auf uns. Ich möchte eine ganz besondere Pflanze sehen, die nur in einigen Gebieten von Südostasien vorkommt. Was sie so besonders macht, ist ihre Größe – ihre Blüten haben einen Durchmesser von bis zu einem Meter, was die größte Blüte aller existierenden Pflanzen ist.

Allerdings ist es eine Herausforderung, eine Rafflesia in voller Pracht zu sehen. Sie blüht nur alle drei bis vier Jahre und bleibt dann höchstens eine Woche lang erhalten, bevor sie zu einer stinkenden, schleimigen Masse zerfällt. Selbst die lokalen Guides müssen immer wieder suchen, um herauszufinden, wo gerade eine Pflanze blüht.

Ich buche eine Wandertour mit Guide zur Rafflesia für uns vier. Der Verkäufer ist entspannt und sagt: „Ihr habt Glück. Unser Guide hat gerade eine neue Blüte gefunden, ganz in der Nähe, wo der Jeep die Besucher sowieso raus lässt. Super familienfreundliche Wanderung. Vielleicht 15 Minuten durch den Wald!“ Das wird Julia nach der langen Busfahrt besänftigen. Wie sollten wir auch mit Kinderwagen eine längere Trekkingtour mitmachen?

Als wir uns am nächsten Tag im Jeep Richtung Urwald befinden, teilen wir uns die Sitzbänke mit einer neuseeländischen Weltreise-Familie. Das Paar hat seine zwei Teenager aus der Schule befreien lassen und sie wollen für neun Monate um den Globus reisen. Malaysia ist der Anfang, Europa und Südamerika werden folgen. Die Fahrt im Jeep macht richtig Spaß. Wir fahren über schlammige Wege hinauf in die Berge. Der Fahrer ist sehr geschickt und wir werden ordentlich durchgeschüttelt, ähnlich wie auf einem Karussell.

Als wir aussteigen, sagt uns der Guide: „So, wir werden jetzt versuchen die Rafflesia zu sehen. Wir werden eine Stunde wandern, Zeit bei der Blüte verbringen und dann eine Stunde zurücklaufen. Haltet nach den vielen Schmetterlingen Ausschau.“ Ich erstarre und sehe, wie Julia mich mit ihrem Blick durchbohrt. Ich protestiere leise beim Guide, weiß aber sowieso, dass es zwecklos ist. Wenn die Blüte so weit weg ist, kann unser Guide sie auch nicht näher zaubern und will nicht für die Tricks des Verkäufers gerade stehen: „Wie sollen wir das denn mit zwei kleinen Kindern machen?", frage ich ihn, aber meine Frage war natürlich schon wieder zu viel Konfrontation. Ich schlucke meinen Groll herunter und lasse mich auf die Herausforderung ein. Den Kinderwagen brauchen wir gar nicht erst mitzunehmen. Julia schnallt Eva in die Trage und ich trage Hanna eine Stunde auf den Schultern, über rutschige Wege, durch einen Fluss hindurch, unter Lianen hinweg, über morastige Steigungen, durch die Schwüle des Tages. Dann sind wir am Ziel. Ich bin schweißgebadet. Ein unscheinbarer Platz scheinbar beliebig irgendwo im Wald. Die Blüte ist feuerrot mit hellen Tupfen und hat einen Durchmesser von einem Meter. Sie ist noch jung und ihr fauliger Gestank nicht wahrnehmbar. Ich strahle übers ganze Gesicht. Ich war selten so froh ans Ziel zu kommen. Denn ich weiß, nach der kurzen Fotopause werden wir wieder eine Stunde lang zurücklaufen. Mit Hanna auf den Schultern. Aber wir haben die Blüte gefunden und die Herausforderung war es allemal wert. Vielleicht habe ich diese

Am Ziel der Dschungelwanderung. Die größte Blüte der Welt: eine Rafflesia

Herausforderung gebraucht, ähnlich wie die belgische Familie in Slowenien. Denn wenn wir niemals unsere Grenzen mit Kindern austesten, dann wissen wir auch nicht wozu wir fähig sind.

Dafür habe ich Hanna zwei Stunden auf den Schultern getragen

Zurück in Singapur genießen wir die letzten 24 Stunden unserer Reise. Zeit, den verunglückten Haarschnitt korrigieren zu lassen. Zeit, nochmals die grünen Alleen zu durchstreifen, lecker zu essen und die Atmosphäre dieser einzigartigen Stadt zu genießen. Den Abend lassen wir am Hafen ausklingen. Wir sitzen am Wasser und schauen dem Himmel zu, wie er sich verfärbt. Wie die Lichter der Wolkenkratzer angehen. Wie eine Brise aufkommt und die Luft erträglicher macht. Wir fühlen uns ganz klein in dieser überwältigenden Kulisse und meine Gedanken galoppieren los. Ich bin so happy, dass wir diese Reise in die Exotik gemacht haben. Ich halte das Eintauchen in den Kulturmix unseres Planeten für so wichtig. Wir sind bald acht Milliarden Menschen auf der Welt. Wir alle haben unterschiedliche Weltbilder, Glauben, Geschmäcker und Ansichten. Auf Reisen lernen wir ganz andere Menschen kennen. Menschen, die anders sind als wir. Wollen wir sie näher kennenlernen und in ihre Gedankenwelt und Kultur eintauchen, dann stellen wir eins schnell fest: Wir Menschen haben alle viel mehr Gemeinsamkeiten als Unterschiede. Wir möchten alle in Sicherheit leben, lieben und geliebt werden, frei sein und uns Wünsche erfüllen. Das begreifen wir auf Reisen schnell – und dann fällt es uns schwerer zu hassen, zu diskriminieren und auf andere herab zu schauen. Je früher wir diese Erfahrung machen, desto besser.

***Wahnsinnig:** Es ist 22 Uhr an der U-Bahnstation an den Marina Bay Sands-Gärten, die Kinder sind eingeschlafen und wir stehen in einer endlosen Schlange für den Ticketautomaten. Es sind so viele Menschen für nur einen funktionierenden Automaten, dass wir mindestens noch eine Dreiviertelstunde warten werden. Ohne Ticket kommt man hier nicht in den Zug.*

***Glücklich:** Ein Mitarbeiter zieht uns aus der Schlange in sein Büro: „Mit zwei kleinen Kindern könnt ihr hier nicht so lange warten. Die müssen doch ins Bett. Ich drucke euch eben Tickets. Gratis. Kein Problem.“*

Warum es so gut ist, wenn Väter Verantwortung übernehmen – Elternzeit auf Norderney

„Wir leben hier unseren Traum. Ich sehe jeden Tag das Meer, spüre die Weite und die Natur. Meine Kinder wachsen behütet auf. Norderney ist ein kleines Familienparadies, trotzdem gibt es hier einfach alles. Schön, dass du und deine Kinder auch euren Weg hierher gefunden habt." (Bastian, Fahrradverleiher auf Norderney)

Wir sind kaum zurück aus Singapur, schon sind wir mittendrin in unserem nächsten Projekt. Ich bin sehr aufgeregt, denn wir werden jetzt endlich unseren großen Plan für meine Elternzeit realisieren. Wir werden auf unserer geliebten Insel Norderney leben! Claudia und Bernd, unsere Freunde, leben und arbeiten dort schon seit vielen Jahren. Durch unsere Besuche bei ihnen haben wir die Insel für uns entdeckt. So gut, dass ich sagen kann, dass Norderney einen besonderen Platz in meinen Lieblingsreiseorten hat. Es ist der Ort, an dem ich im Winter 2015 am Nordstrand Julia einen Heiratsantrag gemacht habe. Wir waren warm eingepackt und trotz des tosenden Winterwindes und der schäumenden Wellen war es der perfekte Moment. Nur wir beide, umgeben von der Schönheit der Natur und der Weite der Dünen. Sechs Monate später haben wir auch auf

Unsere Strandhochzeit auf Norderney. Reisen ist unser Lebensthema

Norderney geheiratet, im historischen Badekarren am Weststrand der Insel. Es war ein Hochsommer-Sturmtag, Wind und Kälte waren genauso unser Begleiter wie im Januar. Und obwohl es kurz vor der Trauung noch geregnet hat, hörte der Regen pünktlich auf, als wir uns das Ja-Wort gaben. Eine Strandhochzeit passt einfach perfekt zu uns. Wir sind schon so lange zusammen und haben schon so viele Abenteuer zusammen erlebt, indem wir gemeinsam um die Welt reisen.

Nun wollen wir ein weiteres Familienkapitel auf Norderney schreiben: Leben und Arbeiten auf einer Nordseeinsel! In ein neues Leben eintauchen und schauen wie es uns gefällt. Wir vier als Familie ganz eng beisammen. Für ein halbes Jahr während der schönen Jahreszeit. Unsere Herangehensweise ist dabei vielleicht ein bisschen naiv. Julia bewirbt sich um Jobs, da ihr letzter Arbeitsvertrag befristet war und im Mutterschutz geendet hat. Dann müssen wir irgendwie eine Wohnung finden und ich werde mich in der Zeit voll und ganz um die Kinder kümmern. Mehrere schwierige Aufgaben, die es zu lösen gilt.

Julia hat im Vorfeld nur vier Initiativbewerbungen geschrieben. Direkte Ausschreibungen für ihre Qualifikation als Sozialpädagogin gab es keine. Ich war ein bisschen skeptisch und habe sie gebeten, noch mehr Bewerbungen zu schreiben, aber sie hatte ein gutes Bauchgefühl und wollte sich auf die wenigen Bewerbungen konzentrieren. Ich konnte nur hoffen, dass ihre Intuition richtig war. Die Insel Norderney ist ein beliebtes Reiseziel und daher werden für die Saison von April bis in den späten Oktober viele Arbeitskräfte benötigt. In der Gastronomie, Hotels und den Kureinrichtungen gibt es viel Bedarf an Arbeitskräften. Nach einer Absage und keinerlei Rückmeldungen hatte ich den Plan fast aufgegeben. Aber eines Tages klingelte das Telefon. Die Stadt Norderney suchte wegen Krankheit vertretungsweise eine Sozialpädagogin für das Jugendcafé der Insel. Von März bis Oktober. Das ist genau unser Zeitraum! Ein Vorstellungsgespräch auf der Insel später steht fest: Julia bekommt den Job! Sie wird für ein halbes Jahr für die Kinder der Insel die Freizeit mitgestalten. Das Jugendcafé dient als sozialpädagogische Einrichtung und als Treffpunkt zum Quatschen, Essen und für Internet und Computerspiele. In den Schulferien gibt es Aktivitäten wie Surfen, Segeln, Kanu, Schatzrallye, Riesenseifenblasen, Strandausflüge und Pizzaessen. Ich bin so stolz auf Julia! Julias Mut und Bauchgefühl haben sich letztendlich ausgezahlt.

Aber wie es nun einmal bei Behörden ist, müssen wir auf die offizielle Zusage warten, dass Julia die Stelle bekommt. Bis der Arbeitsvertrag durch alle Gremien durch ist, dauert es noch. Ich hasse es zu warten. Bleibt noch die größte Aufgabe:

Die Suche nach einem Zuhause. Die Immobilienpreise sind durch Investoren und Ferienwohnungen unfassbar hoch und vergleichbar mit denen von Deutschlands teuerster Stadt, München. Viele Einheimische haben Schwierigkeiten, sich eine Wohnung auf der Insel zu leisten und sind gezwungen, täglich vom Festland zur Arbeit zu pendeln. Um zur Arbeit zu gelangen, müssen diese morgens um sechs Uhr die erste Fähre nehmen, was eine Fahrtzeit von rund 50 Minuten plus An- und Abreise zur Fähre bedeutet. Dies führt zu einem hohen Maß an Frustration und Stress bei den Insulanern. Die Verfügbarkeit von Wohnraum auf den Inseln ist äußerst begrenzt und oft werden freie Wohnungen nur unter der Hand vergeben, was es für Außenstehende schwierig macht, eine Wohnung zu finden. Einige große Arbeitgeber auf den Inseln bieten ihren Mitarbeitern Dienstwohnungen an. Allerdings sind diese Wohnungen begrenzt und die Stadt selbst hatte leider keine freien Wohnungen zur Verfügung. Trotz intensiver Suche auf einschlägigen Internetportalen ergaben sich keinerlei Treffer. Es bleibt daher bei einer mündlichen Verabredung zwischen der Stadtverwaltung und Julia, dass beide Seiten versuchen werden, eine Wohnung auf der Insel zu organisieren. Ziemlich wenig Konkretes für meinen Geschmack.

Von Claudia und Bernd kommt eine desillusionierende Antwort. „Es ist sehr unwahrscheinlich, dass man hier auf dem freien Markt eine Wohnung findet. Es ist fast so wie einen Sechser im Lotto zu gewinnen." Das wissen die beiden aus eigener Erfahrung, da sie schon viel Zeit und Energie in ihre Wohnungssuche investiert haben. Julia bleibt immer zuversichtlich. „Das klappt schon", sagt sie verschmitzt. „Wollen wir uns nicht einen Plan B für unsere Elternzeit überlegen?", entgegne ich kopfschüttelnd. Wir versuchen die traditionelle Methode und geben eine Anzeige in der Zeitung auf: „Kleine Familie sucht Wohnung für die Sommersaison." Überraschenderweise meldet sich direkt eine Frau, die uns eine vollständig eingerichtete Wohnung direkt am Hafen vermietet. Von der Küchenausstattung wie Nudelsieb und Töpfe, bis hin zu Betten, Kleiderschrank und Gartenstühlen ist alles vorhanden. Im Nachhinein bin ich so froh, dass wir immer auf Julias Bauchgefühl gehört haben und unser Plan doch noch aufgegangen ist. Die Vorstellung, dass Julia diesen Sommer auf Norderney arbeitet und wir dort als Familie zusammenleben, ist wahnsinnig aufregend.

Als wir Ende März einziehen, müssen wir lediglich eine Ladung persönlicher Gegenstände mitbringen. Die passen in den Kofferraum von meinem alten Golf. Übers Internet kaufen wir noch vor Ort ein Bett dazu und bei einem Fahrradverleiher ausrangierte Räder. Umzug fertig. Jetzt sind wir da. Auf Norderney. Auf einer Nordseeinsel.

Der Anfang vom Einleben ist schwierig. Wir müssen noch unseren Rhythmus finden. Julia muss in ihrer neuen Stelle ankommen und sich in die laufenden Prozesse schnell einarbeiten. Unterstützt wird sie von einem Bundesfreiwilligendienstler. Ich muss mich an die Hauptverantwortung für die beiden Mädels gewöhnen. In einer völlig fremden Umgebung. Außer unseren beiden Freunden kennen wir niemanden auf Norderney und Großelternsupport haben wir auch nicht mehr. Im März fegt der Nordseewind kalt über die Insel und während sich auf dem Festland schon der Frühling angekündigt hatte, ist hier die Natur noch völlig kahl.

Ohne Auto zu leben ist zwar anstrengender, aber auf Norderney Entschleunigung pur

Aber wir schauen nur nach vorn. Wir leben uns schnell ein. Julia radelt morgens mit dem Fahrrad zur Arbeit. Die Insel ist stark verkehrsberuhigt und außer Taxis und Bussen fahren kaum Autos. Da alle Wege kurz sind, ist ein Auto auch überflüssig. So unverzichtbar ein Auto doch zu Hause für uns war, hier ist das Leben ohne simpler. Großartig, wenn man nicht mit dem Auto durch einen Stau pendeln muss, sondern morgens frische Luft tankt und richtig wach wird.

Der Frühling ist kalt, aber ständig draußen zu sein, macht uns trotzdem sehr glücklich

Ich verlasse etwas später mit den Kindern das Haus. Vorher koche ich Eier, packe viel Essen für unterwegs ein und ziehe den Kindern die dicksten Winterklamotten an. Dann laufen wir mit unserem Doppelkinderwagen los. Und hier bemerke ich Tag für Tag mehr die Genialität vom Wohnort Norderney für unsere Elternzeit. Das Festland mit all seinen „Verpflichtungen einhalten, Strecke bewältigen, Termine machen, Routinen durchleben, Papierkram erledigen, Dinge machen müssen, Sachen kaufen, …“ liegt hinter dem Meer. Kaum sichtbar im Dunst. Ich habe keine Termine, an die ich

Der Spielplatz am Weststrand ...

... wird für Monate zu unserem Wohnzimmer

mich halten muss, keine Uhrzeiten, an denen ich in einer Kita sein muss, nur der natürliche Tagesrhythmus meiner Kinder bestimmt, wann wir wo sind. Ich trete vor die Haustür und gehe los. Ich laufe über den Deich und sehe das Farbenspiel auf dem Meer. Die Luft ist erfüllt von den Rufen der Strandvögel, ich laufe die Promenade entlang und habe frischen Wind um meine Ohren. Schmecke das Salz auf meinen Lippen und lasse mich in den Tag fallen. Schaue, was für Erlebnisse mit meinen Mädels herauskommen.

Mein Anlaufpunkt für den Vormittag ist meistens der große Spielplatz am Weststrand. Dort können die Kinder nach Herzenslust toben und klettern und ich sie mit Meerblick begleiten. Nach der ersten großen Spieleinheit am Strand gehe ich meistens mittags zurück und koche für die Familie zu Mittag. Endlich finde ich mal Zeit dafür. Julia schwingt sich auf ihr Rad, fährt die kurze Strecke vom Jugendcafé zu unserer Wohnung zurück und kommt zur Mittagspause nach Hause. Am Nachmittag geht es für Julia wieder zur Arbeit, dann hat das Jugendcafé geöffnet.

Wir toben auf dem Rasen vor dem Conversationshaus – Norderneys dörflichem Mittelpunkt

Wir drei brechen in unser Nachmittagsprogramm auf. Mit jedem Tag, der vergeht, wird es frühlingshafter. Wir brauchen bald keine Winterklamotten mehr und genießen die Sonne im Gesicht. Wir besuchen die tolle Bibliothek, toben beim täglichen gratis Kurkonzert draußen auf dem Rasen vor dem Mittelpunkt der Insel, dem historischen Conversationshaus. Wir genießen den Wochenmarkt und die Gassen des Städtchens.

Ein halbes Jahr keine Termine – nur Meerzeit

Wir sammeln Muscheln am Strand oder bauen Sandburgen. Hanna liebt es in Gezeitentümpeln zu keschern und nach Krabben zu suchen. Wir spielen in den Dünen. Bei Wind toben wir auf windgeschützten Spielplätzen, bei Regen auf überdachten Spielplätzen und sind immer an der frischen Luft. Wir feiern den vierten und den zweiten Geburtstag unserer Kinder mit Großeltern am Strand. Manchmal schnalle ich den Fahrradanhänger hinter das Fahrrad und fahre mit den beiden in die Natur raus, denn hinter dem Dorf liegen wunderschöne Salzwiesen, Schwemmflächen, Polder, Naturschutzgebiete mit Vögeln und kleinen Tieren. Und sogar große Tiere erleben wir ganz nah: Hirschrudel grasen auf den Grünflächen der Stadt. Sie sind so an Menschen gewöhnt, dass wir bis auf ein paar Meter herankommen.

Am späten Nachmittag, wenn wir von unseren Outdoor-Ausflügen müde sind, machen wir immer einen Abstecher in das Jugendcafé, denn Eva wird noch gestillt. Nachdem sie ihre Portion Muttermilch am Morgen und in der Mittagspause bekommen hat, kriegt sie hier am späten Nachmittag ihre Abendration. Dann gehen wir drei nach Hause und ich mache noch Abendbrot für mich und Hanna, bevor ich die Kinder bettfertig mache. Dann kommt auch schon Julia nach Hause und wird sehnsüchtig erwartet. Die beiden sind es fest gewohnt, mit Mama einzuschlafen, sodass die Tage, an denen Julia bis 20 Uhr das Café offen hält, herausfordernd für mich sind.

Aus den Tagen werden Wochen. Wir finden unseren Rhythmus. Die touristenleere Insel im März verwandelt sich mit jedem Tag mehr in den beliebten Urlaubsort. Im April blühen die Kirschen im Kurpark und wir beobachten die Wasservögel beim Brüten. Als ich jetzt das erste Mal kurz baden gehe, hat die Nordsee eine Temperatur von acht Grad. Die Sonne scheint im Mai fast durchgehend und es wird endlich wärmer. Im Juni beginnt die Sommersaison und die Strände sind gut mit Urlaubern gefüllt, die den Sand und das Meer aus den für die Insel charakteristischen blau-weißen Strandkörben genießen. Im Hochsommer stöhnen alle auf dem Festland über eine Hitzewelle, während wir perfekte 28 Grad Lufttemperatur haben und das Meer sogar 24 Grad warm wird. An manchen Tagen habe ich das Glück, beim Baden einen Seehund in meiner Nähe zu beobachten. Die Tiere schauen mich neugierig aus ihren Knopfaugen an. Wenn ich mich vorsichtig nähere, tauchen sie leider blitzschnell wieder ab.

Heute sind wir gemeinsam am Meer, morgen auch und den Rest des Jahres auch

Mit der Zeit lernen wir viele freundliche Norderneyer kennen. Hauptsächlich über Claudia und Bernd und das Kirchencafé der Insel. Von zu Hause bekommen wir auch viel Besuch. Die Großeltern haben diesen Sommer ein neues Lieblingsurlaubsziel. Freunde kommen für Kurztrips. Alle freuen sich darüber, dass wir für ein halbes Jahr auf einer Nordseeinsel leben, dass sie uns für ein paar Tage besuchen können und an unserem besonderen Familienleben teilhaben können. Mit Wochenendbesuch wird unsere 54-Quadratmeter-Wohnung dann doch schnell klein. Unter den vielen Nordsee-Urlaubern fühle ich mich auch wohl. Wenn ich von unserer Geschichte erzähle, dass wir für ein halbes Jahr auf Norderney leben und arbeiten, können die meisten unser Glück, unseren Mut und unsere Idee kaum fassen. Viele Fragen tauchen auf. „Wie habt ihr das gemacht? Wie habt ihr Job und Wohnung gefunden? Wie klappt das mit den Kindern? Und dein Job zu Hause?“ Ich freue mich jeden Tag neue Menschen kennenzulernen und über ihr Interesse. Die Nordseeinsel Norderney hat schließlich viele Stammgäste und viele Urlauber kommen mehrmals im Jahr hier hin. Manche Familien treffe ich in unserer Zeit mehrmals wieder. Vielen schwirrt im Kopf der Traum umher, hier doch eine Wohnung zu besitzen und vielleicht ganz oder für einen längeren Zeitraum hier zu leben. Denn eine Frage stellt mir niemand, der auf Norderney

Urlaub macht: „Warum macht ihr das?“ Kein Wunder, Norderney bietet so viel für uns als Familie: Wir leben hier unseren Draußen-am Meer-Eltern-Traum.

Mein tägliches Pendeln zur Arbeit – auf dem Weg die Insel zu entdecken

Mal ganz abgesehen von dem perfekten Setting einer Nordseeinsel finde ich es so wichtig, Zeit eigenverantwortlich mit den Kindern zu verbringen. Dafür gibt es viele Gründe. Zum einen sind es die positiven Auswirkungen auf die Kinder selbst, wenn sie auch mit dem Vater viel Zeit verbringen. Die ersten Lebensmonate eines Kindes sind so wichtig für die Bindung zwischen Mama, Papa und Kind. Indem ich alleinige Elternzeit nehme, kann ich eine engere Beziehung zu meinen Kindern aufbauen und die tägliche Pflege der beiden übernehmen. Julia hat dies ja bereits in den ersten Lebensmonaten getan. Aber auch die Unterstützung der emotionalen Entwicklung ist ein wichtiger Baustein. Wenn ich früh eine sichere Bindung zu meinen Kindern aufbaue, kann dies dazu beitragen, dass unsere Kinder eine starke emotionale Basis entwickeln. Kinder, die von ihren Vätern unterstützt werden, sind laut Studien in der Regel besser in der Lage, mit Emotionen umzugehen und haben eine höhere emotionale Intelligenz. Ebenso verhält es sich mit dem Selbstwertgefühl. Wenn ein Vater seinem Kind zeigt, dass er es liebt und unterstützt, kann dies dazu beitragen, dass das Kind ein gesundes Selbstwertgefühl entwickelt. Ein Kind, das von seinem Vater geliebt und akzeptiert wird, fühlt sich in der Regel sicherer und selbstbewusster.

Eine enge Bindung zwischen Vater und Kind kann auch dazu beitragen, dass das Kind eine bessere kognitive Entwicklung hat. Kinder, die von ihren Vätern in ihrer Lernentwicklung unterstützt werden, sind in der Regel besser in der Lage, kognitive Fähigkeiten wie Problemlösung, Kreativität und kritisches Denken zu entwickeln. Das gilt auch für die soziale Entwicklung. Kinder, die eine positive Beziehung zu ihrem Vater haben, sind oft besser in der Lage, Freundschaften zu knüpfen und Beziehungen aufzubauen. Das sehe ich jeden Tag auf den Spielplätzen. Da wir ja nicht bei einer Tagesmutter oder in der Kita in Fremdbetreuung sind, sind die beiden (oder zumindest Hanna mit ihren jetzt vier Jahren) darauf angewiesen andere Kinder kennenzulernen. Darin wird sie in der Zeit auf Norderney zu einer wahren Spezialistin. Es dauert meistens nicht länger als zwei Minuten, da hat sie schon eine neue Spielfreundin gefunden. Und das jeden Tag aufs Neue. Von dieser Offenheit und Kontaktfreudigkeit profitiert sie auch noch Jahre später.

Ich bin mir ganz sicher, dass unsere intensive gemeinsame Zeit dazu beiträgt, dass meine Kinder und ich viel enger unser ganzes Leben lang miteinander verbunden sein werden. Dafür brauche ich keine wissenschaftlichen Untersuchungen oder Beweise. Es ist einfach nur ein Gefühl. Und selbst wenn mich dieses Gefühl trügen sollte, so haben wir immer noch die gemeinsame Zeit hier miteinander genossen. Und das alles passiert in dieser wunderschönen Umgebung am Meer.

Aber es gibt auch ganz direkte Auswirkungen von der Tatsache, dass Julia arbeitet und ich mich um die Kinder kümmere. Für Julias Lebenslauf ist die Leitung einer sozialpädagogischen Einrichtung ein absolutes Highlight. Während die meisten Frauen durch Kinder karrieremäßig zurückstecken, hat Julia die Chance, sich schon wieder auf ihren beruflichen Werdegang zu konzentrieren. So kann ich sie entlasten und unterstützen. Wir teilen uns die Pflege und Erziehung so gut es geht auf, sodass wir eine gleichberechtigtere und ausgewogenere Beziehung führen können.

Auch für uns Erwachsene bietet das Nordseeleben natürlich genug Schönes. Julia arbeitet an ihren Windsurfskills oder lernt Bernstein zu schleifen. Ich fahre oft in der Abenddämmerung mit dem Fahrrad über die Insel und suche nach schönen Fotomotiven. Das Inselbrauhaus bietet köstliches Bier mit Meerblick. An Norderneys bekanntestem Lokal, der Milchbar, legen international bekannte DJs auf und machen den Sonnenuntergang zu etwas Besonderem. Um mich fit zu halten, stelle ich mir die Frage: Joggen? Schwimmen? Radfahren? Oder Acroyoga? Ich lerne im Kurpark Florian kennen, einen Studenten, der seine Masterarbeit in einem Norderneyer Umweltinstitut schreibt und ebenfalls für ein halbes Jahr auf der Insel wohnt. Da er wie ich eine Vorliebe fürs Jonglieren hat, sind wir uns auf Anhieb sympathisch. Er nimmt mich mit zu seiner Acroyogagruppe, die diese ganz besondere

Acroyoga im Sonnenuntergang – abends bleibt Zeit Norderney auch ohne Kinder zu genießen

Sportart betreibt – natürlich draußen am Meer. Es verbindet die Elemente von Akrobatik, also elegantem Menschenstapeln, mit klassischen Yogapositionen. Nur dass wir die Positionen nicht auf einer Matte am Boden ausführen, sondern auf jemand anderem. Auf seinen Händen oder Füßen zum Beispiel.

Die Sonnenuntergänge an der Nordsee sind einfach etwas ganz Besonderes

Im September, als die Nordseetage schon wieder herbstlicher werden, machen Florian und ich eine ganz besondere Wanderung. Um vier Uhr morgens treffen wir uns in den dunklen und einsamen Straßen des Örtchens. Wir fahren mit den Fahrrädern zehn Kilometer Richtung Ostende, bis dahin, wo die asphaltierte Straße aufhört. Dann wandern wir für zwei Stunden immer noch durch die Dunkelheit weiter Richtung Osten, durch Salzwiesen und durch Sanddünen. Wir waten durch einen hüfttiefen Salzwasserfluss, den Norderneyer Schlopp, der die Insel in zwei Hälften teilt. Langsam dämmert es und das erste Morgenlicht taucht die einsame Gegend in ein magisches warmes Licht. Wir laufen über den Sand. Vor uns liegt das Wrack eines Schiffes, das in den 1960er-Jahren hier gestrandet ist. In den letzten Jahrzehnten wurde immer mehr Sand angespült, der die Insel auf natürliche Art wachsen ließ. Ein Prozess, den alle Nordseeinseln durchlaufen. Am Westende wird Sand abgetragen und am Ostende wieder angespült. Mittlerweile liegt das Wrack also weit vom Wassersaum entfernt. Ein idealer windgeschützter Ort zum Frühstücken und um innezuhalten. Die Wanderung im Dunklen war herausfordernd. Jetzt können wir etwas durchatmen und genießen. Die Sonne steigt aus dem Meer empor und sorgt für ein Farbenspiel am Himmel. Nicht weit von uns lebt eine Seehundkolonie direkt am Wasser. Etwa 50 Tiere liegen hier entspannt herum, rollen sich von Seite zu Seite, raufen oder schwimmen neugierig im Meer. Es ist eine Freude ihnen zuzusehen. Vor uns erkennen wir Baltrum, vielleicht 600 Meter entfernt. Allerdings strömt Wasser zwischen den beiden Insel schnell und unkontrollierbar, sodass ich, anders als in Slowenien, nicht auf die Idee kommen würde, hinüberzuschwimmen. Wir genießen, dass wir das Ostende nur für uns haben. Die Anstrengung, um hierherzukommen, hat sich gelohnt. Später wandern wir drei Stunden durch das fantastische Morgenlicht am Nordstrand zurück, sammeln Treibholz und besonders große Muscheln.

Wir radeln die zehn Kilometer wieder zurück und ich komme völlig erschöpft um 11:30 Uhr zu Hause an. Fünf Minuten später fährt Julia zur Arbeit und ich kümmere mich bis 20 Uhr wieder auf den Spielplätzen am Meer um die Mädels. Um 20:10 Uhr liege ich schlafend im Bett.

Titanic am Ostende – mitten in der Nacht brechen wir auf, um den Sonnenaufgang in aller Einsamkeit zu sehen ...

Ende September ist es soweit. Fast ein halbes Jahr Nordseeabenteuer-Elternzeit liegt hinter uns. Julia übergibt die Arbeitsstelle wieder an ihre Vorgängerin, die nach langer Reha wieder einsatzfähig ist. Unsere Wohnung geht an eine andere kleine Familie, die auf der Insel leben und arbeiten möchte und ihr eigenes Familienkapitel schreiben wird. Wir packen Kinder, Fahrräder und unsere wenigen Besitztümer erst auf die Fähre und dann in den Zug. So erreichen wir unser Zuhause in Krefeld wieder, wo bald der Alltag mit jeder Menge liegen gebliebenem Papierkram, Arbeit und Kindergarten für Hanna losgehen wird.

Muss man für eine große Elternzeit nach Norderney ziehen? Den Aufwand machen, sich dort Arbeit und Wohnung zu suchen? Nein, all die schönen Momente und Vorteile kann man sicher auch zu Hause erleben. Aber so ein Sprung bringt uns im Leben als Familie weiter. Auch die Nordsee kann ein aufregendes Ziel sein. Ich habe jeden Tag auf, am oder im Meer verbracht. Das hat mich täglich daran erinnert, wie großartig dieses Leben doch ist. Ein halbes Jahr gemeinsam

... dabei wecken wir eine Seehund Kolonie auf

an diesem neuen Ort zu leben, ist eine kribbelnde Abenteuerreise für uns. Wir wachsen zusammen. Die tollen Erinnerungen kann uns niemand mehr nehmen. Herausforderungen haben wir bewältigt, Mut wurde belohnt. Der Gedanke an Norderney lässt mich für den Rest meines Lebens jubilieren.

Wahnsinnig: *Als ich beim Friseur sitze, klingelt mein Telefon. Hanna hat sich beim Spielen am Strand eine große Feuerqualle gepackt, stolz zur Oma bringen wollen und sie mit den Tentakeln auf ihr Bein fallen lassen.*

Glücklich: *Als ich kurze Zeit später bei ihr bin, kann ich sie mit Eis von der Tankstelle wieder zum Lachen bringen.*

Schulbefreiung? Geht das? Ja! Das! Geht! Auf nach Kanada!

Die Zeit vergeht. Anderthalb Jahre nach unserer Rückkehr aus Norderney beschenkt uns das Leben noch einmal. Jonas, mit seinen braunen Augen, bereichert und komplettiert unser Familienleben. Wieder nehme ich Elternzeit und wir haben große Pläne. Wir buchen Flüge auf die Philippinen. Dann legt Corona die Welt lahm und damit alle Reisepläne. Sorgen, Ängste und Verunsicherungen wachsen. Mobilität, Offenheit und Kontakte sind teilweise eingeschränkt. Immer müssen wir überlegen, ob ein Treffen mit einer anderen Familie das Ansteckungsrisiko wert ist. Nie können wir uns ganz ins Leben fallen lassen. Das zehrt lange an unseren Kräften und an meinen Nerven. Mit der Zeit geht auch Corona vorbei und das normale Leben wieder los. Mit drei kleinen Kindern wird mein Leben durchgetakteter, geplanter, organisierter und spielt sich dann doch mehr zu Hause ab. Kinder zum Kindergarten und zur Schule bringen, zur Arbeit fahren, von der Arbeit zurückfahren und die Kinder vom Kindergarten abholen, Übermittagsbetreuung für Hanna, Schwimmkurs für die Kinder, das Familienleben koordinieren, abends mit möglichst wenig Geschrei die Kinder ins Bett bringen. All das entwickelt sich für mich und Julia von Tag zu Tag neben meiner vollen Stelle zu einem anstrengenden Business. Wenn ich von der Arbeit nach Hause komme, bin ich viel zu oft dünnhäutig, mecker herum oder im schlimmsten Falle schreie meine Kinder an – anstatt dass ich nur Freude an meinen Kindern habe. Dinge, die ich an mir selbst nicht gerne sehe und auch nicht wahrhaben will. Ich lerne an mir Seiten kennen, die ich bisher noch gar nicht kannte. Doch drei kleine Kinder können am Nervenkostüm sägen und wenn das Nervenkostüm dünn ist, führt das schnell zu Unmut.

Als der Frühling kommt, Corona Geschichte ist und die Kälte und Dunkelheit endlich hinter uns liegen, träume ich von Veränderung. Ich träume von meinem freien Leben, wo ich mich in die Zukunft fallen lassen kann, wo ich treffen kann, wen ich möchte, schlafen werde, wo ich möchte, Erlebnisse erleben kann und Dinge auf mich zukommen lassen kann – ohne ständige Sorgen. Julia und ich sind uns einig: Wir möchten aus unserem Alltag raus! Wir möchten wieder reisen und zwar länger und intensiver als nur ein normaler Urlaub. Vor allem möchten wir viel Zeit draußen in der Natur verbringen, schwimmen und wandern. Neue Menschen und ihre Haltungen kennenlernen, Freundschaften schließen, die vielleicht über Ozeane hinweg halten. Unseren Kinder zeigen, wie liebenswert und friedlich dieser Planet eigentlich ist.

Julia und ich verbringen Abende an unserem Küchentisch, die Kinder liegen längst in ihren Betten. Ich werfe unsicher die Frage in den Raum: „Ist eine abenteuerliche Backpacking-Reise mit drei kleinen Kindern überhaupt möglich?“ Wir sind uns beide sicher, dass wir Veränderung wollen, denn eins steht fest: Wir vermissen die weite Welt sehr! „Aber wie können wir eine längere Reise gestalten? Vielleicht ein Europa-Trip mit eigenem Auto? Dann könnten wir immer in die Sicherheit unseres Hauses zurückkehren. Wir kennen schon viele Länder und könnten vielleicht weniger unangenehme Überraschungen erleben. Die Einschränkungen der Corona und Post-Corona Zeit haben ihre Spuren hinterlassen. Energisch meinen wir beide: „Nein! Lass uns etwas Neues wagen und uns nicht uns an Sicherheiten festklammern.“ Auch führt die Nähe zu Deutschland wahrscheinlich dazu, dass wir vorzeitig nach Hause fahren würden, sobald es mal Schwierigkeiten gibt. Und ich wünsche mir schon ein paar Monate weg zu sein. Körperlich und gedanklich. Dabei steht Sicherheit für uns als Familie trotzdem ganz weit oben. Mit drei kleinen Kindern wollen wir erst mal kein Reiseziel wählen, wo wir uns exotische Tropenkrankheiten einhandeln oder es politische Unruhen oder sonstige Unwägbarkeiten gibt.

Damit wir uns wohl und sicher fühlen, ist ein guter erster Schritt eine Backpacking-Reise in einem westlichen und zugleich englischsprachigen Land. Sofort fällt uns Kanada ein. Ich hatte gerade erst ein Buch von einer Familie gelesen, die mit ihren kleinen Kindern lange durch Kanada gereist ist. Vor meinem geistigen Auge zieht berauschende Natur vorbei: Wir fünf schwimmen in glasklaren Bergseen. Bestaunen rauschende Flüsse und wandern in dichten Urwäldern voller Baumriesen. Wir erfahren die Schönheit der Gebirge mit ihren eisigen Gletschern. Ich hoffe auf Tierbegegnungen und hoffentlich meinen ersten Bären. An den zerklüfteten Inseln der Westküste sehe ich mächtige Wale vor mir auf- und abtauchen. Wir alle mittendrin. Die Kinder werden bestimmt eine sehr gute Zeit haben, wenn wir nonstop draußen in der Natur sind. Zeit nur für uns in einer tollen Umgebung. Die Nordamerikaner haben ein Händchen dafür, wie sie ihre Natur mit Campingplätzen, Wanderwegen und Nationalparks für die Menschen zugänglich machen. Und die Kanadier sollen sehr freundliche und offene Menschen sein. Wenn uns der Reiseeinstieg als Familie hier glückt, könnte ich mir vorstellen, dass wir noch andere spannende Länder auf dem amerikanischen Kontinent besuchen könnten. Julia ist auch einverstanden. Jetzt brenne ich förmlich für unsere Idee.

Also Flug buchen und los? Ganz so einfach wie es früher war, ist es heute leider nicht mehr. Julia und ich sind beide berufstätig. Hanna geht in die Grundschule.

Eva und Jonas haben hart erkämpfte Kindergartenplätze. Die Kinder sind gut in Freundeskreisen integriert. Freunde und Familie sehen wir auch gerne und regelmäßig. Geht das? Scheinbar sind wir an unser Zuhause gefesselt.

Wir versuchen unsere Idee Schritt für Schritt anzugehen. Das größte Problem ist eindeutig Hannas Schulpflicht. Während es in Ländern wie den USA, Kanada oder Frankreich keine Schulpflicht gibt, sind deutsche Behörden schon bei kleinen Verstößen sehr streng. Kommen Schüler verspätet aus den Schulferien zurück und können kein Attest vorweisen, so können hohe Strafen verhängt werden, wenn die Schule den Eindruck hat, dass die Ferien eigenmächtig verlängert wurden. Auf unseren früheren Reisen haben uns Eltern mit älteren Kindern gesagt: „Genießt es. Sobald die Kinder in der Schule sind, geht das alles nicht mehr." Geistig hatte ich längere Reisen schon abgehakt, seitdem ich im letzten Jahr Fotos von meiner vor Stolz platzenden Tochter mit ihrer Schultüte gemacht habe.

Wenn wir im Sommer los wollen, wird Hanna die zweite Klasse besuchen. Sie wird im Klassenraum sitzen, rechnen, lesen und schreiben lernen. Mit ihren Freunden in der Pause herumtoben und -albern. Wird sie nicht Schwierigkeiten bekommen, später wieder einzusteigen? Verpasst sie nicht viel Unterrichtsstoff? Wollen wir sie aus ihrem gewohnten Umfeld überhaupt herausnehmen? Geht das?

Zuallererst führen wir ein Gespräch mit Hannas Klassenlehrerin. Wir versuchen sie für unser Auslandsprojekt zu begeistern und sie davon zu überzeugen eine Beurlaubung auszustellen. Wir versuchen dabei der Schule maximal entgegenzukommen, damit wir nur irgendwie die Beurlaubung kriegen. Als Zeitraum wählen wir die Zeit zwischen Sommer- und Herbstferien. Hanna würde für zehn Wochen in der Schule fehlen. Zusammen mit den Schulferien kommen wir auf etwa vier Monate Reisezeit von Anfang Juli bis Ende Oktober. Außerdem planen wir über die Organisation Workaway Freiwilligenarbeit auf Farmen und im Naturschutz zu verrichten. Im Gegenzug wohnen wir in den Familien der Gastgeber und bekommen so intensiven Kontakt zu den Einheimischen. Die Kinder werden bestimmt viel bei den unterschiedlichsten Tätigkeiten lernen und so davon profitieren. Außerdem hoffen wir auf erste Spracherfahrungen in der Fremdsprache. Kinder sollen in dem Alter ja Sprache wie ein Schwamm aufsaugen. Selbstverständlich werden wir die entstehenden Lücken per Homeschooling nicht zu groß werden lassen, sodass Hanna nach der Rückkehr wieder in die Spur findet. Ich finde, dass sind viele gute Argumente, die für die Beurlaubung sprechen. Nur ob Lehrer, Schulleitung und Ämter das genauso sehen? Ein Kind aus der Schule nehmen, um zu reisen? Geht das?

Hannas Klassenlehrerin ist einverstanden. Sie meint, Hanna würde sehr von der Reise profitieren. Wir schreiben einen Antrag mit unseren Argumenten, den sie der Schulleitung vorlegt. Auch die Schulleiterin ist einverstanden. Und der Brief mit dem Urlaubsantrag geht zur Verwaltung, wo er auch unkompliziert und zügig genehmigt wird. Ich bin sprachlos. Als wir Freunden und Familie von unserer Reiseidee und der Schulbefreiung erzählen, taucht immer wieder diese eine Frage auf: „Geht das?".

Ja! Das! Geht! Und bei uns war es ganz einfach!

Ich nehme mir vor, ab jetzt diese dämliche Frage, die mich solange selbst in unserem Vorhaben blockiert hat, ganz aus meinem Kopf zu streichen. Viel sinnvoller ist doch stattdessen die Frage: „Wie geht das?" Diese Art der Fragestellung überspringt die Möglichkeit, dass etwas eventuell nicht funktionieren könnte und fokussiert direkt die Lösungsmöglichkeiten.

Und genau diese Einstellung hilft uns auch bei unseren Jobs. Nervös schleiche ich mich mit dem ausgefüllten Elternzeitantrag ins Büro meines Chefs und nehme Platz. Von den letzten drei Elternzeitanträgen weiß ich ja, wie familienfreundlich seine Einstellung ist. Allerdings hatte ich da ja auch jeweils ein Baby. Jetzt möchte ich meine vierte Elternzeit, obwohl ich nur drei Kinder habe. Was in Deutschland viele Eltern gar nicht wissen ist, dass jedem Elternteil pro Kind bis zu drei Jahre Elternzeit zustehen. Diese können wir bis zum achten Lebensjahr auf verschiedene Abschnitte aufteilen. Ja, Deutschland ist wirklich elternfreundlich!

Im Büro meines Schulleiters läuft alles mit einem Lachen. Unkompliziert. Er hatte tatsächlich schon auf den Tag gewartet, an dem ich das vierte Mal in sein Büro kommen werde. Ich habe bisher immer sehr fair und transparent frühzeitig angekündigt, dass ich in Elternzeit gehen werde. Ich habe für die Schule günstige Zeitpunkte gewählt, sodass sie leicht Vertretung für mich finden kann. Deshalb ist der Unmut relativ gering. Mein Schulleiter hat selbst drei Kinder und bringt Verständnis dafür auf, dass es wichtig ist, Zeit mit seinen Kindern zu verbringen anstatt nur zu arbeiten. Ich bin sehr dankbar dafür, dass meine Schulleitung so mitarbeiter- und menschenfreundlich einfach „ja" sagt. Dieses Privileg hat sicherlich nicht jeder Arbeitnehmer, auch wenn es ihm auf dem Papier zusteht, zu seinem Chef zu gehen und zu sagen: „In ein paar Wochen bin ich weg."

Da Julia freiberuflich an einer Schule arbeitet, ist es praktisch nicht schwierig, dass sie sich eine Auszeit für ein paar Monate nimmt. Sie kündigt ihre Anstellung, in dem Wissen, dass die Marktlage für qualifiziertes pädagogisches Personal gerade sehr gut ist. Sie spekuliert darauf, dass sie nach der Rückkehr einfach eine neue Tätigkeit finden wird.

Nachdem die wichtigsten Hürden genommen sind, finden und buchen wir spontan ein sehr günstiges Flugangebot nach Kanada. Ohne Rückflug. Ohne zu wissen, wie der Trip aussehen wird und was wir da genau machen werden. Wir lassen uns ins Unbekannte fallen und träumen von Reisefreiheit. Mein Kopf rattert von der Vorstellung der Weite und Schönheit auf der anderen Seite des Ozeans. Immer wieder falle ich in Tagträume, wie es in Kanada wohl aussehen könnte. Die Flugbuchung hält mich für zwei bis drei Tage in völliger Euphorie. Doch dann ändert sich auf einmal der Film in meinem Kopf. Plötzlich entwickeln sich Ängste. Schaffen wir das wirklich? Was könnte alles passieren? Was könnte schiefgehen? Meine Spontaneität hat ihren Preis. Zu allem Überfluss beschäftige ich mich mit den Reisedetails erst nach der Flugbuchung. Kanada lässt Touristen über ein paar Hürden springen.

Die Corona-Einreisebeschränkungen sind sehr kompliziert, obwohl doch die Pandemie eigentlich vorbei ist. Da unsere Kinder nicht gegen Corona geimpft sind, wir aber alle als genesen gelten, dürfen wir zwar einreisen, könnten aber vielleicht doch Schwierigkeiten bekommen. Leider bleiben die Aussagen auf der offiziellen kanadischen Webseite ungenau. Ein ganz schlechtes Bauchgefühl bleibt. Auch muss man eine elektronische Einreisegenehmigung beantragen. Vertippt man sich irgendwo bei der Eingabe, führt das dazu, dass man den Flug nicht antreten darf. In Internetforen finden sich dazu viele Einträge über verpasste Flüge. Ich sitze stundenlang verschwitzt am Rechner, um bloß keinen Fehler zu machen. Die Schwierigkeit, ob in meiner Reisepassnummer das Zeichen „O“ eine Null oder der Buchstabe ist, lässt mich verzweifeln. Eine Übersicht über meine Eingaben und deren Richtigkeit bekomme ich nicht. Bleibt also nur das Hoffen auf den Abflugtag.

Meine Familie trägt sehr eindrücklich ihre Ängste an uns heran, dass die Kinder von Bären aufgefressen werden. Das passiert ja auf den Zeltplätze ganz einfach und ständig. In dem Punkt sind sie sich alle einig, obwohl noch niemand von ihnen in Kanada war. Je mehr ich diese Sorgen mit vernünftigen Argumenten wegschiebe, desto mehr kriegen sie mich.

Ich finde heraus, dass Kanada schon lange in der Inflation steckt und ein teures Reiseziel geworden ist. Außer zelten scheinen wir auch keine ernsthaften Optionen bei einer längeren Reisezeit zu haben. Die Mietwagenfirmen haben in der Coronazeit einen großen Teil ihrer Flotte verkauft. Deshalb kostet ein Minivan, wie wir ihn uns vorstellen, mal eben 130 Euro. Am Tag! Das ist unmöglich zu stemmen, bleibt also nur die Option ein Auto zu kaufen und am Ende zu verkaufen. Einzig und allein im Bundesstaat British Columbia scheint das unkompliziert für Ausländer ohne festen Wohnsitz möglich. Leider haben wir spontan und günstig Flüge nach Calgary in den Staat Alberta gebucht. Werden wir dort ein Auto kaufen können und, genauso wichtig, es am Ende der Reise wieder verkaufen können? Wir recherchieren, telefonieren, suchen in Foren und letzten Endes entscheiden uns dazu, nur kurz in Calgary zu bleiben und dann weiter nach Vancouver zu reisen, damit wir wirklich auch den gekauften Wagen zulassen können.

Kurz vor Abflug cancelt unsere Airline dann auch noch alle Flüge. Unsere Nerven liegen blank. Wir werden auf sehr komplizierte neue Flüge umgebucht. An europäischen Flughäfen herrscht sowieso Chaos, viele Fluggäste werden nicht befördert, obwohl sie frühzeitig am Flughafen waren.

Wir haben Sorge, dass die lange Reise bei den Kindern gut ankommen wird. Werden sie Heimweh kriegen und nach Hause wollen? Werden sie andere Kinder zum Spielen finden? Vermissen sie nicht die Großeltern?

Der Abflugtag rückt immer näher. Wir müssen noch so viel mit klarem Kopf organisieren. Manchmal fällt es mir aber doch mental schwer. Ich beruhige mich mit meiner Reiseerfahrung. Als ich mit 20 für ein Jahr zum Backpacken nach Australien aufbrach, hatte ich auch vorher Angst, ob ich das alles schaffen werde. Die Anforderungen für mich selbst in einer neuen Welt zu sorgen und die Herausforderungen zu meistern. Diese Leere und Ungewissheit auszufüllen, die da vor mir liegt. Dinge nicht kontrollieren zu können. Als wir für ein halbes Jahr nach Norderney gezogen sind, war ich auch unruhig. Ist das wirklich eine sinnvolle Idee oder sollten wir nicht lieber unser altes Leben in ruhigen Bahnen weiterleben? Sorgen sind letzten Endes Zinsen auf einen Kredit, den wir vielleicht niemals aufnehmen werden. Vielleicht sind all diese Dinge, über die ich mir Sorgen mache, gar nicht real und werden niemals eintreten. Ich habe mich in meinem Leben in alle meine Reisen einfach fallen lassen und genauso möchte ich es auch diesmal in Kanada tun. Für unsere größte Reise. Auf geht's!

Reise-Auto-Kauf in Vancouver

„Mach dir um die Kosten keine Sorgen. Ja, mit der Inflation ist alles teurer geworden, aber ihr macht die Erfahrungen eures Lebens." (Soo, Verkäufer in einem chinesischen Minimarkt in der Nähe unserer Unterkunft)

Ich bin sehr früh wach und sehr unruhig. Heute ist ein absoluter Schlüsseltag unserer Reise. Draußen ist noch alles dunkel, der Verkehr der Millionenstadt Vancouver dröhnt gedämpft durch die Fenster. Ich setze mich leise ins Wohnzimmer unseres AirBnBs. Gestern Abend sind wir aus Calgary hier angekommen. Schon für den Blick aus dem Flugzeugfenster hat sich die Reise gelohnt. Vancouver liegt eingerahmt zwischen Meer und Bergen. Schneebedeckte Gipfel sind nur eine kurze Fahrt entfernt. Die Sonne spiegelt sich träge im Wasser und die zerklüfteten vorgelagerten Inseln ziehen meine Blicke magisch an. Endlich. Jetzt kann unsere Reise richtig losgehen. Möglichst schnell raus aus der Stadt und nur noch Natur erleben. Laue Sommerabende am Lagerfeuer genießen. Das Funkeln der Sonne auf dem Wasser spüren. Einen Roadtrip durch die berauschende Natur Kanadas erleben. Dafür brauchen wir nur noch ein Auto.

So möchten wir Kanada erkunden – mit eigenem Wagen!

Nur noch ist gut. Ich checke zum hundertsten Mal die Autoanzeigen. Die Marktlage sieht nicht besonders gut aus. Es gibt nur wenige Gebrauchtwagen in der Größe und Preisklasse, die ich mir vorstelle. Ich möchte einen alten Minivan kaufen, der genug Platz für uns fünf, unser Gepäck und unsere Reiseträume bietet. Außerdem müssen die Sitzbänke versenkbar sein, sodass Julia und Jonas im Auto schlafen können, während ich mit den Mädels im Zelt schlafe. Falls wirklich der Bär kommt, schläft immerhin ein Teil von uns gut. Ein Campervan wäre vor allem Julia lieber, ist für fünf Personen absolut unbezahlbar. Selbst dann noch, wenn die Fotos im Inserat nur noch einen alten Haufen Schrott zeigen.

Weil ich von Autos wenig Ahnung habe, möchte ich bei einem Händler kaufen. Ein durchgecheckter Wagen gibt mir ein wesentlich besseres Gefühl. Irgendwo in der Einsamkeit der Wälder möchte ich mit drei kleinen Kindern nicht liegen bleiben. Zum Glück haben wir schon einen Termin in einem Autohaus in New Westminster. In dieser Ecke Vancouvers reihen sich Autohändler an Autohändler. Allerdings konnten wir schon gestern aus dem Zugfenster sehen, dass die meisten Händler eher abgezäunte Areale am Highway sind. Einige ohne Showroom oder sonstige Gebäude. Nach telefonischer Voranmeldung kommt dann vielleicht ein Verkäufer vorbei. Sehr vertrauenserweckend kamen mir die meisten Händler nicht vor.

Während ich noch weitere Anzeigen durchschaue, klingelt mein Telefon. Eine automatische Telefonstimme meldet sich: „Guten Tag. Hier ist die Regierung von Kanada. Spreche ich mit Eva Lena Walter? Drücken sie 1 für ja und 2 für nein." Ich drücke auf die 1. „Ist es richtig, dass sie am 5. Juli nach Kanada eingereist sind?" Ich drücke wieder auf ja. Die Computerstimme ertönt bedrohlich und in der Geschwindigkeit eines Maschinengewehrs. Sie ist kaum zu verstehen. „Sind sie in Quarantäne?" Ich zucke zusammen. Mein Herz rutscht in meine Kniekehlen. „Quarantäne? Unsere Kinder sind nicht geimpft, aber so wie ich das verstanden habe, müssen sie das auch nicht und auch nicht in Quarantäne sein. Was wollen die von mir?" Am liebsten würde ich mit „Weiß ich nicht" antworten oder eine Frage stellen, allerdings holt die Computerstimme wieder zu ihrem Erschießungston aus: „Sind Sie in Quarantäne? Ja oder Nein?" Millionen Gedanken schießen mir durch den Kopf. „Ich muss doch ein Auto kaufen, es zulassen und will mit meinen Liebsten durch Kanada reisen. Ich habe keine Ahnung, was die Regierung von Kanada von mir will. Wir werden alle viel Ärger kriegen." Und überhaupt: „Quarantäne – was soll das? Wir müssen doch nicht in Quarantäne! Oder doch?" Ich drücke auf: Ja, wir sind in Quarantäne. „Wird schon keiner vorbeikommen." Die nächste Frage gleicht einer doppelten Maschinengewehrsalbe: Haben sie sich innerhalb ihrer Reisegruppe isoliert? Ich drücke auf nein. In derselben Sekunde klopft ein weiterer Telefonanruf an das bestehende Telefonat an. „Vermutlich die gleiche Geschichte für Hanna", denke ich mir. Ob sich die Erfinder dieser Erschießungsanrufe überlegt haben, was sie da mit Besuchern machen? Atempausen kriege ich hier nicht. Ich weiß überhaupt nicht, was ich tun soll. Auflegen und den anderen Anruf annehmen? Ich versuche mich erst mal irgendwie durch dieses Telefonmenü durchzuwühlen. „Wenn Sie nicht mit den Gesundheitsrichtlinien kooperieren, verhängen wir hohe Geldstrafen." Ich verstehe kaum etwas von dem, was sie nun sagt, nur etwas von einem Test. Ich lege schweißgebadet auf. Was soll ich jetzt tun?

Über Google finde ich die Info-Hotline vom Gesundheitsamt in Kanada. Nach endlosen Warteschleifen und Menschen, die nicht wissen, was genau jetzt mein Problem ist und mich einfach nur weiter verbinden, habe ich endlich eine vage Antwort. Eva wurde vermutlich zufällig für einen Corona-Test ausgewählt. Darauf war ich grundsätzlich vorbereitet. Meiner Logik nach sollte uns aber doch der Einreisebeamte am Flughafen Bescheid geben, sodass wir sofort nach Landung testen können. Heute ist Tag fünf unserer Reise. Wir könnten doch schon halb Kanada angesteckt haben. Sinn macht das für mich nicht. Und dass es genau eine Teststation in der Millionenstadt Vancouver gibt. Am Flughafen. Dort sollen wir schnellstmöglich einen Test machen. Eine Frist gibt es allerdings nicht. Und wir müssen nicht in Quarantäne. Für ungeimpfte Kinder gibt es keine Quarantäne, genau wie ich das vorher herausgefunden habe. Ob der zweite Anruf für Hanna war, konnte mir allerdings niemand sagen.

Eine Anmeldung in dem Testcenter am Flughafen scheint ein Ding der Unmöglichkeit zu sein. Online funktioniert gar nichts und es geht niemand ans Telefon. Ich stelle mir Menschenmassen in einem kleinen, überforderten Testcenter vor. Auch wenn ich immer noch schweißgebadet bin, verschiebe ich die Problemlösung einfach auf morgen. Heute müssen wir schließlich ein Auto kaufen. Das ist aufregend genug für einen Tag.

Das Uber wartet schon. Wir fahren los, fädeln uns in den endlosen Verkehr des Highways ein. Wir passieren die Areale der Autohändler. Überall flattern Fähnchen im Wind, die suggerieren, dass es etwas Besonderes gibt. Ich empfinde die Gegend als sehr trostlos und uninspiriert und bedauere die Menschen, die zwischen so viel grauem Beton arbeiten müssen. Wir werden in der heißen Sonne auf heißem Asphalt abgeladen. Dann klemmen wir uns die drei Kindersitze unter den Arm, die wir in unserem deutschen Sicherheitsbedürfnis mitgenommen haben.

Wir gehen zusammen hinter die Umzäunung eines Händlers und werden von einem jungen Verkäufer im schicken Hemd und literweise Gel in den Haaren empfangen. „Herzlich willkommen. Haben Sie gut hergefunden? Ich habe Sie schon erwartet." Er startet den klassischen Verkäufer-Smalltalk. Er hat schon einen grauen Dodge Grand Caravan mit laufenden Motor für uns bereitgestellt und grinst sein siegessicheres Verkäuferlächeln. Nur leider ist das nicht der Wagen aus der Anzeige, sondern ein anderer, aber wirklich schöner Minivan. Genau wie ich ihn haben möchte, nur eben nochmals etwas teurer. „Wo ist denn der Wagen aus der Anzeige?", frage ich und nach viel Herumdrucksen führt er uns in die Werkstatt.

Als ich vor dem als „makellos“ inserierten Wagen stehe, erschrecke ich. Steinschläge in der Windschutzscheibe, viele Kratzer und ein zerschlissenes Sitzpolster. Wenn das makellos ist, was ist dann wohl mit Motor, Getriebe und sonstigen wichtigen Teilen? Meine Einwände bügelt der junge Verkäufer mit den üblichen Floskeln weg und hört nicht auf hervorzuheben, was für ein tolles Auto doch vor uns steht. Ein schlechtes Gefühl schleicht sich in meinen Magen.

Von der einen auf die andere Sekunde wendet sich das Blatt. Ein Mann mit schütterem schwarzen Haar tritt zu uns und schiebt den jungen Hemdträger einfach zur Seite. Er stellt sich als Alex vor. Dabei lachen seine Augen und sein breiter orientalischer Akzent ist unüberhörbar. „Ich habe euch fünf gerade beobachtet und ich habe auch Kinder. Den Wagen hier, den nehmt ihr besser nicht. Das Getriebe ist nicht in Ordnung. Du willst nicht mit deiner jungen Familie irgendwo da draußen liegen bleiben. Ich zeige euch, was ihr für eure Reise braucht.“

Irritiert laufen wir wieder aus der Werkstatt raus, an dem wunderschönen grauen Dodge Caravan mit laufendem Motor vorbei zu einem alten Flughafen-Shuttlebus. Alex strahlt. Julia strahlt. „Der Wagen ist 32 Jahre alt und super in Schuss. Mein Mechaniker hat gerade ganz viele Teile erneuert. Wenn ihr euch den innen fertig macht, könnt ihr alle drin schlafen, egal wie das Wetter wird.“ „Oder ob ein Bär herumschleicht“, denke ich mir erleichtert dazu.

Lässiger können wir gar nicht durch Kanada fahren – kurz überlegen wir, ob dieser Flughafenshuttlebus unser Reisegefährt wird

Die Probefahrt läuft gut. Sogar die Anzeigetafel funktioniert noch und die Passagiertür mache ich mit einem langen Hebel manuell auf. Normale Autotüren gibt es nicht. Fünf Passagiersitze sind drin geblieben, das ganze Heck ist leer. Eine kleine Küche und Etagenbetten könnte hier ein handwerklich geschickter Mensch locker einbauen. Leider gibt es den in unserer Familie nicht. Und lohnt sich ein Ausbau für ein paar Monate Reisezeit überhaupt? Die Kinder stellen sich solche Fragen nicht, spielen hinten drin Fangen und toben wild herum. Im Geiste richten wir uns den Wagen ein, wir könnten Matratzen auf den Boden legen und in diesem Auto leben, auch ohne Einbauten.
Dann fällt uns ein kleines Detail auf: Es gibt keine Anschnallgurte! Dabei haben wir doch extra unsere deutschen TÜV-geprüften Kindersitze mitgebracht. „Gar kein Problem“, sagt Alex. „Kommt, ich fahr euch zum Autowracker. Der ist ein Freund von mir. Der hilft uns weiter.“ Ein Minute später sitzen wir mit Alex in dem Flughafenbus und düsen los. Julia und ich schauen uns immer wieder an: „Stilvoller als mit einem alten Flughafenbus können wir gar nicht durch Kanada reisen. Wir würden auf jedem Campingplatz sofort auffallen.“ Ich male mir aus, wie wir am Meer halten und einfach unsere Freiheit genießen, mit oder ohne Campingplatz. Wie uns das Prasseln des Regens herzlich egal ist, weil wir nicht im Zelt schlafen. Wie wir auf die Anzeigetafel einfach unser nächstes Ziel schreiben und uns gleichgültig ist, wann der Bus ankommt.

„Anschnallgurte kann man hier nicht nachrüsten. Die halten nicht. Ist einfach nicht sicher.“ Ernüchterung beim Autoteile-Händler. Traum geplatzt. Julia ist einfach nur traurig. Sie kann sich schwer von der Vorstellung und Sicherheit eines Wohnmobils trennen.

Auf den Schock lädt uns Alex erst mal zum Essen ein. Wir fahren zurück auf den Highway, biegen ab und parken in einem heruntergekommenen und vermüllten Hinterhof. Hier befindet sich ein Halal-Fleischer neben einem Nagelstudio und einem kleinen orientalischen Imbiss, auf den wir zusteuern. Der würzige Geruch wabert über den grauen Innenhof und erinnert mich daran, dass ich heute schon weit vor Sonnenaufgang aufgestanden bin und vor lauter Telefon- und Autostress noch nicht mal gefrühstückt habe. „Meine Frau erwartet uns schon.“ Hinter dem Tresen strahlt uns Alex Frau an und umarmt ihren Mann fröhlich. Sie freut sich über Evas lockige Haare und strahlt eine warme Herzlichkeit aus.

Unser erstes nicht selbst gekochtes kanadisches Essen besteht also aus Hähnchenkeule mit Granatäpfeln und Reis. Die Kinder schmatzen fröhlich Döner. Alex setzt sich zu uns. Er stammt aus dem Iran und ist in jungen Jahren mit seiner Familie nach Kanada gekommen. „Meine Frau habe ich nicht selbst kennengelernt, sondern meine Mutter hat sie für mich ausgewählt. Dann bin ich in den Iran zurückgeflogen und wir haben geheiratet." „Du durftest dein Partnerin nicht selbst finden?" , frage ich verwundert. Gelesen habe ich darüber schon oft, aber noch nie mit einem Menschen persönlich darüber gesprochen. Dann setzt er noch einen drauf: „Meine Frau war damals 14 Jahre alt." Alex lacht. Mein Kopf raucht. Er wirkt sehr glücklich, wenn er über seine Frau spricht. Seine Frau strahlte auch übers ganze Gesicht, als wir den Imbiss betraten. Durch meinen Kopf schießen lauter Fragezeichen. 14 Jahre? Heiraten? Ohne freie Wahl? Wie soll das bitte gehen? Alex strahlt nur: „Ich habe im Leben sehr sehr großes Glück gehabt. Ich habe eine tolle Frau. Wir lieben uns beide und sind glücklich, dass wir uns haben. Sie kann toll kochen und ich habe schon zwei erwachsene Kinder." Dann schaut er mich an und sagt: „Du bist auch ein glücklicher Mann. Schau dir deine drei tollen Kinder an und deine schöne Frau. Du hast im Leben großes Glück gehabt." Eine Aussage so schön, treffend und unerwartet, dass mir warm ums Herz wird. Mir fällt ein riesiger Brocken vom Herzen. Die letzte Zeit war emotional einfach nur anstrengend und viel mehr von Ängsten geleitet als von Freude. Die bedrohlichen Anrufe von heute Morgen haben mir dann noch den letzten Nerv geraubt. Und jetzt sagt mir ein fremder Mensch, dass ich sehr glücklich sein kann – und wie recht er hat!

Wie viel Zeit unseres Lebens vergeuden wir eigentlich mit Erledigungen und dem Druck etwas schaffen zu müssen, Tunnelblick nach vorn, weitermachen und Rastlosigkeit. Wir stellen für berufliche Ziele private Erfüllung zurück. Sobald wir dieses eine wichtige Ziel abgeschlossen haben, verliert es im nächsten Moment völlig an Bedeutung und wir konzentrieren uns schon wieder aufs nächste superwichtige Ziel. Stellen dafür die Dinge, die uns wichtig sind, zurück – wie in einer Endlosspirale. Warum halten wir nicht jeden Tag einmal inne, schweben aus unserer gewohnten Perspektive heraus und betrachten unser Leben einmal von oben. Mit Distanz. Vielleicht stellen wir uns vor, dass wir, ähnlich wie der kleine Prinz, auf einem fernen Planeten sitzen und auf uns selbst herunter schauen. Dann stellen wir ganz schnell fest, dass wir die wichtigsten Dinge im Leben doch gut hingekriegt haben. Von meinem fernen Planeten aus sehe ich drei gesunde fröhliche Kinder. Eine Frau, die ich liebe und die mich liebt. Einen Beruf, der mir Freude und Erfüllung bringt. Die Möglichkeit nach Kanada zu fliegen und uns als Familie einen großen Traum von einer langen Reise zu verwirklichen. Wir haben gesunde Eltern und tolle Freunde, leben in einem sicheren Umfeld ohne Not. Auf einmal wird der Stress, der mich gerade aufzufressen droht, wie Autokauf oder Corona-Anrufe ganz winzig klein.

Am Ende wird es dieses alte Schätzchen – Dodge Grand Caravan, ein ideales Familienreiseauto

Zurück von dem fernen Planeten verlassen wir den ranzigen Hinterhof und fahren mit dem Flughafenbus zurück zum Autohändler. Alex lässt uns neben dem grauen Dodge Grand Caravan heraus, der vorhin schon bereit stand. Er ist mit 220.000 Kilometern viel gelaufen, aber super in Schuss und toll ausgestattet. Von Rückfahrkamera bis Entertainment System mit DVD-Screen ist alles drin. Nach einer Probefahrt ist klar: „Den wollen wir." Ich verhandle lange mit Alex und am Ende bekommen wir den Wagen zu dem Preis, den der Wagen aus dem Inserat gekostet hätte. Ich bin zufrieden, weil wir jetzt wirklich ein tolles Auto haben.

Genug Platz für unsere Träume ...

Fehlt nur noch die Zulassung. Können wir als Ausländer ohne Wohnsitz wirklich einfach so ein Auto zulassen? Alex lacht. „Kein Problem." Wir sitzen nur kurz im Büro, als uns ein junger iranischer Mann mit drei Nummernschildern vor der Nase herumwedelt. Welches davon möchtet ihr? Eine Stunde später ist der Wagen zugelassen, eine Versicherung abgeschlossen und die Nummernschilder sind angebracht. Laut den Unterlagen scheinen wir wohl einen festen Wohnsitz in der Stadt Kelowna zu haben, inklusive Garage, wo

... und zum Schlafen

der Wagen nach 22 Uhr steht. Gehört habe ich von der Stadt noch nie. In einer Garage habe ich mein ganzes Leben noch kein Auto geparkt. Alex strahlt nur und zuckt mit den Schultern. „Ist kein Problem. Da fragt niemand nach. So ist die Versicherung viel billiger für euch."

Fehlt nur noch ein letztes Detail. Ungefähr 8000 Dollar (6000 Euro inklusive der hohen Mehrwert- und Verkaufssteuer) müssen noch den Besitzer wechseln. Kreditkarte funktioniert nicht bei den Summen. Bei Paypal sind die Gebühren zu hoch. Alex lacht. „Kein Problem. Wir fahren zur Bank." Wir in unserem fertig zugelassenen Minivan mit allen Unterlagen. Alex in einem schicken Mercedes Cabrio, das er zum Verkauf herein bekommen und an das er ein Übergangskennzeichen befestigt hat. Angst, dass wir ohne zu bezahlen wegfahren, hat er keine. Mit all unseren Geldkarten schaffen wir es gerade so den Betrag abzuheben, ohne unsere Tageslimits zu sprengen. Ein riesiges Bündel Geldscheine wechselt den Besitzer. Alex strahlt. Wir strahlen. Und wir fahren los. Los in unser großes Familien-Abenteuer.

***Wahnsinnig:** „Was machen wir hier?", „Warum ist das so heiß?", „Wann gehen wir schwimmen?"*

***Glücklich:** WLAN beim Autohändler stoppt nörgeln. Youtube-Videos bieten Julia und mir ein bisschen Ruhe und einen klaren Kopf.*

Auf ins Abenteuer

„Kommt doch gleich vorbei! Wollen eure Kinder in unseren Pool springen? Es ist so toll, dass ihr als Familie auf Reisen geht. Wir sind auch immer viel gereist. Ich wünschte, wir hätten Kinder. Dann hätten wir das sicher auch so gemacht." (Jerry und Annie, unsere Nachbarn in Vancouver)

Es duftet nach Sommer. Eine Mischung aus trockenem Nadelwald, Erde und Lagerfeuer. Ich bin völlig durchströmt von Glückshormonen. Wir sind umgeben von Wald und Küste, in der Ferne rauscht der mächtige Shannon-Wasserfall die Felsen hinab. Seine Wassermassen werden von der späten Abendsonne in weiches Licht getaucht. Schon die Fahrt aus Vancouver heraus war ein Traum. Wir lassen den dichten Verkehr und die Wolkenkratzer hinter uns. Wir passieren gewaltige Brücken, unter denen Holzstämme Richtung Sägewerk treiben. Der Highway führt lange durch Häuserschluchten und dann durch Wald. Dann sehen wir zum ersten Mal das Meer. Mattblau liegt es vor uns, Möwen jagen durch die Luft. Durch die offenen Fensterscheiben strömt salzige Luft, die wir genussvoll einatmen. In der Ferne zeichnet sich im Dunst Vancouver Island ab. Die Kinder können sich gar nicht sattsehen. Überall entdecken sie etwas entlang der wunderschönen Küstenstraße. Mal segeln weiße Tupfen durch den Sund, mal liegen Felsen geheimnisvoll in der Brandung. Wir halten an einem kleinen See entlang des Highways und baden, springen von den Felsen und schwimmen immer am dichten Schilfgürtel entlang. Erfrischt lassen wir uns von der Mittagssonne trocknen. Am Shannon-Wasserfall waten wir durch einen Fluss und die Kinder matschen am Kiesstrand. Sie klettern über umgefallene Baumstämme und pflücken Moos. Sie tun das ganz von allein. Ohne dass wir sie anleiten oder motivieren müssten.

Nur eine kurze Fahrt von der Großstadt Vancouver entfernt liegt Kanadas wilde Seite: Flüsse und der Shannon-Wasserfall

Nach unseren Erkundungstouren gibt's eine Stärkung

Das Zelt steht und unser neu erworbener Wagen parkt neben uns. Die Sitzbänke habe ich schon im Boden versenkt, die Luftmatratzen liegen aufgeblasen auf der Ladefläche. Alles sieht sehr gemütlich aus für unsere erste Nacht in der Natur. Jetzt brate ich Burger und Schweineschnitzel auf dem offenen Feuer. Meine Gedanken schweifen vom Feuer weg und ich lasse die beiden letzten Tage nochmal Revue passieren.

Auf den Campingplätzen wird vor Bären gewarnt

Nachdem wir den Wagen gekauft haben, fahren wir zu unserer Ferienwohnung am Stadtrand Vancouvers. Vor dem Nachbarhaus sitzt ein älteres Ehepaar auf einer Bank. Wir hatten sie schon tags zuvor kurz kennengelernt. Zwei Minuten Smalltalk mit Fremden gehört in Nordamerika zur Kultur dazu, wie bei uns Deutschen das Brot zum Abendessen. Jerry und Anni sehen uns aus dem Minivan steigen und gratulieren zum Kauf. Nur eine Minute später bringen sie sechs Kinderaugen zum Leuchten, als sie uns vorbehaltlos in ihren Pool einladen. So schnell und ganz ohne Murren haben sich unsere Kinder noch nie umgezogen.

So geht Abendessen. Lagerfeuerromantik und köstliches Fleisch

Wir sitzen einfach bei wildfremden Leuten am Tisch und die Kinder haben Spaß im Pool. Jerry erzählt über sein bewegtes Leben. Obwohl beide es nicht leicht hatten, wirken sie trotzdem sehr glücklich. Jerry hat seine Frau nach einigen schwierigen Wendungen seines Lebens im Alter von 60 Jahren kennengelernt. „Anni, du bist mein Lotteriegewinn!“, sagt er ihr vor uns direkt aus vollem Herzen. „Was für ein schönes Kompliment“, denke ich mir. „Wann habe ich Julia das letzte Mal so etwas Schönes gesagt?“ In den letzten Jahren Elternsein sind doch einige

Dinge irgendwo auf der Strecke geblieben, auch die Partnerschaft. Wir funktionieren als Team super gut zusammen, wechseln uns ab mit Essen kochen und Töpfchentraining. Die Kinder zu Kindergarten und Schule bringen. Spielplatz und Schwimmkurs. Ins Bett bringen und nachts da sein. Am Ende des Tages oder wahlweise der Nacht sind wir oft ganz schön fertig. Sicherlich, wir sind glücklich, weil wir unsere drei wundervollen Kinder haben. Aber da ist noch ein anderer Mensch in der Familie, in den wir uns verliebt haben und mit dem wir unser Leben gemeinsam genießen wollen. Das ist viel zu oft in den letzten Jahren des Funktionierens untergegangen. Und auf unserer Reise hier im Garten von Jerry und Anni wird mir das schlagartig klar. „Julia, du bist mein Lotteriegewinn! Dieses Kompliment hast du dir wirklich verdient." Hoffentlich werden wir es auf unserer Reise schaffen, Momente für uns und unsere Beziehung zu nehmen. Zeit nur für uns beide, ohne zu funktionieren und zu organisieren.

Warum uns Jerry und Anni einfach so zu sich einladen, Kindergeschrei ertragen und Getränke auf den Tisch stellen? Offenheit und Gastfreundlichkeit – typisch für Kanadier. Mehrmals fragen sie uns, ob sie unseren Start in Kanada besser gemacht haben. Sie hoffen inständig, dass wir eine gute Zeit in ihrem Land haben werden – in dem gesellschaftlich tief verwurzelten Denken, dass Menschen gegenseitig füreinander da sind.

Tags darauf lösen wir unser letztes Problem: den Pflicht-Corona-Test der kanadischen Regierung. Eine online-Terminanmeldung funktioniert auf der Webseite des Testzentrums nicht, obwohl es die einzige Möglichkeit ist, sich testen zu lassen. Da wir keine Wahl haben, fahren wir einfach zum Flughafen. Ich stelle mich auf abweisende Mitarbeiter ein. Auf Unverständnis, warum wir so spät testen und nicht bei der Ankunft! Auf Menschenmassen und Schwierigkeiten dran zu kommen! Wir betreten die riesige Traglufthalle. Und sind tatsächlich fast die einzigen Kunden. Eine freundliche Frau winkt uns heran und hört sich meine Sorgen an. Empathisch antwortet sie auf meine ganzen Bedenken: „Diese Anrufe sollten schon längst abgeschafft sein. Was ist das auch für ein Empfang in unserem Land? Ihr besucht Kanada und sollt euch mit den Kindern wohl fühlen. Alles kein Problem. Wir machen das schon. Wir leiten die Ergebnisse direkt an die Behörden weiter." Nur zwanzig Minuten später feiern wir das Ende des Corona-Test-Stress mit Softeis in einem bekannten amerikanischen Schnellrestaurant.

Eine Stunde später finden wir uns in New Westminster wieder, weil mir heute Morgen aufgefallen ist, dass die Handbremse nicht funktioniert. Wir fahren den Wagen auf den Hof und erzählen Alex von dem Problem. Er lacht: „Mein Mechaniker kümmert sich drum. Habt ihr schon was gegessen?“ Während wir auf den Einbau neuer Bremskabel warten, machen wir uns über Graupensuppe und Köfte in Tomatensauce her, die seine Frau gekocht hat. Mansour setzt sich neben uns. Genau wie Alex lacht er mit seinen Augen. Er hat heute seinen zweiten Tag hier im Autohaus. Er hat einen starken Akzent und ich frage ihn, wie es ist, hier in Vancouver als Iraner zu leben. „Kanada ist das perfekte Land für Einwanderer, weil wir uns hier nicht als Ausländer fühlen. Alle Menschen in Kanada sind schließlich eingewandert. Alle, außer den First Nations. Diese Kultur der Vielfalt lebt das ganze Land.“ Ein Miteinander mit viel Respekt. Hier gibt es wenig Rassismus. Vancouver ist völlig multikulturell. Hier leben Chinesen neben Sikhs, deren Männer direkt mit ihren kunstvoll gebundenen Turbanen auffallen. Araber neben Asiaten neben Weißen. Alles bunt gemischt. „Ich habe nur einmal ein Problem gehabt, ganz am Anfang, als ich neu hier war. Da hat mir jemand gesagt: ‚Geh zurück in dein Land, du bist hier fremd.‘ Daraufhin hab ich ihm gesagt: ‚Hey, wenn ich zurück in mein Land gehen und meine Sachen packen soll, dann packst du deine bitte aber auch. Du siehst nicht aus wie ein First Nation.‘“ Ich finde das eine starke Antwort und eine gelungene Haltung. Schließlich kommt es doch in den heutigen Zeiten darauf an, dass wir ein miteinander in der Gesellschaft leben und nicht Fronten gegeneinander aufbauen. Dass wir zusammen die großen Herausforderungen des 21. Jahrhunderts angehen und nicht wieder in Grüppchen zerfallen, die sich gegenseitig bekriegen wie im Mittelalter. Kanada hat sich wirklich eine besondere Kultur der Offenheit geschaffen. Vielleicht war Hähnchenkeule mit Granatapfel und Reis ein ganz passendes erstes Essen in Kanada. Dann steht der Wagen fertig vor uns. Wir verabschieden uns und verlassen New Westminster zum zweiten und hoffentlich letzten Mal.

Und jetzt sitzen wir am Lagerfeuer in der Natur. Wir haben einen tollen Tag gehabt, gerade fantastisch gegessen und den abendlichen Streit ums Zähneputzen nicht im heimischen Badezimmer ausgetragen, sondern mit Ausblick auf einen Wasserfall. Dadurch ist der Streit nicht weniger intensiv, aber doch gleich viel schöner. Es ist mittlerweile dämmrig geworden, doch die Kinder sind noch hellwach. Kein Wunder, denn wir sind nicht allein. Hanna hat hier schnell eine Freundin gefunden. Obwohl Shania älter ist als Hanna und sie beide keine gemeinsame Sprache haben, spielen sie völlig unbefangen miteinander. Shania ist mit ihren Eltern und ihrer Mennonitengemeinde übers Wochenende hier. Ungefähr 50 Gemeindemitglieder sitzen jetzt am Lagerfeuer. Alle singen, lachen, reden und rösten Marshmallows an langen Stöcken. Wir sind voll dabei. Julia und ich sehen dabei zu, wie viel zu viele Marshmallows zwischen den frisch geputzten Zähnen unserer Kinder verschwinden. Offen und vorbehaltlos werden wir von

Doug eingeladen, obwohl wir keine Mennoniten sind. Doug ist ein dynamischer Endfünfziger, der zusammen mit seiner Frau in der Gemeinde sehr aktiv ist. Die beiden organisieren dieses Wochenende jedes Jahr. Gemeinsame Wanderungen, zusammen baden gehen und Marshmallows am Feuer rösten, das hält die Gemeinde zusammen. Doug ist begeistert von unserer Idee mit den Kindern nur per Auto und Zelt durch Kanada zu reisen. Seine Kinder sind mittlerweile erwachsen und er hat wie viele Kanadier auch die Feierabende und Wochenenden damit verbracht mit seiner Familie in der Natur zu sein.

„Ich habe mich schon als Kind in Gott fallen gelassen. Er hat mir immer in schwierigen Situationen geholfen. Mein Eltern waren beide Alkoholiker. Aufwachsen in meiner Familie war nicht leicht." Ich stutze. Moment mal. Wir sitzen hier seit einer halben Stunde am Lagerfeuer zusammen und kennen uns kaum. Trotzdem sind wir ganz selbstverständlich mitten in der Gemeinde drin. Und jetzt erzählt mir Doug von seiner schwierigen Geschichte. „Ich war schon immer Teil dieser Gemeinde. Alle um dich herum hier haben Probleme gehabt." Die Stadt macht es nicht leichter. Denn mittlerweile ist Vancouver keine einfache Stadt mehr zum Leben. Sie gilt als eine der lebenswertesten der Welt und die Immobilienpreise sind in Regionen geschossen, in denen sich mittlerweile niemand mehr ein Eigenheim oder die Miete leisten kann. Die Inflation hat die Probleme verstärkt. In den letzten 20 Jahren hätten viele der Mitglieder große Probleme durchgestanden: Alkoholismus oder familiäre Schwierigkeiten, Krankheiten, Jobverlust und die vielen anderen Unwägbarkeiten des Lebens. In der Kirchengemeinde sind alle füreinander da, ganz besonders Doug und seine Frau. Sie unterstützen zum Beispiel schon seit Jahren einen Freund ihres erwachsenen Sohnes. Er stammt aus schwierigen Verhältnissen und lebt bei ihnen zu Hause. Ohne eine Gegenleistung bezahlen sie seine Rechnungen und geben ihm ein Zimmer in der Hoffnung, dass er etwas aus sich machen wird. „Ich möchte ein Licht sein, das für andere scheint. Ich möchte

Vor dem Schlafen gehen gibt es Lagerfeuer und ...

für andere da sein und hoffe, ihr Leben besser zu machen. Eine Inspiration für andere sein“, sagt Doug, rückt auf seinem Campingstuhl näher an seine Frau heran und vertraut völlig auf Gott und darauf, dass er ihn in seinem Leben leiten wird.

Wir sitzen noch lange zusammen unter diesem Sternenhimmel. Funken fliegen in die Schwärze der Nacht. Eine Gitarre wird ausgepackt und Lieder erklingen. Die Kinder sitzen in einem Pulk und mampfen immer noch Marshmallows. Völlig selbstverständlich, ohne Berührungsängste und ohne Englischkenntnisse. Jetzt fühle ich mich wirklich angekommen. Angekommen in der Fremde mit meiner Familie. Und ja, Kanadas Natur ist wunderschön, aber was noch viel umwerfend schöner ist, ist die Offenheit der Menschen.

... ganz nordamerikanisch: Marshmallows

Als ich nachts im Zelt liege, kann ich nicht schlafen. Zum einen höre ich in die Stille, ob nicht irgendwo ein Bär herumschleicht. Zum anderen rauschen mir diese ersten intensiven Tage unserer Reise durch den Kopf. Speziell geht mir aber dieser Satz nicht mehr aus dem Kopf. „Ich möchte ein Licht sein, das für andere scheint.“ Dougs tiefer Wunsch anderen Menschen zu helfen. Ich hoffe, für drei kleine Menschen bin ich schon ein Licht, trotz Zahnputzstreit. Vielleicht kann ich aber auch für andere Menschen da sein und leuchten. Ich muss ja nicht direkt einen Menschen aus schwierigen Verhältnissen bei uns einziehen lassen, was ich sehr bewundernswert finde. Aber für andere da sein kann ich auch. Andere Menschen inspirieren oder ihnen helfen, könnte ein schönes Vorhaben für unsere Reise werden. Oder für alles was danach kommt. Oder für ein Buch.

Wahnsinnig: *Auf dem Rückweg vom Wasserfall schreit Eva, dass sie nicht mehr laufen kann. Keinen Schritt mehr weiter. Selbst ein Müsliriegel hilft nicht. So muss ich sie lange auf den Schultern tragen, ohne dass sie dabei aufhört zu schreien.*

Glücklich: *Als wir nicht mehr weit vom Zelt entfernt sind, entdecken wir einen Kolibri, der Nektar an Blüten trinkt. Aus Schreien wird augenblicklich Freude.*

Kolibris beim Frühstück

„Meine Tochter ist jetzt in Paris. Als sie klein war, war ich viel auf Montage. Ich bin zu den Farmen hier draußen gefahren und habe mich um die Elektrik gekümmert. Ich war oft ein paar Tage am Stück weg, es gab immer so viel zu tun. Jetzt ist sie erwachsen und lebt ihr eigenes Leben. Vielleicht hätten wir auch so eine Tour machen sollen." (Urs, Schweizer Nachbar von Jos und Olga)

Ich lege die Kettensäge zur Seite, wische mir Schweiß und Sägespäne vom Kopf und laufe zur Terrasse. Julia drückt mir eine dampfende Tasse Milchkaffee in die Hand. Die Kinder spielen mit den Hunden, sodass wir uns ungestört auf die Terrasse hinter dem Farmhaus setzen können. Unser Blick schweift über einen schimmernd grünen See. Dahinter beginnt dichter Nadelwald. Neben unseren Köpfen surren Kolibris um eine Futterlampe. Auf der anderen Seite der Terrasse pickt ein zahmes Eichhörnchen Körner. Es gibt nichts, was den Frieden in diesem Ort stört. Jos und Olga, ein altes Schweizer Paar, nennen ihn ihr Zuhause und teilen ihn bereitwillig mit uns.

Vor ein paar Tagen haben wir endlich eine Zusage über die Freiwilligenorganisation Workaway bekommen. Das Konzept ist simpel. Für eine geringe Jahresgebühr haben Freiwillige die Möglichkeit über eine App weltweit Gastgeber zu finden. Für ein paar Stunden Arbeit am Tag kriegt man Unterkunft und Verpflegung und natürlich direkten Kontakt zu den Einheimischen. Die Gastgeber sind übers ganze Land verstreut und sehr unterschiedlich. Oftmals brauchen kleine Farmen Hilfe, manchmal werden aber auch Babysitter in der Großstadt gesucht. Leben und arbeiten in einer alternativen Kommune oder Gäste in einem schicken Hotel empfangen. Den Garten einer Familie in Ordnung bringen oder in einem Tierheim mit anpacken. Wälder aufforsten oder Feuerholz machen. Alles geht. Ich kenne diese Freiwilligenorganisationen aus meiner Backpackingzeit in Australien. Dort habe ich auf sehr abgelegenen Farmen Rinder zusammen getrieben, Schafe gehütet oder Avocados gepflückt. Ich liebe dieses Konzept, weil wir dabei so viel lernen und geben können: zum einen durch neue Tätigkeiten, zum anderen durch den Kontakt mit den Einheimischen. Wir werden mit Kanadiern zusammenleben, viel über ihre Geschichte erfahren, Freuden und Sorgen teilen und vielleicht noch Nachbarn oder Familie kennenlernen.

Damals in Australien war es immer leicht an die Stellen heranzukommen. Ich war Anfang 20, allein und konnte gut anpacken. Jetzt sieht die Situation natürlich anders aus. Wir reisen als Familie. Wir sind also fünf Esser und fünf Menschen, die irgendwo untergebracht werden müssen. Aber nur zwei dieser Personen können zupacken, wobei einer von uns Erwachsenen auch immer irgendwie auf die Kinder gucken muss. Die gleiche Leistung wie ein 20-Jähriger können wir also keinesfalls bieten. Ich hoffe, dass wir als Familie trotzdem irgendwie interessant sind. Warum sollte sich ein Gastgeber auf so ein Gesamtpaket einlassen? Die geringere Arbeitsleistung ist nur ein Teil des Deals, in erster Linie steht ein kultureller Austausch im Mittelpunkt. Nicht nur wir lernen viel von den Gastgebern, sondern auch genauso umgekehrt. Wir können Gastgebern viele spannende Geschichte aus unserer Welt jenseits des Atlantiks erzählen. Alltägliche Dinge werden durch aufgeweckte Kinder ganz anders. Brot backen und Joghurt zubereiten wird gleich viel sinnstiftender, wenn man drei kleinen Kindern seine Tricks weitergeben kann. Beim Tomatenernten und Hühnerfüttern können sich die Kleinen schon spielerisch beteiligen.

So schreibe ich acht Hosts in der Umgebung an, die zu uns passen könnten. Dann heißt es abwarten. Jedes Mal, wenn wir irgendwo WLAN haben, kontrolliere ich die Inbox. Dann endlich: Zwei Sätze reichen aus, um das Wartespiel zu beenden: „Ja, kommt gerne vorbei. Ruft uns unter folgender Nummer an. Olga." Ich könnte schreien vor Glück. Eine abenteuerliche Backpacking-Reise mit drei kleinen Kindern ist also möglich! Autokauf – geklappt. Zelten gehen – geklappt. Workaway – geklappt!

Enthusiastisch durch diese Zusage verlassen wir die Pazifikküste und den Ballungsraum Vancouver Richtung Osten. Die dunklen Regenwolken der letzten zwei Tage lassen wir hinter uns, als wir ein Schild mit der Aufschrift Sunshine Valley passieren. Hier zwischen den Küstenbergen und den Rocky Mountains liegt das Okanagan. Es ist ein Ort, an dem an über 300 Tagen im Jahr die Sonne scheint. Es versorgt mit seinen fruchtbaren Böden praktisch ganz British Columbia mit Früchten und Gemüse. Wir passieren Pfirsich- und Pflaumenplantagen. Äpfel- und Birnbäume säumen die Straße. Bauern bieten an kleinen Fruchtständen ihr Sortiment an. Im Tal gibt es genug Flüsse und Seen zur Bewässerung für die Landwirtschaft. Hier grünt alles üppig im Überfluss. Die kargen Hänge jedoch zeigen, dass es ohne Bewässerung in diesem wüstenähnlichen Klima ganz anders aussähe. Ohne Ausblick auf endlose grüne Wälder fällt es schwer zu glauben, dass wir durch Kanada fahren. Dafür folgt der Highway immer einem klaren blauen Fluss durchs Tal. In Osoyoos genießen wir das warme Wasser des herrlichen Sees, bevor wir uns in die Berge auf 1100 Meter Höhe schrauben und wieder durch dichten Wald fahren.

Blick über das Okanagan Valley und den Osoyoos Lake

Hier erwartet uns die Wagon Wheel Ranch. Wir parken unseren Wagen vor dem schönen Farmhaus, das mit blühenden Geranien geschmückt ist. Die beiden Hunde Jeany und Sally begrüßen uns laut bellend und werfen die Kinder fast zu Boden. Diese lachen und sind glücklich. Sofort löst sich unsere Sorge in Luft auf, ob es für unsere drei keine Spielmöglichkeiten oder Sozialkontakte gäbe. Hanna würde schließlich alles dafür tun, wenn wir auch zu Hause einen Hund bekämen. „Grüezi, herzlich Willkommen", ertönt es auf Schweizerdeutsch. Jos und Olga nähern sich langsamen Schrittes, begrüßen uns und nehmen uns mit auf ihre traumhafte Terrasse. Olga ist völlig überschwänglich, weil sie drei süße Kinder in ihrem Haus hat, die sie verwöhnen kann. Sie ist mit Mitte 80 immer noch fit und bewirtschaftet die Restfarm immer mit einem Lachen im Gesicht. Jos ist Ende 80, leider schon etwas schwerhörig und freut sich auch über Gäste im Haus. Die beiden haben eine bemerkenswerte Lebensgeschichte.

Jos und Olga, unsere ersten Workaway-Gastgeber auf der Wagon Wheel Ranch

Mit Mitte 50 sind sie aus der Schweiz nach Kanada gezogen. Die beiden haben lange Jahre in einem noblen Schweizer Skiort ein Hotel betrieben. Dann hatten sie von der Schweiz die Nase voll, verkauften spontan alles und sind mit ihren vier Kindern nach Kanada gezogen. Per Zufall fanden sie im damals dünn besiedelten Okanagan Valley diese 70-Hektar-Ranch und schlugen zu. Anfangs haben sie hier eine Knoblauchfarm betrieben, später dann zwei Kilometer Zaun errichtet und Hirsche gezüchtet, dann Schafe. So ganz nebenbei hat Jos das Farmhaus komplett selbst gebaut, die Statik berechnet, die Architektur gemacht, kräftig mitgebaut und am Schluss alle Küchenmöbel geschreinert. Seine Einstellung ist: „Das kann man halt!“ Für mich klingt es mehr nach einem „Das muss man irgendwie auch hinkriegen“. Hier draußen gibt es wenig Arbeiter und Handwerker. Wenn die beiden es im Winter warm haben wollen, dann müssen sie im Sommer Holz hacken. Wenn sie im hohen Schnee das Grundstück verlassen wollen, müssen sie den Kilometer bis zur Straße mit dem Schneepflug selbst räumen. Wenn sie Trinkwasser

Blick vom See auf das Farmhaus. Kanada wie aus dem Bilderbuch

haben wollen, muss der Brunnen funktionieren. Wenn Coyoten, Bären oder Wölfe draußen herumschleichen, müssen sie sie selbst schießen. Und davon scheint es hier eine Menge zu geben, denn das Wohnhaus ist voll mit Trophäen. Nur der Strom scheint von der Gemeinde zur Verfügung gestellt zu werden. Immerhin.

Mittlerweile sind sie zu alt für den Betrieb. Ihre Tochter wohnt etwas weiter die Straße herunter und hat die Knoblauchfarm übernommen. Ich bin absolut überwältigt von der Kraft dieser beiden. „Jos, wie bringt man mit Mitte 50 die Kraft und Motivation auf, noch mal alles neu zu starten und so ein riesiges Projekt anzugehen?" Ich fühle mich jetzt mit Ende 30 schon manchmal mit Beruf, den kleinen Kindern und allen Anforderungen des täglichen Lebens sprichwörtlich gerädert. „Mit 54 ist man doch erst in der Mitte des Lebens, da geht das noch sehr gut", antwortet Jos völlig ernst. Ich muss lachen, denn letzten Endes kommt es immer auf unsere innere Haltung an, wie wir unser Leben leben wollen. Die beiden haben jedenfalls nie geklagt, immer nur angepackt. Und haben neben Hotel und Ranch noch vier Kinder großgezogen.

Hanna findet sofort einen Freund: Jeany

Am nächsten Morgen starten wir mit einem gemütlichen Frühstück. Wieder surren die Kolibris um unsere Köpfe. Schwarzgeier kreisen über dem Wald und ab und an springt eine Forelle im Teich hoch. Dann drückt mir Jos eine Benzin betriebene Sense in die Hand, mit der ich das Gras am Teich abmähe. Eine Blindschleiche verschwindet schnell unter einer dicken Wurzel. Später schöpfen Julia, Hanna und ich ein altes Ruderboot leer. Dabei entdecken wir, wie eine kleine Forelle in dem Boot schwimmt. Sie muss beim Jagen nach Mücken hochgesprungen sein und versehentlichem im vollgelaufenen Boot gelandet sein. Wir entlassen sie wieder in die Freiheit. Olga meint, die Kinder könnten mit dem Boot gerne auf dem See herumfahren. Hannas Augen leuchten. Obwohl sie so etwas noch nie gemacht hat, springt sie direkt rein und probiert sich an den Rudern. Wie selbstverständlich sitzen Jonas und Eva auf der hinteren Bank und freuen sich, den See zu erkunden. Ich bin froh, dass die drei unter Julias Aufsicht beschäftigt sind. So gehe ich mit Jos auf eine Wiese, wo unsere Hauptaufgabe wartet: Feuerholz für den Winter bereiten. Jos zeigt mir, wie die Spaltmaschine und der Minibagger funktionieren. Das Haus wird im Winter komplett mit Holz beheizt und auch der Herd und das Warmwasser wird per Feuer betrieben. Dafür brauchen die beiden große Holzvorräte, aber Nadelbäume stehen schließlich genug auf den 70 Hektar. Vor mir liegen ein paar Stämme, die schon vor einiger Zeit gefällt wurden. Ein Nachbar hat viele schon in handliche Stücke gesägt. Jos weist mich in die Bedienung des Minibaggers und der Spaltmaschine ein und dann kracht das Holz. Ein Scheit nach dem anderen landet in der Schaufel des Minibaggers. Irgendwann ist der Stapel groß genug, sodass ich das Holz auf einen Stapel fahre, wo es weiter trocknen wird.

Meine Hauptaufgabe im ersten Workaway: Feuerholz machen. Die Kinder helfen zum Glück

Mit dem Minibagger fahre ich das gespaltene Holz zur Vorratsstelle

Mit Axt und Säge zerkleinere ich die Reste der alten Terrasse

So mache ich Runde um Runde um Runde. Die Kinder sind glücklich, als sie mich sehen und wollen mir helfen. Hanna und Eva haben keine Angst vor der lauten Maschine und spalten schnell geschickt die Holzscheite. Mit Freude und auch Ausdauer helfen sie und packen an. Für sie ist es das Größte, nachzuahmen, was ihre Eltern tun. Noch größer ist die Freude bei ihnen, als sie auf meinem Schoß sitzen dürfen, während ich den Minibagger fahre. Dabei jauchzen sie richtig. „Papa, schneller!"

Die Kinder helfen fleißig beim Stapeln

Die Arbeit an der Spaltmaschine ist in den kommenden Tagen meine Hauptaufgabe. Meistens beginne ich um sechs Uhr morgens, damit ich die schweren Holzstücke nicht in der sengenden Mittagshitze in die Maschine wuchten muss. „Mittagshitze ist ein Wort, das ich vor Abflug niemals mit Kanada verbunden hätte. Warum habe ich eigentlich die Skiunterwäsche eingepackt?" So ist unsere Arbeit meist gegen Mittag getan. An einem Tag zersäge ich die Reste der alten Terrasse, die von einem Schneerutsch zerstört wurde. Anschließend spalte ich die Bohlenstücke in kleine Scheite und die Kinder stapeln das Holz wie einen großen Jenga-Turm auf der Veranda. Dann hat Olga wieder genug Feuerholz, um den Herd zu betreiben. Die Kinder helfen wieder mit großer Ausdauer und sind glücklich, dass sie sich einbringen können. Vielleicht müssen wir sie zu Hause auch viel mehr in die Hausarbeit einbinden.

Wir nutzen unsere freien Nachmittage, um ins Tal zu fahren und im Osoyoos Lake schwimmen zu gehen oder die Wälder der Umgebung zu erkunden. Jos und Olga scheinen nicht auf mehr Arbeitsstunden zu bestehen, obwohl Julia prinzipiell

Wir rudern in unserer Freizeit über den See am Farmhaus

auch noch Stunden machen müsste. Auch geht hier Olga voll in ihrer Großmutterrolle auf. Sie holt die alte Playmobilkiste ihrer Kinder hervor, was besonders Eva und Jonas glücklich macht und beschäftigt. Olga ist sehr herzlich und sehr direkt mit unseren drei Wildfängen. Vor allem finde ich ihre klare Kommunikation sehr bemerkenswert. Bei ihr helfen die drei ohne zu murren beim Tischdecken, schnibbeln freudig Gemüse für das Mittagessen und füttern die Hühner im Stall. Eva lernt, wie man Joghurt selbst macht. Nie bekommt sie hier einen ihrer berüchtigten Wutanfälle, die uns den letzten Nerv rauben können. Während unseres ganzen Aufenthalts hat Hanna nicht ein einziges Mal darüber gejammert, dass sie keine anderen Kinder zum Spielen hat. Sie hat sich rundum wohl gefühlt, was nicht zuletzt auch an den beiden Hunden liegt, die sie den ganzen Tag streicheln und verhätscheln darf. Ansonsten ist sie ganz mit Rudern beschäftigt. Seit Olga ihr erzählt hat, dass man die

Es dauert nicht lange, dann hat Hanna sich selbst Rudern beigebracht

Dann lernt sie, wie man Schildkröten fängt – natürlich werden sie sofort wieder freigelassen

Wasserschildkröten im See auch fangen kann, probiert sie alles Mögliche aus. Per Eimer, per Hand oder per Kescher. Wenn sie erfolgreich ist, kommt sie stolz zu uns angerannt und zeigt uns ihren Fang. Kein gekauftes Spielzeug kann Hannas Augen so zum Leuchten bringen, wie die Tatsache, dass sie sich selbst Rudern beigebracht hat und jetzt Schildkröten im See fangen kann.

Genauso habe ich mir unsere Familienzeit auf einer Farm vorgestellt. Wir helfen und alle Familienmitglieder lernen etwas dabei. Das gibt Selbstbewusstsein fürs Leben. Alle meine Zweifel, ob so ein Farmaufenthalt das Richtige für die Kinder ist, sind wie weggeblasen. Sie lernen hier eine ganze Menge. Zum Beispiel, dass das Leben bei uns zu Hause sehr bequem ist. Wasser kommt einfach so aus dem Hahn, die Zentralheizung macht das Haus von allein schön warm. Auch wenn das alles für unsere Generation normal ist, selbstverständlich ist das auf keinen Fall. Unsere Großelterngeneration kannte schließlich noch dreckspeiende Kohleöfen und den Samstag als einzigen Badetag der Woche. Die Frühstückseier kommen hier nicht im handlichen Pappkarton aus dem Supermarkt, sondern Hanna sucht sie jeden Morgen aus dem Stall. Gelegt von den Tieren, die sie täglich füttert. Solche Lerneinheiten können wir hier unseren Kindern mitgeben. Das freut mich einfach. Ich muss an Dougs Worte zurückdenken und freue mich, dass wir für andere Menschen da sein können. Denn für die schweren Holzarbeiten sind Jos und Olga dann doch ein oder zwei Jahre zu betagt.

Jos ist Jäger. Im Farmhaus hängen viele Jagdtrophäen, vor allem Hirschköpfe mit Geweihen, aber auch Eulen, bis hin zu einem Panther. Den Panther hat er geschossen, als einmal ein Muttertier mit seinem Jungen einen Hirsch aus seiner Zucht erlegt hat. Die Mutter hat sich sofort mit einem Sprung geflüchtet, aber der junge Panther ist mit seiner Beute auf einen nahen Baum geklettert. Dort hat Jos ihn geschossen und dann ausstopfen lassen. Die beiden haben eine sehr klare Meinung zu Wildtieren: Es ist völlig normal hier draußen mit Wölfen und Bären zu leben, die sie auch öfter in der Ferne sehen. Von Wildtieren gibt es hier draußen genug. Ich gehe jeden Abend vor dem Schlafen noch einmal kurz vor die Haustür, um den Kojoten beim Singen und dem Röhren der Hirsche zu lauschen. Aber sobald Wölfe, Bären oder Panther gelernt haben, dass es bei Menschen etwas zu fressen gibt, dann werden sie immer wieder näher kommen und eine Bedrohung für die Menschen sein. Deshalb musste Jos den Panther erschießen. Dasselbe müssen auch Ranger tun, wenn Hausbesitzer oder Touristen auf die Idee kommen Bären im Wald anzufüttern.

Die beiden sind sich sehr bewusst, was sie haben. Dass die beiden jetzt stolz und glücklich sind, kann ich sehr gut verstehen, denn auf ihrer Terrasse sitzen sie mit Blick auf das, was sie selbst geschaffen haben. Hier haben sie ein kleines Paradies. Als ich mit Jos am letzten Abend auf der Terrasse sitze und dem Heulen der Kojoten lausche, sagt er: „Jeder Tag ist ein Geschenk.“ Ich bin mir ganz sicher, dass er das nicht nur auf sein hohes Alter bezieht, sondern auf das, was er im Leben Tag für Tag selbst erreicht hat, anstatt es aufzuschieben. Ich bin jedenfalls einfach nur glücklich, dass wir unser Reise-Bedürfnis inklusive Workaway nicht auf „irgendwann" verschoben haben: „Irgendwann arbeite ich weniger. Irgendwann habe ich mehr Zeit für meine Kinder. Irgendwann gehe ich auf große Reise.“ Das Hier und Jetzt, der Moment, ist das einzige, was wir haben. Vielleicht ist es kein Zufall, dass das englische Wort *„present“* zwei Bedeutungen hat: „Jetzt“ und „Geschenk.“

***Wahnsinnig:** Beim Zähneputzen toben Hanna und Eva herum. Als Hanna ihrer Schwester die Zahnbürste aus dem Mund zieht, kommen zwei Wackelzähne und Blut mit.*

***Glücklich:** Hanna geht so darin auf, jeden Morgen die Hühner zu füttern. Kein Murren übers Aufstehen oder Beschwerde über die Tätigkeit.*

Die Sache mit der Komfortzone – Rocky Mountains

„Vier Monate Reisezeit? – Unglaublich. Ihr habt so ein Glück. Ich habe für unseren Campervanurlaub in British Columbia nur zwei Wochen Urlaub am Stück bekommen." (Vanessa aus Liverpool, Nachbarin auf einem Zeltplatz)

„Die Reifen brennen!", schreit Julia. Ich springe aus dem Wagen und bleibe fassungslos stehen. Grauer Qualm steigt neben dem Auto hoch und ein bestialisch metallischer Gestank mischt sich in die saubere Bergluft. Ich bin völlig irritiert: „Was ist los? Müssen wir weg vom Auto? Gefahr? Schnell merke ich, dass die Bremsen überhitzt sein müssen, nicht die Reifen. Ich hole den Wasserkanister aus dem Auto und lösche die Vorderreifen großzügig ab. Auf beiden Seiten dampft jetzt noch mehr Qualm hoch. Wir stehen in einer engen Haltebucht direkt auf dem Highway, neben mir donnern Autos und Laster nur wenige Zentimeter entfernt vorbei. Die Kinder rufen aufgebracht auf ihren Sitzen. Was für eine schreckliche Situation. Dabei hat der Tag eigentlich super angefangen.

Wir sind um vier Uhr morgens aufgestanden und haben die Kinder schlafend ins Auto gelegt. Haben das Zelt im schönen Christina Lake abgebaut, wo wir ein paar wundervolle Tage mit Schwimmen, Paddelboarden und Kajaken verbracht haben. Die Sonnenuntergänge auf dem wärmsten See Kanadas waren fantastisch und wir haben viele tolle Kanadier kennengelernt. Noch vor Sonnenaufgang fahren wir los. Wir wollen endlich in die wirklich spektakulären Orte Kanadas, die Rocky Mountains mit ihren Bergseen und Gletschern, Flüssen und tierreichen Wäldern. Einige Stunden soll unsere heutige Strecke gehen. Wir planen, dass die Kinder einen Teil der Strecke verschlafen. Die langen Fahrten haben wir bisher gut mit Hörbüchern überstanden. Nach nur einer halben Stunde wird unser Plan von einer frühmorgendlich entspannten Fahrt schwer durchkreuzt. Auf dem einspurigen Highway steht eine lange Schlange Lastwagen, in der Ferne erkennen wir Blaulicht. Wir reihen uns ein. Zu Fuß kommt uns ein beunruhigter Trucker entgegen: „Dreht um! Es gab hier einen großen Unfall. Das kann noch viele Stunden gehen. Die Lastwagen können auf dem schmalen Highway nicht drehen. Aber ihr könnt die Nebenstrecke durch die Berge nehmen. Ist nur eine halbe Stunde Umweg."

Also nutzen wir den Vorteil unseres kleinen Minivans und umfahren die Sperrung. Wir schrauben uns hoch durchs Gebirge, passieren einen Skiort, der jetzt im Sommer verlassen wirkt. Dann geht es steil bergab. Gemütlich fahre ich mit der Automatik des Wagens Kurve um Kurve und regele die Geschwindigkeit, die ich zu Hause mit der Gangschaltung senken würde, jetzt mit der Bremse. Großer Fehler – wie sich herausstellen wird. Die engen Kurven machen sich in Hannas Gesicht bemerkbar. „Mir ist schlecht!“, kräht sie von hinten. Sie ist kreidebleich und bevor es ein Unglück im Auto gibt, halten wir in der engen Nothaltebucht. Da erst bemerken wir, dass es dieses noch viel größeres Problem gibt: Dichter Qualm steigt auf und wir müssen am Highwayrand warten, bis sich die Bremsen abgekühlt haben. Zum Glück haben wir die überhitzten Bremsen rechtzeitig entdeckt, bevor sie so heiß waren, dass sie vielleicht nicht mehr richtig funktioniert hätten. Der Schreck sitzt mir sprichwörtlich noch viele Stunden in den Knochen und ich brauche Zeit, bis ich dieses bleierne Gefühl von Gefahr für meine Familie abgeschüttelt habe.

In diesem Moment war das eine wirklich schlimme Situation für Julia und mich. Passiert ist letzten Endes keinem von uns etwas. Das Reiseleben besteht nicht nur aus Höhen und Sonnenschein. Es ist kein All-in-Wohlfühlurlaub. Schwierigkeiten und Unwägbarkeiten gehören genauso dazu und machen das Reiseleben zu einer turbulenten Achterbahnfahrt. Die Emotionen schießen rauf und runter, Freude und manchmal auch Angst sind unsere Begleiter. Für mich ist das Leben pur. Intensiv und ohne Schutzscheibe leben und erleben wir. Den Geschmack von Freiheit kosten zusammen mit meiner jungen Familie. Zuhause verläuft unser Leben in viel geregelteren Bahnen, in gelebten Routinen. Jeden Morgen klingelt der Wecker zur gleichen Uhrzeit, der gleiche Weg zur Arbeit. Schnell vorher noch die Kinder im Kindergarten abliefern. Feste Abläufe strukturieren unseren Tag durch. Zum Flötenunterricht und Schwimmkurs fahren, Abendessen machen, die Kinder ins Bett bringen. Den Abend bei Netflix auf der Couch ausklingen lassen, bevor ein neuer Morgen mit dem selben Weckerklingeln startet. Routinen und Gewohnheiten helfen uns natürlich dabei, unseren Tag mit viel weniger Mühe zu durchstehen, als wenn wir uns immer in neue Abläufe eindenken müssen. Nur Routinen führen auch schnell zu Eintönigkeit, in einen Tunnel aus Funktionieren. Über die Jahre haben wir es uns im Leben gemütlich gemacht und uns in unserer Komfortzone aus Gedanken, Gefühlen und Abläufen eingerichtet. Natürlich habe ich mir dieses Leben doch so ausgesucht, oder? Ich lebe mein Leben doch genauso wie ich das will, oder? Arbeite in genau dem Job, der zu mir passt, oder? Verbringe meine Zeit mit den Tätigkeiten, die ich liebe, oder? Auch wenn ich für mich persönlich diese Fragen mit „Meistens ja“ beantworten kann, so bietet mir mein alltägliches Leben oft nicht genug Reiz. Dabei geht es mir nicht darum mich sinnlos Gefahren oder Adrenalinkicks auszusetzen. Schon gar nicht als Familienvater.

Ich glaube aber fest daran, dass ich das richtig gute Leben verpasse, wenn ich nur in meiner geschützten Blase verharre. Das Leben, in dem ich meine Flügel aufspanne, über die Ränder meiner Komfortzone fliege und zu neuen Welten aufbreche. Wo ich das Leben sehen, riechen, fühlen, hören, schmecken kann. Wo ich mich selbst besser kennenlernen kann und vielleicht neue Seiten an mir entdecke. Wo ich persönlich wachsen kann und gestärkt wiederkomme. Wo ich Ängste überwinde, Schwierigkeiten meistere, Probleme löse. Das alles zusammen mit meiner Familie. Am Ende haben wir doch alle einen riesigen Erkenntnisgewinn, wenn wir es wagen, unsere geschützte Komfortzone zu verlassen. Kanada und ganz speziell die wunderschönen Rocky Mountains werden uns da ein guter Lehrmeister.

Am späten Nachmittag taucht die Sonne die endlosen Nadelwälder in ein goldenes Licht. Wir fahren immer weiter Richtung Nordosten. Es geht jetzt merklich bergauf und der Highway gibt immer wieder Blicke auf den wunderschönen tiefblauen Kootenay River frei. Nach einer langen Fahrt erreichen wir Fairmont Hot Springs, wo wir unser Zelt auf dem örtlichen Campingplatz nah am Waldrand aufbauen. Nur zehn Minuten später merken wir, dass das keine gute Idee war. „Eva hat schon mehrere Mückenstiche“, ruft mir Julia zu, während sie das Kind tröstend auf dem Arm hält. Bei Eva schwellen die Stiche immer riesig an und wir haben Mühe sie vom Kratzen abzuhalten. Nah an den Bäumen, fallen die Mücken jetzt scharenweise über uns her. Also packen wir schnell das aufgebaute Zelt, laufen damit über die offene Wiese durch die Sonne und stellen es am Fluss auf, weit weg von allen Bäumen. Obwohl wir nur 200 Meter weiter gezogen sind, ist es hier mückenfrei. Anschließend gehen wir im Fluss baden. Hier haben es sich schon eine Menge Kanadier gemütlich gemacht. Sie sitzen in ihren Campingstühlen im knietiefen Wasser und trinken Bier. Familien spielen Ball in der Strömung. Menschen liegen auf den Kiesbänken und genießen, dass es Sommer in ihrem wunderschönen Land ist.

Als wir zurück zum Zelt gehen, steht die Sonne tief. Die Schatten von den umliegenden Bäumen reichen bis nah an unser Zelt heran. An unserem Zelt selbst können wir ganz wunderbar mückenfrei kochen und sitzen, als wäre die Schattenlinie eine natürliche Grenze. Aber es ist ein Wettlauf mit der untergehenden Sonne. Denn überall dort, wo die Sonne nicht mehr hin gelangt, hören wir nur noch ein Summen um uns herum. Selbst unser Moskitospray schreckt die Tiere nicht ab. Also versuchen wir schneller zu essen und flüchten uns dann ohne Zähneputzen in Zelt und Auto.

Ich lese Hanna und Eva wie jeden Abend vor und schaue dann nochmal durchs Moskitonetz ans Außenzelt: Alles ist voll mit Mücken. Wir geben unsere Versuche auf, die Tiere zu zählen. Überall sitzen die gefräßigen Blutsauger um uns herum, surren und warten nur darauf, dass irgendeiner von uns den Reißverschluss öffnet. Den Gefallen tun wir ihnen nicht. Egal, wie dringend ich nachts auf Toilette muss. Trotzdem fühlen wir uns wie Beutetiere in der Falle.

Am nächsten Morgen geht alles superschnell. Wir springen aus dem Zelt, packen in Rekordtempo unsere Sachen zusammen, schmeißen einfach alles irgendwie ins Auto und fahren ohne zu frühstücken los. Dabei lassen wir alle Scheiben herunter, sodass wir auch die letzten Mücken heraus lüften. Mücken gab es in erträglichem Maß bisher an allen Campingplätzen, aber so ein Inferno möchte ich wirklich nicht noch einmal erleben.

Dann passieren wir die erste Nationalparksgrenze, wir fahren über den Vermillion Pass in den Kootenay National Park ein, der für seine schneebedeckten Berggipfel und Gletscher bekannt ist. Zusammen mit den weitaus bekannteren Parks Banff, Jasper und Yoho bildet er eine UNESCO-Weltkulturerbe-Region von einmaliger Schönheit. Der Highway zieht sich in langen Kurven zwischen den Gebirgszügen hindurch. Endlich sind wir richtig in den Rocky Mountains. Die Hänge sind mit Nadelbäumen bewaldet, sie leuchten herrlich satt grün und neben der Straße liegt ein See, der mit den Grüntönen der Nadelbäume konkurriert. In der Ferne verschmelzen schneebedeckte Gipfel mit dem Blau des Himmels. Hinter dem See halte ich kurz an, um Fotos zu machen, Julia und die Kinder bleiben im Auto sitzen. Ich renne zum Ufer, damit meine Familie nicht lange auf mich warten muss und sehe aus den Augenwinkeln die Bären-Warnschilder an mir vorbeiziehen.

Wir fahren weiter. Nur eine halbe Minute später kommt uns ein Laster entgegen und warnt uns mit der Lichthupe. Ich bremse vorsichtig ab. Julia sieht ihn als Erste: „Halt, halt an, da ist was!“ Ich bremse abrupt ab. Am linken Straßenrand läuft ein junger Schwarzbär mit seinem markant wippenden Gang. Ein schönes Tier, sein schwarzes Fell glänzt in der Sonne. Er befindet sich vielleicht zehn Meter neben unserem Auto und ist völlig unbeeindruckt von uns Menschen. Ganz lässig kreuzt er dann den Highway zwischen uns und einem Motorradfahrer auf der Gegenfahrbahn. Im Gegensatz zu uns in unserem sicheren Auto ist der Biker völlig ungeschützt. Uns kann der Bär definitiv nichts anhaben. Aber auch für den Motorradfahrer interessiert er sich herzlich wenig. Vielleicht ist er es gewohnt, dass Autos halten und warten. Aus unserem Auto fixieren fünf Augenpaare gebannt, wie das Tier vor unserer Motorhaube vorbeiläuft, dann völlig gelassen seine Vorderbeine auf eine Betonbrüstung auf dem Seitenstreifen stellt und sich zu maximaler Höhe aufbaut. Hanna ist außer sich vor Freude: „Ein Bär, ein Bär!“ ruft sie. Ihre Augen leuchten. Für Jonas ist diese Tierbegegnung zwar noch nicht greifbar und trotzdem eine einzige Jubelparty. Wie wild rudert er mit seinen Armen und feiert das Ereignis in seinem Dreijährigen-Kosmos. Nur Eva reagiert verhalten, sie kann die Situation auf ihre Gefahr hin noch nicht so ganz einschätzen.

Unser erster Bär auf der Straße ...

Dann dreht der Bär seinen Kopf zu uns und sein Blick wandert durch das geöffnete Seitenfenster. Ich bilde mir ein, dass der Bär und ich uns für einen kurzen Augenblick in die Augen schauen. Ganz so, als wenn er mehr über unsere Familie wissen wollte. Was wir da mit unseren Kindern in diesem Auto machen. Wohin wir fahren. Das alles in seinem Lebensraum, in seinem Wald, in seinen Bergen. In dieser Situation kann ich den Moment einfach nur intensiv genießen.

... Ekstase pur auf den Rücksitzen

Anders als die Grizzlys gelten Schwarzbären nicht als aggressiv und sie sind keine reinen Fleischfresser, sondern Allesfresser. Sie ernähren sich also von Obst und Nüssen, Wurzeln aber auch von Lachsen und Insekten oder Aas. Lediglich wenn man ihren Jungtieren zu nahe kommt, muss man eine Attacke befürchten. Es kommt allerdings auch vor, dass Touristen nicht verstehen, dass Schwarzbären eben keine Kuscheltiere sind. Direkt am Nationalpark-Eingang stand ein großes Schild: „Bleiben sie im Auto! Wildtiere sollen wild bleiben.“ Vermutlich ist es schon oft genug vorgekommen, dass Menschen aus ihren Autos ausgestiegen sind, um Tiere zu streicheln. Jos‘ Worte schießen durch meinen Kopf: „Wilde Tiere dürfen nicht lernen, dass es durch menschlichen Kontakt Vorteile für sie gibt. Ansonsten suchen sie Menschen auf und Unfälle werden passieren. Am Ende müssen Ranger sie dann schießen.“ Eine Autohupe reißt mich aus meinen Gedanken. Ich blicke in den Rückspiegel und sehe, dass eine lange Schlange Autos hinter uns wartet. Langsam fahre ich weiter, damit auch noch die Menschen hinter mir in den Genuss kommen einen Schwarzbären aus so kurzer Distanz zu sehen. Die Stimmung im Auto kocht jetzt über. Wir feiern uns alle, dass wir unseren ersten Bären gesehen haben. Hanna ist überglücklich und will so schnell wie möglich alles Oma erzählen. Ich bin jedenfalls froh, dass mir der Bär nicht gerade bei dem Fotostopp am See über den Weg gelaufen ist.

Ein paar Tage später: Vor uns liegt ganz dunkelblau der Emerald Lake. Wir fühlen die morgendliche Kühle auf unserer Haut und sehen, wie das erste Licht die Bergspitzen rötlich einfärbt. Wolkenfetzen hängen an den Felswänden. Stille. Wir hören nichts – und das ist eine Wohltat. Wir haben uns dazu entschlossen ganz früh aufzustehen, um die Besuchermassen hinter uns zu lassen, denn leider sind die Rockies kein Geheimtipp. Die Kinder haben wir unter viel Genöle aus dem Zelt ins Auto gehievt und sie haben die kurze Fahrt halb schlafend im Auto verbracht.

Eine unserer schönsten Erinnerungen: Unsere frühmorgendliche Wanderung um den berühmten Emerald Lake im Yoho National Park

Unter erneutem Protest packen wir die Kinder auf dem einsamen Parkplatz aus ihren warmen Schlafsäcken und ziehen ihnen Wanderkleidung an. Nach einem Frühstück an der Badestelle gehen wir einfach los. In der Ferne sehen wir einen einsamen Kanuten lautlos übers Wasser ziehen. Wir laufen um den See entlang von Nadelwäldern, passieren Flussmündungen und kleine Brücken. Mit jeder

Minute mehr entflammen die Bergspitzen in immer rötlicherem Licht und wir bekommen mehr Helligkeit im Tal des Sees. Für Jonas ist es noch eindeutig zu früh, ihn trägt Julia wie einen kleinen Koalabär in der Trage, wo er gut gelaunt vor sich hin brabbelt. Eva ist Feuer und Flamme und freut sich über ihr morgendliches Workout. Sie zieht unsere kleine Wandergruppe förmlich hinter sich her. „Papa, komm her, ich warte schon auf dich! Los, fang mich!" Hanna ist noch zu müde, um die Schönheit der Natur wirklich zu genießen. Wären andere Kinder hier, würde sich ihre Laune in Sekundenschnelle ändern und sie wäre zu ausdauernden Wettrennen bereit. Auf dem Wanderweg ist aber wirklich niemand außer uns und das ist genauso, wie ich mir das vorgestellt habe. Einsame kanadische Natur nur für uns.

Gestern haben wir die touristischen Höhepunkte der Region besucht: Lake Louise und den Moraine Lake. Die Ranger schließen den See-Parkplatz wegen Überfüllung schon vor Sonnenaufgang. Dann bleibt einem nur übrig, einen Shuttlebus zu nehmen, der vom Besucherzentrum des kleinen Touristenzentrums Lake Louise abfährt. Auch diesen muss man mindestens zwei Tage im Voraus buchen, schließlich kommen in der Hochsaison bis zu 15.000 Besucher am Tag. Ja, Lake Louise ist wirklich schön und sein Foto steht ikonisch für die Natur der kanadischen Rockies, allerdings mussten wir den See erst suchen. Nicht weil der Weg

Fotostopp an Kanadas berühmtestem See – Lake Louise

schwierig zu finden ist, sondern weil sich so viele Besucher auf den Stegen und Fotospots tummeln. Hier kommen alle Menschen von weither, Europa, Nordamerika und Asien, auffallend viele Besucher kommen aus Indien. Sie sind ausgelassen, bunt gekleidet, und posieren mit Drei-Generationen-Großfamilie fürs Foto. Ich freue mich, wie Reisen die Menschen an den schönsten Orten der Welt zusammenbringt. Gut gelaunt machen Inder und wir gegenseitig Familienfotos. Aber auch wenn ich die ausgelassene Fröhlichkeit an den Touristen-Highlights sehr zu schätzen weiß, für mich ist das einfach zu viel. Lake Louises Schönheit ist wirklich schwer in Worte zu fassen, ohne in Klischees zu verfallen. Türkistöne in allen Nuancen, eingerahmt in ein Amphitheater aus verschneiten Berggipfeln. Aber 15.000 Besucher am Tag, ein riesiges Luxushotel am Seeufer und Stress, den vorgebuchten Bus zur exakt richtigen Zeit zu erreichen, sind gute Gründe, den sagenhaften See in der Hauptsaison vielleicht doch nicht so sagenhaft zu finden.

Und eben diese Menschenmassen lassen wir frühmorgens am Emerald Lake hinter uns. Richtig frühes Aufstehen hat hier geholfen. Nirgendwo treffen wir andere Leute. Und jede Minute klettert die Sonne höher und höher und taucht das Tal mit seinem See minütlich in ein neues Licht. Die Farben des Wassers wechseln von dunkelblau über hellblau zu dem namensgebenden smaragdgrün. Langsam erwacht auch der Entdeckergeist von Jonas und Hanna. Wir laufen durch Flusstäler, klettern über Felsen und balancieren über umgefallene Baumstämme. Wir matschen am Seeufer und schon sind die Kinder tief im Spiel versunken. Und zwar ohne die Spielzeugberge, die sich in ihren heimischen Kinderzimmern türmen. Ich bin immer wieder begeistert, wie einfach es ist, dass sich die Kinder in der Natur selbst beschäftigen.

Wir haben viel Zeit für die schönen Seen British Columbias: Lake Louise

Als wir am späten Vormittag am Parkplatz zurück sind, ist auch dieser hoffnungslos überfüllt. Autos

Quatsch im Schmelzwasserfluss

kreisen um nicht vorhandene Parkplätze. Alle Besucher aus der Umgebung haben gemütlich in ihren Hotels gefrühstückt und sind dann in die versprochene Natur gefahren. Julia schaut mich an und sagt: „Ein Glück, dass wir so früh aufgestanden sind. Die Mühe sich in der Dunkelheit und Kälte aus dem warmen Schlafsack zu schälen, das Auto umzubauen und einfach loszugehen, hat sich wirklich gelohnt.“ Ich kann nur stumm nicken.

Wanderungen zu Wasserfällen machen unsere Kinder (meist) gerne mit

Nach ein paar weiteren Tagen auf dem Campingplatz im Yoho National Park, Wasserfällen und Waldwanderungen brechen wir auf und machen uns auf den Weg Richtung Jasper National Park. Hier liegt für mich das absolute Natur-Highlight Kanadas: Der Icefields Parkway. Es ist eine 230 Kilometer lange Prachtstraße mitten durch die Rocky Mountains und in ihrem französischen Namen erklingt ihre Schönheit noch viel deutlicher: Promenade des Glaciers. Entlang des Weges kann ich mich kaum auf die Straße konzentrieren und wir halten oft an. Wir fotografieren die Eismassen der Gletscher und lauschen dem Rauschen der immer nahen Wasserfälle.

Schöner kann Landschaft nicht werden: der Icefields Parkway

Bewaldete Seen, über denen Weißkopfseeadler kreisen und ihre Beute suchen. Weite Täler, die von Flüssen im Laufe der Zeit in den Stein gefressen wurden. Wir halten einfach an einem der Schmelzwasserseen, ziehen uns unsere Badeklamotten an und erfrischen uns. Die Kinder toben im Wasser, obwohl es im wahrsten Sinne des Wortes eiskalt ist.

Wir haben Zeit – und wir nehmen sie uns. Zeit, um die Gegend ausgiebig zu erkunden. Zeit, uns am Seeufer nach Belieben

Wir nehmen uns Zeit und campen viele Nächte an den schönsten Bergseen

Kaffee zu kochen und aufs Wasser zu schauen, ohne den nächsten Termin im Auge zu haben. Nichts tun oder an einem vorgebuchten Hotel ankommen zu müssen: Freiheit pur. Zeit zu haben und sie so zu verbringen ist das größte Geschenk, das uns diese Reise macht. Die meisten Urlauber fahren die Prachtstraße in einem Tag von den beiden Hauptorten Banff bis Jasper durch. Kurzer Fotostopp am Aussichtspunkt und dann weiter. Aber alle halten am mächtigen Athabasca-Gletscher. Ähnlich wie am Lake Louise steht hier ein riesiges Besucherzentrum völlig allein in der ansonsten unbewohnten Landschaft. Direkt am Eingang stehen die Menschen Schlange für Starbucks Kaffee und in der

Blick auf den mächtigen Athabasca-Gletscher – hier erleben wir unser größtes Familienabenteuer

Pizzeria zahlt man 50 Dollar für die Pizza. Wir freuen uns endlich mal wieder WLAN zu nutzen, unsere Akkus aufzuladen und unser mitgebrachtes Essen auf der Aussichtsterrasse zu verputzen – alles gratis.

Wir beobachten das Treiben auf dem Gletscher. Viele Menschen werden hier von Reisebussen abgesetzt, die dann in einen großen eisgängigen Expeditionsbus umsteigen. Dieser befördert Busladung um Busladung Menschen entlang einer steilen Erdpiste neben dem Gletscher hoch und biegt dann weit oben aufs Eis ein. Nach der kurzen Fahrt werden die Gäste auf dem Eis abgesetzt und einige Selfies später wieder zurückgefahren, damit die nächste Busladung hoch kann. Für mich fühlt es sich nach schneller Massenabfertigung an, aber ich denke, jeder muss selbst entscheiden, wie er diesen Ort erleben möchte. Auch ist das Schneemobil für manche, körperlich weniger fitte Menschen die einzige Möglichkeit, auf einen Gletscher zu kommen.

Julia und ich sehen uns erst das Treiben an und dann überlegen wir gemeinsam. „Ich bin mir ganz sicher, dass ich den Gletscher so nicht erleben will“, sage ich. „Schau mal, wie viele Busse da hoch fahren. Das passt doch irgendwie nicht zu unserem Reisestil“, stimmt Julia mit ein. Zum Glück fühlen wir hier beide das Gleiche. Wir entscheiden uns dafür, den Gletscher einfach hoch zu wandern. „Können wir mit drei kleinen Kindern wirklich übers Eis hochlaufen? Ist das nicht gefährlich? Gibt es da nicht Gletscherspalten, in denen wir verschwinden könnten?“, mache ich mir Sorgen. Auf Island haben wir vor vielen Jahren schon einmal eine geführte Gletscherwanderung mitgemacht. Mit Steigeisen an den Füßen und mit einer Eisaxt in der Hand bewaffnet erklommen wir das Eisfeld. „Lass uns einfach zum Gletscherrand laufen und schauen was möglich ist. Wenn es irgendwie passt, können wir ja etwas aufs Eis laufen“, sagt Julia vorsichtig. Mein Herz hüpft vor Freude. Schließlich möchte ich so viel mit meiner Familie erleben und Dinge ausprobieren, aber manchmal schieße ich auch übers Ziel hinaus. Julia hat da oft ein realistischeres Auge als ich.

Wir wandern einfach auf dem schmalen erdigen Pfad los. Bevor wir in die Nähe des Eises kommen, passieren wir braune Geröllfelder, die der Gletscher vor sich her geschoben hat. Die Kinder sammeln lose Eisstücke auf und konkurrieren darum, wer das größte Stück in seinen Händen halten kann. Sie schmeißen sie zu Boden, wo sie in tausend kleine Stücke zersplittern. Hanna findet eine Höhle aus Geröll. Alle Kinder haben einen Riesenspaß, sich darin zu verstecken. Wir laufen zwischen Rinnsalen hindurch und passieren über einen Baumstamm balancierend einen Fluss. Dann stehen wir auf dem Eis. Ein gewaltiger Eispanzer, der sich steil

Wir machen es einfach – wir wandern den Gletscher hoch

bergauf zieht. Eingerahmt von grauem Felsmassiv mit noch mehr Eis- und Geröllmassen in der Höhe. Wege gibt es hier nicht. Wir laufen einfach bergauf wieder mit Jonas in der Trage und ich mit den Mädels an der Hand. Zum Glück sind wir nicht die einzigen, die diese Gletscherwanderung unternehmen. Mit uns laufen noch andere Besucher das Eis einfach hoch. Menschen, die von oben wieder herunterkommen und dabei ganz entspannt lächeln, geben mir ein beruhigendes Gefühl von Sicherheit.

Unser Blick ist nach oben gerichtet zu den magischen Eisfeldern, die sich hoch oben auftürmen. Wasser rinnt zwischen unseren Füßen hindurch. Manchmal ist das Eis weiß, manchmal schmutzig grau und manchmal von intensiven Blautö-

Kälte und Wind nehmen zu, aber das freie Gefühl im Bauch bleibt

nen durchzogen, aber immer fühlt es sich besonders an zu Fuß auf dem Gletscher zu laufen. Mit jeder Minute wird es kälter. Waren auf dem Parkplatz noch milde Temperaturen, bringt uns jetzt ein kalter Wind zum Frösteln. Ich trage Eva mittlerweile auf meinem Arm. Sie ist auch zu Hause eine Frostbeule und kuschelt sich nun dankbar an mich, versteckt ihr Gesicht vor dem kalten Wind. Wir steigen immer weiter das Eisfeld empor und lassen viele andere Wanderer hinter uns, bis zu dem Ort, wo die Schneemobile aufs Eis kreuzen. Geduldig lassen wir eins der schweren Fahrzeuge auf der präparierten Eispiste passieren und schauen durchs Fenster hinein. Wir sehen viele junge Asiaten, die fröhlich unseren Kindern zuwinken und sogar Fotos von uns machen. Wir fühlen uns wie Stars. Oder sind wir sonderbar, weil wir mühevoll zu Fuß gehen?

Viel weiter gehen wir nicht, unsere Kinder sind zu verfroren und drängen uns zum Umdrehen. Julia und ich blicken uns an. „Wir sind zwar nicht ganz so hoch gekommen, wie die Schneemobile, hatten aber unser eigenes Abenteuer" , jubeln wir. Einfach war es nicht, zum Schluss musste ich sowohl Hanna als auch Eva auf dem Arm tragen und Julia die ganze Zeit Jonas. Wir waren im Grunde die Schneemobile für unsere Kinder. Aber wir haben uns diese Aussicht selbst verdient. Völlig gratis. Das Glücksgefühl, dass wir mit unserer jungen Familie etwas Besonderes geleistet und erlebt haben, schlägt sich für den Rest des Tages in meinem Gemüt nieder: Stolz es einfach gemacht zu haben – entgegen anfänglicher Bedenken.

Sprühregen, seit wir aufgestanden sind. Gefrühstückt haben wir in einer Picknickhütte, die ein Wespennest beherbergt hat. Hanna hat es leider gefunden und nun ein geschwollenes Auge und eine geschwollene Lippe, dass man meinen könnte, eine Botox Behandlung wäre völlig schief gegangen. Kalter Regen, als wir bei den Zeltplätzen im Jasper National Park abgewiesen werden, weil sie schon seit Weihnachten ausgebucht sind. Leichter Regen, als wir mit viel Glück im abgelegensten Zeltplatz des Parks doch unser Zelt aufbauen dürfen. Feiner Regen, als wir beschließen, den Rest des Tages in den heißen Quellen von Miette zu verbringen. Wir sitzen im heißen Wasser, während wir von oben kalt geduscht werden. Rhythmischer Regen, der nachts an unser Zelt trommelt. Nebelregen, als wir unser Zelt abbauen, um auf einen zentraler gelegenen Zeltplatz umzuziehen. Ich dachte immer, dass Regen Mücken fernhält. Stimmt aber nicht. Dauerregen, während wir in der Bäckerei des Örtchens sitzen und die Kinder mit großen Augen beim Tortenbacken zuschauen dürfen. Lauter Regen an den Fensterscheiben der Bücherei, die uns einige Stunden trocken hält. Regenpause bei unserer Abendwanderung um Lake Annette. Später sehen wir aus dem Auto heraus ein große Herde Wapiti-Hirsche, für die der Park bekannt ist. Die Tiere sind so zutraulich, dass sie sogar in dem kleinen Städtchen durch die Gärten laufen und Beete kahlfressen. In der Nacht Regen und Kälte knapp über dem Gefrierpunkt, sodass Eva aufwacht und ihr zu kalt zum Weiterschlafen wird. Ich lege sie halb unter meinen Schlafsack, sodass ich sie nicht erdrücke, sie aber meine Wärme abbekommt. Ihre kleinen Hände wärme ich in meinen. Ich kann lange nicht einschlafen, weil ich Sorge habe, dass uns das Zelt in Wind und Regen einfach wegfliegt. Die Vorstellung, dass wir drei uns ins Auto flüchten müssen, ist kein schöner Gedanke. Bei allem Abenteuer möchte man als Elternteil doch irgendwie jedes Unheil von seinen Kindern abwenden.

Nach all dem Regen müssen wir erst einmal wieder trocken werden

Wir stehen im Regen auf und ich stelle fest, dass unsere Schlafsäcke und Isomatten nass geworden sind. Eine Zeltecke war nicht gut genug abgespannt. Immerhin ist das Zelt im Wind nicht einfach umgeklappt. Zum ersten Mal blicke ich neidisch auf die komfortablen Campervans der Kanadier. Bestimmt sitzt jetzt in jedem Van eine Familie gemütlich zusammen und genießt Pfannkuchen und Kakao. Aber wir haben uns unsere Reiseart ja selbst ausgesucht und bisher war das Wetter ja auch perfekt zum Zelten. Im Laufe des Tages klart es dann auch auf und wir werden wieder trocken und besser gelaunt.

Die Wanderungen im Park sind ein Genuss. Wir erwandern Aussichtsberge und picknicken. Wir versuchen am Moose Lake Elche zu beobachten. Die wollen sich leider nicht blicken lassen, aber der Ausblick auf die morgendlichen Dampfschwaden auf dem warmen Wasser gehört zu meinen schönsten Erinnerungen an den Nationalpark. Im Valley of the Five Lakes konkurrieren fünf Bergseen, welcher in den schönsten Grüntönen schillert. Die Rockies im Sonnenschein gehören für mich landschaftlich zu den schönsten Orten auf diesem Planeten. Und die Kanadier haben wirklich ein Händchen dafür, wie sie ihre berauschende Natur für ihre Besucher zugänglich machen.

Frühmorgens ziehen Dampfschwaden vom Moose Lake hoch

Auf Regen folgt Sonnenschein, sagt eine alte Weisheit. Qualmende Bremsbeläge stellen unterm Strich kein größeres Problem dar. Seitdem ich den Schwarzbären wenige Meter vor mir gesehen habe, ist meine Sorge vor Bären einem Drang sie wiederzusehen gewichen. Wenn Moskitohorden dazugehören, die wunderschönsten Orte Kanadas zu erleben, dann müssen wir einfach durch das Gefühl durch, ein Beutetier zu sein. Ich beglückwünsche mich immer noch, dass wir den Athabasca-Gletscher als Abenteuerwanderung gemacht haben.

Welcher Bergsee ist der grünste? Im Valley of the Five Lakes fällt die Entscheidung schwer

Manchmal ist es gut, wenn mir die Reise durch diese kleinen Begebenheiten noch mal Dinge klar macht. Der Rand unserer Komfortzone besteht aus Ängsten. Ängste, die uns beschützen keine unnötigen Risiken einzugehen, sind überlebenswichtig. Haben wir uns in den Rocky Mountains einer Lebensgefahr ausgesetzt? Nein! Zumindest nicht mehr als zu Hause, wo wir mit der Entscheidung morgens aus dem Bett aufzustehen auch Risiken eingehen. Aber wir haben die Ängste in unserem Kopf überwunden und sind an ihnen gewachsen. Am Ende haben wir doch alle einen riesigen Erkenntnisgewinn, wenn wir es wagen, unsere geschützte Komfortzone zu verlassen. Ich möchte öfter die Magie des Lebens erfahren – außerhalb meiner Komfortzone.

***Wahnsinnig:** „Papa, wann fahren wir endlich nach Hause?“*

***Glücklich:** „Ich meine das Zuhause, wo unser Zelt steht!“*

Als Familie autark sein? – Leben im Earthship

„Ich bin jetzt mit dem Bachelor in Edinburgh fertig. Nach meinem Kanadaaufenthalt geht mein Master in Städteplanung in London los. Danach möchte ich in ein großes Unternehmen und Karriere machen. Ich wäre nie auf die Idee gekommen, dass man Workaway später auch mit Kindern machen könnte.“ (Finley, Schottland, Workawayer)

„Ich wollte niemanden, der mir reinredet, niemanden, der mir Vorschriften macht, niemanden, der mir sagt, wie ich mein Haus zu bauen habe. Ich möchte nur nach meinen Wünschen leben. Deshalb habe ich mit meiner Familie dieses fünf Hektar Grundstück gekauft, 20 Minuten von der Stadt Golden entfernt. Das Haus habe ich komplett selbst gebaut.“ Jair lacht mich an. Er ist 41 Jahre alt, trägt seine Haare wild geflochten mit Undercut, ist zweifacher Vater und lebt mit seiner Frau Mel off-grid, also abseits jeglichen öffentlichen Versorgungsnetzes. Keine asphaltierte Straße führt in seinen Wald, keine Strom- Gas- oder Wasserleitung versorgt sein wirklich eigenartiges Haus – sein Earthship.

Wir leben in einem Earthship – nachhaltiger geht Bauen nicht

Jair stellt uns sein Haus vor: Ein Earthship ist ein Haus in einer ganz speziellen Bauweise. Es wird ausschließlich durch passive solare Wärmegewinnung geheizt. Gedanken über eine Gastherme oder Wärmepumpe muss sich der Bauherr also nicht machen. Dafür besteht die lange Südseite fast ausschließlich aus Glas und Solarpaneelen. Die Nord-, West- und Ostseite haben keine Fenster. Sie bestehen aus mit Erde gefüllten alten Autoreifen. Die Sonne wärmt das Haus auf und die Masse dieser Wände speichert sie. Direkt hinter der langen Fensterfront befindet sich ein Gewächshaus. Eine weitere Funktion des Hauses ist, dass es die Bewohner mit Gemüse und Kräutern versorgen soll. Das Regenwasser wird in Tanks gespeichert und als Nutzwasser in Küche und Bad verwendet. Danach versorgt das einmal gebrauchte Wasser die Pflanzen im Gewächshaus. Danach wird das Wasser noch einmal genutzt und der Wasserspülung der Toilette zugeführt. Das Abwasser der Toilette ist das Einzige, was ungenutzt in eine Sickergrube weggeleitet wird. Strom kommt ausschließlich aus den Solarpaneelen. Da Zwischenspeicher teuer sind, müssen große Energieverbraucher wie Waschmaschine oder Backofen tagsüber laufen. Eine weitere Funktion eines Earthships ist, dass Zivilisationsmüll recycelt wird, zum einen durch Autoreifen in den Außenwänden, aber auch durch Glasflaschen, die in die Innenwände eingebaut werden und je nach Sonnenstand das Haus in buntes Licht tauchen. Weil die Architektur des Hauses sehr außerirdisch wirkt, aber nun mal doch irdisch ist, wurde es von seinem Erfinder Earthship getauft. Mittlerweile gibt es mehrere tausend auf der Welt.

Fundament und Außenwände bestehen aus mit Erde gefüllten Autoreifen

Wir sind gestern Abend auf dem Gelände des Earthships angekommen. Von der Familie keine Spur. Obwohl es kaum Funknetz gibt, konnte ich Jair kurz telefonisch erreichen: „Wir kommen erst spät in der Nacht zurück. Fühlt euch wie zu Hause. Bedient euch am Kühlschrank. Hinten auf der Wiese stehen ein paar alte Campervans. Den Blauen könnt ihr zum

Auch von innen ist das Earthship nur mit dem Nötigsten erbaut

Schlafen benutzen. Wir sehen uns dann morgen.“ Verdutzt stehen wir fünf mitten im Nirgendwo, zwischen Minibaggern und verrosteten Autos, haufenweise Werkzeug, das auf dem Boden verteilt herumliegt, einer angefangenen Baustelle und diesem gigantischen Earthship. Zwischen einem Schweine- und Hühnerstall, einem Grillplatz mit Couch und Stühlen, einem Sammelplatz für unzählige Solarpaneele, Toilettenschüssel und anderen Bauteilen, mindestens fünf aussortierten gelben Schulbussen und unzähligen ausgedienten Wohnwagen.

Über Workaway haben wir vor ein paar Tagen den Kontakt hergestellt. Und Jair scheint sehr viel Vertrauen in uns zu haben, obwohl wir nur ein paar Mal geschrieben haben. Würde ich Fremde in mein Haus lassen? Ihnen meinen Kühlschrankinhalt anbieten? Ihnen ein Bett geben, obwohl ich sie noch nie gesehen habe? Kanadische Gastfreundschaft ist einfach unschlagbar. Schon die Stellenbeschreibung hat mich sofort angesprochen:

Hilfe benötigt, um ein Versorgungsnetz unabhängiges Earthship nahe Golden fertigzubauen.

Wir brauchen Leute, die anpacken können: um eine Garage zu bauen, für Landschaftsbau, zum Kochen und einfach, um viele Kleinigkeiten fertig zu stellen. Wir vier leben am Willowbank Mountain im wunderschönen British Columbia. Wir sind ein Versorgungsnetz unabhängiges Abenteuer. Lange haben wir in unserer Jurte gelebt, jetzt sind wir ins Earthship gezogen. Unser Fokus ist es, Freude und Sinn im Leben zu finden. Wir teilen sehr gerne Erfahrungen und lieben es als Gemeinschaft zu leben. Wir geben uns große Mühe unsere Workaways als Teil der Familie zu behandeln. Hab Spaß während du hier bist und hilf enthusiastisch. Wir hoffen Besuchern verschiedene alternative Baustile und netzunabhängige Lösungen zu zeigen. Es gibt nur wenig Strom, dafür aber eine Sauna, wundervolle Ausblicke, prächtigen Sternenhimmel, Campfeuer, Musik und Natur.

Es klingt nach einfachem aber erfüllenden Leben, nach Geborgenheit und Romantik. Da müssen wir hin.

Wir sehen uns auf dem Gelände um und laufen über die Wiese zu dem beschriebenen Campervan. Es ist ein alter Passagierbus, in den Hochbetten eingebaut wurden. Bettzeug liegt bereit, wir wurden erwartet. Nur leider gibt es ein Problem: Der Bus ist so voller Mücken, dass wir nach einer halben Minute den Rückzug antreten. Auch den Weg über die Wiese zurück rennen wir und flüchten uns ins Haus, wo wir erst mal Abendessen kochen. Dabei genießen wir die wundervolle

Wir leben in einem Earthship – nachhaltiger geht Bauen nicht

Aussicht auf die Berge, während unsere Kinder sich mit der Legokiste vergnügen, die sie vor den Kinderzimmern finden. Unschlüssig, was wir jetzt genau tun sollen, bauen wir in der Dämmerung auf der Brachfläche vor dem Haus unser Zelt auf und schlafen so, wie wir es die ganze Zeit in den Bergen getan haben.

Außenterrasse mit Aussicht

Am Morgen sieht die Welt dann wieder ganz anders aus. Am Frühstückstisch lernen wir endlich unseren Gastgeber kennen. Jair hat eine sehr offene und herzliche Art, lacht uns an und heißt uns willkommen. „Habt ihr euch gestern schon umgesehen? Bedient euch in der Küche, nehmt was ihr wollt. Ich bin kein guter Koch, versorgen müsst ihr euch hier komplett selbst." Hanna, Eva und Jonas nähern sich ein wenig schüchtern an den Frühstückstisch. Hey, ihr drei, kommt her!" Schon gibt es High Fives für die Kinder und das Eis ist gebrochen. „Schön, dass ihr ein paar Tage bleibt und mir beim Bau der Garage helft. Draußen habt ihr ja schon die Fläche gefunden. Nächste Woche kommt der Beton, dann müssen wir alles vorbereitet haben." Jair hat so eine offene Art, dass sich Hanna, Eva und Jonas sofort willkommen fühlen. Während wir sprechen, kommen sie immer wieder zu ihm, es gibt noch mehr High Fives für unsere Kinder und Jair bietet ihnen alles Spielzeug an, das von seinen eigenen Kindern noch irgendwo im Haus herumliegt. Inklusive des Nintendo. Da ich finde, dass selbst Hanna mit ihren sieben Jahren noch zu jung dafür ist, wechsele ich schnell das Thema, bevor Hanna noch herausfindet, was ein Nintendo überhaupt ist.

„Wir bauen jetzt seit sieben Jahren unser Earthship. Seit drei Jahren wohnen wir endlich drin. Davor haben wir die ganze Zeit in einer Jurte gewohnt. An diesem Rundzelt, das eigentlich Nomaden in der Mongolei benutzen, seid ihr gestern vorbeigefahren. Wir vermieten es mittlerweile als AirBnB. Seitdem wir im Earthship wohnen, haben wir das erste Mal eine Toilette mit Wasserspülung. Das war für uns ein Riesensprung." Ich muss lachen. „Ein WC ist sowohl in Kanada als auch bei uns in Deutschland selbstverständlich. Vermutlich lässt es sich sogar irgendwo im Grundgesetz finden. Unvorstellbar, wie Leute ohne leben können. Noch dazu mit zwei kleinen Kindern."

„Könnte ich in der Zeit zurückreisen, dann würde ich es aber nicht noch einmal so bauen", führt Jair weiter aus. Dabei wirkt er kein bisschen verbittert. „Meine Vision von einem autarken Haus und dem Aufwand und der Mühe, die hinter dem Bau stecken, liegen einfach unheimlich weit auseinander. Wichtig für mich war die Unabhängigkeit. Ich wollte mich nicht an Baugenehmigungen halten müssen. Und die Baukosten mussten extrem niedrig sein. Ich habe für unser 240 Quadratmeter großes Haus inklusive Grundstücksanteil unter 100.000 Dollar bezahlt. Das würde in der Stadt etwa das achtfache kosten. Unsere Nebenkostenrechnung ist auch fantastisch: rund 40 Dollar für Gas zum Kochen. Einmal im Monat lasse ich die Flasche im Campingstore auffüllen. Das ist alles. Dafür habe ich aber sieben Jahre unermüdlich an dem Haus gebaut. Weitestgehend allein oder mithilfe von Workawayern."

Jair hatte von Häuserbau überhaupt keine Ahnung. Das macht einem Menschen mit zwei linken Händen wie mir Mut. Er hat es einfach getan. Ein spezieller Earthship-Architekt hat das Haus geplant. Da dieser noch in der Ausbildung war, hat er das gratis getan – und während der Planungsphase in der einzig möglichen Behausung übernachtet – in seinem Igluzelt auf dem Grundstück. Anschließend hat Jair sehr viel ausprobiert. Werkzeug und Baumaschinen günstig besorgt. Material herangeschafft, das andere wegschmeißen wollten, wie ein gebrauchtes Waschbecken und viele viele Autoreifen. Die tragenden Elemente seines Hauses sind gewaltige Holzstämme. Wo die gratis herkommen, sehe ich, wenn ich aus dem Fenster schaue. In der Zeit hat er sehr viele Dinge gelernt und sehr viele Fehler gemacht. Fehler, die ihn in seinem Zeitplan viele Monate zurückgeworfen haben. Aber am Ende steht das Earthship und dient seiner Familie als Zuhause. Und das Beste: Jair und seine Familie sind frei, frei von Schulden und weiteren hohen Folgekosten. Kein Kredit, der Druck macht und bestimmt, wie er seine Zeit zu verbringen hat. Wie viele Familien können das von sich behaupten?

Finley setzt sich zu uns an den Tisch, er hat sich herrlich duftende Spiegeleier mit Gemüse zum Frühstück gebraten. Er ist Anfang 20, kommt aus Schottland und wohnt seit drei Wochen hier bei Jair. Da er Städtebau studiert, wollte er mehr über Earthships wissen und zwar aus erster Hand. Genau wie wir hat er diesen Ort über Workaway gefunden und hat bereits kräftig angepackt. Gemeinsam haben die beiden den Bau des Garagenfundaments angefangen. Jair und Mel sind es gewohnt, die verschiedensten Menschen bei sich wohnen zu haben. Seit über vier Jahren beherbergt die Familie konstant Freiwillige, die sich in der Küche an Lebensmitteln bedienen, sich was kochen, im Wohnzimmer sitzen und in einem der vielen Campervans übernachten. Privatsphäre im Haus erbitten sich Mel und Jair nur zwischen zwölf Uhr abends und acht Uhr morgens. Nach ein paar Tagen oder ein paar Wochen ziehen die Besucher weiter und neue Workawayer kommen. Neue Menschen zum Kennenlernen, in ihrer Privatsphäre und in ihrem Familienleben.

Wir gehen zur Baustelle der zukünftigen Garage für die Autos, das Schneemobil und den Minibagger. Heute stehen Arbeiten mit der Rüttelplatte an. Wirklich harte Arbeiten, die Maschine ist laut und extrem schwer. Finley und ich schieben, heben und zerren sie gemeinsam. Sie verdichtet und ebnet die Erde, damit das Fundament auf einem tragfähigen Boden steht. Wir arbeiten vier Stunden in der heißen Sonne. Immerhin hält die Hitze die Mücken ab. Dann ist Feierabend und ich bin durchgebacken. Finley scheint die harte Arbeit weniger auszumachen. Entweder ist er schon dran gewöhnt oder mit 20 Jahren kann man das einfach noch mühelos. Fröhlich pfeifend verschwindet er im Earthship, um für sich zu kochen. Jair macht noch weiter und buddelt ein Drainagerohr ein.

Ich bin sehr gespannt, wie sich die Kinder heute Morgen beschäftigt haben. Denn heute ist nicht nur für mich ein Arbeitstag, sondern Hanna hat ihren ersten Tag Homeschooling. In Deutschland sind die Sommerferien vorüber und Hannas Klassenlehrerin hat das Wochenpaket Hausaufgaben geschickt. Hanna nimmt die Sache pragmatisch. Für unsere Kinder gibt es hier nicht so viel zu tun außer mit dem Hund zu spielen und so stürzt sie sich auf die Schulbücher. Julia hat den vielleicht schwierigeren Job von uns beiden. Zum einen muss sie Hanna bei den Rechen- und Schreibaufgaben helfen und zum anderen noch zwei weitere Kinder

In Deutschland geht die Schule wieder los. Hanna muss ab jetzt wieder Hausaufgaben machen und lesen schreiben rechnen üben

Auch Eva und Jonas bestehen auf Hausaufgaben. Hoffentlich bleibt das so

versorgen. Und zwar auch mit Hausaufgaben. Denn Jonas und Eva wollen natürlich auch schon große Kinder sein und so zaubert Julia aus ihrem Vorrat Ausmal- und Aufgabenhefte für Vorschulkinder. Zum ersten Mal bin ich dankbar, dass wir so viel Gepäck mitschleppen. Ich hoffe die beiden werden auch noch so lernwillig sein, wenn für sie die Schule mal losgeht. Ich freue mich, dass am ersten Tag alles so gut klappt. Denn Homeschooling war ja eine der Voraussetzungen, dass wir die Beurlaubung für Hanna bekommen haben.

Homeschooling ist in Kanada anders als bei uns eine Selbstverständlichkeit. Tatsächlich muss ein Kind niemals einen Fuß in eine Schule setzen, solange die Eltern eigenverantwortlich unterrichten. Hin- und wieder müssen die Schüler staatliche Tests bestehen. Das ist aber alles. Ich vermute, dass es im sehr dünn besiedelten Norden des Landes für manche Kinder gar nicht möglich wäre, eine Schule zu besuchen. Jair ist Vater einer Tochter, Nova, 12 Jahre, und eines Sohnes Asher, 11 Jahre. Beide sind während unseres Aufenthaltes im Ferienlager und sie sind beide tatsächlich erst seit einem Jahr in einer richtigen Schule. Mel und Jair haben sie all die Jahre zu Hause unterrichtet. Nova liebt die Schule und möchte weiter hingehen. Asher tut sich mit festen Zeiten und Abläufen schwer und wird nach dem Sommer wieder zu Hause beschult. Auf der einen Seite bewundere ich die Unabhängigkeit der Familie. Auf der anderen Seite halte ich Schule für eine wirklich gute Idee, sonst wäre ich sicher nicht Lehrer geworden. Einen hohen Arbeitsaufwand für die Eltern bedeutet Homeschooling aber auf jeden Fall. Das spüren Julia und ich in den kommenden Wochen am eigenen Leib.

Während ich nicht sagen kann, dass ich mich für Rüttelplattenarbeit begeistern kann, so ist das Zusammenleben mit den Locals einfach der wahre Grund für Workaway. Am Nachmittag fragt Jair uns, ob wir abends zusammen zu einem Open-Air-Konzert auf dem Sportplatz der Kleinstadt Golden gehen wollen. Ein paar Stunden später sind wir mittendrin. Fast die ganze Großfamilie hat sich im

Das Garagenfundament ist harte Arbeit

Der Wassertruck sorgt für neues Trinkwasser aus dem Fluss

Park versammelt. Wir lernen Geschwister und Cousins kennen, Freunde und Arbeitskollegen. So wie wir Deutschen im Urlaub Liegen mit Handtüchern reservieren, so stellen Kanadier lange vor Konzertbeginn ihren Campingstuhl bühnennah auf. Sie genießen den kurzen Sommer am liebsten in Gemeinschaft. Kanadier sind sehr offene Menschen. Alle stellen sich vor, wollen viel über uns Deutsche wissen und vor allem wie das so ist, mit drei so kleinen Kindern zu reisen. Endlich lernen wir auch die Dame des Earthships kennen: Mel. Sie ist genauso ausgeflippt wie Jair und kann es kaum fassen, dass kleine Kinder bei ihr im Haus wohnen. Während die Band spielt und der Sänger von Posaune zu Saxophon zum Horn einer riesigen Trompetenschnecke wechselt, springen, rennen und tanzen unsere Kinder mit unseren Gastgebern wild vor der Bühne. Erstaunlich, wie wenig Anlaufzeit unsere drei benötigen, um so viel Quatsch mit Fremden zu machen.

In den nächsten Tagen beschäftigen wir uns weiter mit dem Garagenfundament. Ich lerne Eisenstangen zu biegen, die später dem Beton ein Gerüst geben. Ich lege die Stangen aus und verbinde sie mit Kabelbindern. Ich bringe den Gemüsegarten auf Vordermann, zumindest soweit das mit den vielen Mücken geht. Am spannendsten ist aber die Freizeit nachmittags. Jair nimmt Fin, mich und seinen vierzehnjährigen Neffen Carter mit zum Schießen. Wir stoppen mitten im Wald und bauen einen Schießstand auf. Wir stellen alte Dosen und Flaschen auf umgekippte Baumstämme. Jair zeigt uns sein neun (!) Gewehre. Wir arbeiten uns von Kleinkaliber ohne Fernrohr bis Bärentöter mit Fernrohr vor. Ich schieße zum ersten Mal mit Gewehren und bin erstaunt, wie leicht es ist, mit Fernrohr sein Ziel zu treffen. Der Rückstoß und die Lautstärke der Großkaliber sind aber zu heftig für mich. Zurück bleiben durchlöcherte Dosen und Glasscherben. Für mich war Schießen immer ein Hobby für einfältige Amerikaner aus den Südstaaten, die ihren Samstagnachmittag wie Cowboys verbringen wollen. Aber ich muss zugeben, dass es mir wirklich Spaß macht. „Hier draußen ist ein Gewehr wichtig. Letztes Jahr hatten wir einen Bären, der ist mehrere Tage um den Hühnerstall geschlichen. Hatte keine Scheu mehr vor uns. Den musste ich erlegen.“ Jair versichert mir aber, dass er jedes Teil des Bären verwertet hat und die Kühltruhe für Wochen gut gefüllt war. Und anders als in den USA musste er tatsächlich eine Genehmigung für den Abschuss kaufen.

Ein kommunaler Lebensstil ist für Mel und Jair ein Bestandteil ihres Lebens. Jedes Familienmitglied hat auf dem riesigen Waldgrundstück irgendwo eine Hütte. 300 Meter hinter dem Earthship wohnt Jairs Vater Tom mit seiner Frau, ehemaliger Religionslehrer an einer öffentlichen Schule. Vor zwei Jahren ist er in Rente gegangen und hat sich ein Tiny House auf dem gemeinsamen Grundstück gebaut. Fast komplett in Eigenarbeit. Auch er hatte keinerlei Erfahrung mit Häuserbau. Das Baumaterial hat er überwiegend gratis bekommen. In Calgary hat sich ein reicher Mensch eine Villa gekauft, um sie abzureißen und sich eine größere Villa auf das Grundstück zu setzen. Tom wurde darauf aufmerksam und durfte sich vor dem Abrissbagger alles holen, was er wollte. Er hat weder für Dachschindeln, noch für Kamin noch für Fenster oder für Badausstattung Geld bezahlt. Sein zweistöckiges Holzhäuschen hat gerade mal 20.000 Dollar gekostet, ist aber auch spartanisch ausgestattet. Anstelle einer richtigen Treppe hat er eine Aluminiumleiter aus dem Baumarkt verbaut. Glücklich und stolz ist er sehr. Genau wie Jair hat er sein Glück selbst in die Hand genommen und es einfach gemacht.

Dient jetzt als AirBnB: Jairs alte Wohnjurte

Einkommen hat die Familie durch AirBnB. Überall stehen Behausungen herum. Holzhütten, Tipis und Jurten. Natürlich ohne WC oder Strom aus der Leitung. Trinkwasser müssen sich die Gäste selbst mitbringen. Eine gratis Führung durchs Earthship gibt es dazu. Für diese Erfahrung zahlen die Gäste im Sommer bis zu 200 Dollar pro Nacht. Im Sommer sind sie meistens ausgebucht. Die Leute lieben besondere Unterkünfte. Ein weiterer Baustein im Konzept des autarken Lebens von Jair und Mel. Denn irgendwann wollen die beiden nur noch arbeiten, wenn sie Lust dazu haben oder eben auch nicht. Weit davon entfernt sind sie anscheinend nicht mehr.

Für uns ist es in jedem Fall eine tolle Erfahrung, Teil von Jair und Mels Kommune zu sein. Nicht nur seit der Energiekrise träume ich davon, unabhängig von Versorgern zu sein. Ganz besonders unabhängig von Schurkenstaaten, die Gas für meine Heizung liefern. Ein Earthship wäre aber trotzdem nichts für mich. Denn nur mit dem Bau ist es dann doch nicht getan. Genau wie jedes andere Haus muss es unterhalten werden. An unserem vorletzten Tag ist kein Wasser mehr im Regentank. Das kann im Sommer durchaus vorkommen. Das Regenwasser ist nicht schnell genug in den Tank gesickert und teilweise einfach übergelaufen. Als Konsequenz muss Fin Wasser holen. Mit einem alten Truck, der auf der Ladefläche nur für diesen Zweck einen Wassertank fest montiert hat, ist er immer wieder zum Fluss gefahren, bis der Wassertank voll ist. Die beiden Holzöfen im Haus zeigen mir, dass im Winter die passive Erwärmung doch nicht ausreicht, und Jair oder seine Workawayer im Sommer kräftig Holz für den Winter hacken müssen. Mit meinen beiden linken Händen würde ich mir auch den Bau und die vielen Projekte auf dem Grundstück nicht zutrauen, mal ganz abgesehen davon, dass in Deutschland die bürokratischen Bauvorschriften so ein Earthship gar nicht erlauben.

Auch mag ich das Konzept, Teil einer Gesellschaft zu sein. Ich werde dafür bezahlt, Schüler zu unterrichten. Dafür bezahle ich Strom, Gas und Handwerker, die sich um meine Hausprobleme kümmern. Ich bezahle über meine Steuern andere Lehrer, die meine Kinder beschulen. Ich gebe mein Geld im Gemüseladen ab und muss nicht Mückenschwärmen ausweichen, wenn ich Unkraut zwischen den Salatköpfen jäte. Vielleicht haben Jair und Tom vor einigen Jahren vor ähnlichen Gedanken gestanden und es trotzdem einfach gemacht? Allerdings hat Jair deutlich gesagt, dass er den Aufwand unterschätzt hat und niemals gedacht hätte, dass er so lange und so viel am Earthship arbeiten muss. Letzten Endes wirkt er aber doch zufrieden. So lebt jeder seinen Lebensstil, den er für richtig hält. Und wir durften diesen autarken Stil für eine Woche teilen.

***Wahnsinnig:** Julia nutzt mitten in der Nacht die Buschtoilette neben dem Campervan. Als sie zurück ist, checkt sie kurz alle Kinder. Jonas schläft, aber sein Gesicht ist blutverschmiert.*

***Glücklich:** Durch diesen Schrecken haben wir jetzt gelernt, dass man Nasenbluten auch ohne Badezimmer behandeln kann. Dass fließendes Wasser in so einer Situation durchaus wünschenswert, aber auch verzichtbar ist.*

BäraLAMAnlage – Vancouver Island

„Wir haben schon sechs Bären gesehen. Auf einer Bärensafari haben wir beobachtet, wie die Tiere nach Muscheln am Strand suchten. Du hast auch schon einen Bären gesehen? Toll, als ich sieben Jahre alt war, kannte ich nur meinen Teddy." (Maike aus Deutschland, mehrmals zufällig auf Campingplätzen wiedergetroffen)

„Papa, da steht ein Bär vor der Tür." Hannas Satz klingt wie der Anfang eines schlechten Witzes, ist aber wie der Looping einer Achterbahn. Irgendwie hat man Angst, will aber trotzdem das Erlebnis. Literweise Adrenalin schießt in Millisekundenbruchteilen durch meinen Körper. „Gefahr? Wo sind meine Kinder? Beschützen! Flüchten oder Kämpfen? Sicherheit? Erleben? Neugier? Gutes Foto!", sind meine Gedanken. Schnell hin da, aber in Sicherheit bleiben, meine Handlung.

Jedes Mal, wenn wir während unserer Kanadareise Deutsche treffen, nutzt Hanna aus, dass sie endlich in ihrer Sprache reden kann. Sie spricht wirklich jeden an, egal ob jung oder alt. Immer ist Hannas Gesprächseinstieg: „Wie viele Bären habt ihr schon gesehen?" Der Gradmesser einer Siebenjährigen für das Gelingen der Reise. Wir hatten großes Glück im Kootenay National Park einen jungen Schwarzbären so nah zu sehen. Aber alle, wirklich alle Deutschen, die wir unterwegs treffen, egal, wie kurz sie bisher in Kanada waren, haben einen Bären gesehen. Oder mehrere. Oder viele. Oder eine Bärenmutter mit Jungen. Oder einen Bären beim Lachsfischen. Eigentlich gemein, wenn man bedenkt, wie viel Zeit wir in Nationalparks und auf Zeltplätzen draußen verbringen. Wie oft wir abends in der Dämmerung zur aktiven Zeit der Tiere nochmals losfahren und nach Wildtieren suchen. „Papa, wann sehen wir den nächsten Bären?", ist eine Frage, die uns Eltern begleitet und schmunzeln lässt.

Die Fähre bringt uns vom Festland in eine andere Welt – Vancouver Island

Jetzt sind wir auf Vancouver Island. Diese riesige bewaldete Insel bietet einen ganz entscheidenden Bärenvorteil: Es gibt keine gefährlichen Grizzlybären, die sind ausschließlich auf dem Festland anzutreffen. Dafür aber jede Menge Schwarzbären und die sind gerade hungrig, denn es ist die Zeit, wo Lachse die Flüsse zu ihrem Geburtsort hochziehen, um sich zu paaren.

Vor einer Woche haben wir die Fähre vom Festland im Norden Vancouvers genommen. Schon auf der Fahrt habe ich mich in die Insel verliebt. Die Sonne glitzert auf dem Wasser und der salzige Wind weht uns um die Ohren. Hinter uns wird das Festland mit all seinen fantastischen Orten und Erlebnissen der letzten Wochen immer kleiner. Wir haben den Blick nach vorn gerichtet. In der Ferne erheben sich schneebedeckte Berge aus dem Dunst. Wir passieren kleine Inselwelten voller bunter Sommerhäuser. Freizeitkapitäne auf ihren Segelbooten winken uns zu. Leuchttürme erheben sich auf kargen Felsen in der Brandung. Wir halten Ausschau nach Walen und Delfinen. Dann erreichen wir die Insel in der zerklüfteten Departure Bay.

Wir fahren über die einzige Straße, die durch die Inselmitte führt zur Westküste der Insel. Wir halten an einer Schlucht mit smaragdgrünem Fluss. Die Kinder sind mittlerweile so ans Schwimmen in Seen gewöhnt, dass sie ohne Scheu von Klippen in den Fluss springen. Sie lieben es, durch die Strömung zu tauchen und an Treibholzstämmen an der anderen Seite wieder herauszuklettern. Vor unserer Abreise hat Eva sich noch sehr schwer getan, ihren Kopf unter Wasser zu stecken. Im Seepferdchenkurs war das ihr absoluter Endgegner. Hier in der Natur ergibt sich dieses Problem gar nicht. Viel zu groß ist die Verlockung einfach zu tauchen, sich auszuprobieren, mit Hanna zu wetteifern. Steine sind zum Springen authentischer als ein Beckenrand, ein strömender Fluss spannender als ein gechlortes Becken. Das Lob der Eltern, wenn sie einfach ins Wasser eintaucht, ist dazu noch viel zu verführerisch. Das Hochgefühl ihre Sprünge und Tauchgänge nachher auf dem Handy zu betrachten, tut auch noch sein Übriges. Jonas macht mit seinen Schwimmflügeln alles nach, was die Schwestern vormachen. Ganz ohne Scheu. Den Wassergewöhnungskurs können wir uns zu Hause schenken.

In Flüssen wetteifern die Kinder darum, wer in der Strömung besser schwimmen, tauchen, springen kann

An der Westküste Vancouver Islands genießen wir die Sonne am Meer

So geht Abendessen. Ich brate unsere Burger einfach am Strand

Die Kinder spielen im kalten Pazifik

Wir passieren das einzige Städtchen der Inselmitte, Port Alberni, und laufen durch verwunschenen Wald. Farne, Lianen, jahrhundertealte Bäume. Dazwischen die Stars des Waldes: Riesenrotzedern, die so einen großen Stammumfang haben, dass selbst eine Großfamilie sie nicht gemeinsam umarmen könnte.

Wir erreichen den Pacific Rim National Park, ein wundervolles, zugängliches Stück Küste mitten in der Wildnis der Westküste. Wir schlagen unser Camp in einem Dörfchen mit dem unaussprechlichen Namen Ucluelet auf. Am Little Beach brate ich Hamburger auf dem Gaskocher, während die Kinder toben und die Sonne langsam untergeht.

Wir lernen ein deutsches Paar kennen, das glücklicherweise ein Surfboard übrig hat. Am Long Beach stürzen wir uns in die Wellen und obwohl ich das letzte Mal vor 15 Jahren auf einem Brett stand, klappt es ganz passabel. Ein Seehund schwimmt nah an meinem Board vorbei und verschwindet elegant in den Wellen. Die Kinder spielen in der Brandung oder bauen Hütten aus dem angespülten Treibholz.

Die felsigen Küsten des Lighthouse Trails machen unsere Kinder auf einer Wanderung glücklich. In den Gezeitenpools sammeln sie Seesterne, Krebse und Muscheln. Sie fangen kleine Fische und beobachten die Seeadler beim Jagen. Es ist schon erstaunlich, wie diese fast jedes Mal mit einem Fisch in ihren Krallen wieder von der Wasseroberfläche hochfliegen. Als wir unseren Blick über die Bucht schweifen lassen, sehen wir, wie zwei Orcas durchs Wasser ziehen. In Florencia Bay entkommen wir den vielen Sommerurlaubern der beliebten Region und haben einen großen Teil des Strandes nur für uns.

Endlich wieder surfen

In Tofinos Hafenbecken tummeln sich Seelöwen, die zutraulich hinter den Fischerbooten herfahren und darauf hoffen, ein bisschen des Fangs abzukriegen. Wasserflugzeuge starten und landen zu Rundflügen über die Inselwelt oder Versorgungsflügen zu abgelegenen Siedlungen. First Nations stehen an den Stegen und fischen mit Reusen nach Riesenkrabben. Geschickt platzieren sie Fischabfälle, lassen ihre Drahtgestelle ins Wasser herab und warten.

Auf dem Lighthouse Trail machen wir die tollsten Entdeckungen. Felsen, Kebse und sogar Orcas

Es ist eine clevere Fangmethode, weil man sich anders als beim Angeln nicht ständig um Köder oder Einholen der Leine kümmern muss. Oft sind die Reusen gefüllt. Damit die Population erhalten bleibt, dürfen die Weibchen nicht gefangen werden. Hanna freut sich jedes Mal, wenn sie eine Riesenkrabbe in die Hand gedrückt bekommt, die sie wieder ins Meer zurück werfen darf. In einem Wort: Vancouver Island ist ein Naturparadies. Eins, das für seine Schwarzbären bekannt ist.

Hanna darf die Riesenkrabbe wieder frei lassen

Bären sind im Herbst sehr aktiv auf Nahrungssuche

Wir erreichen die Schaffarm von Jane. Über Workaway haben wir ihr geschrieben und ich war glücklich, von ihr eine Zusage bekommen zu haben, da Arbeit mit Schafen für die Kinder bestimmt ein tolles Erlebnis wäre. Kurz nach ihrer Zusage sagt sie aber wieder ab. Sie hat Sicherheitsbedenken. Letzte Nacht ging sie auf ihre Terrasse und direkt vor ihr hing im Aprikosenbaum ein Schwarzbär. Da sie kein Gewehr besitzt, aber ihren ungebetenen Gast schnell wieder loswerden wollte, schoss sie mit einer speziellen Bärenschreckschusspistole auf ihn. Vor Schreck fiel der Bär vom Baum und brach dabei noch einen großen Ast mit ab. Da sie direkt an einem Fluss wohnt, an dem Lachse ziehen, hat sie viele Bären bei sich auf dem Grundstück. Was die Sicherheit unserer Kinder angeht, macht sie sich wegen der Bären keine Gedan-

Hanna liebt Tierbegegnungen, egal ob Schaf oder Bär

Hanna und Eva packen auf der Schaffarm mit an

ken. Aber zur Abwehr hält sie drei große Hunde im Zwinger, die nach Einbruch der Dunkelheit frei herumlaufen müssen. Diese sind keine Kinder gewöhnt und Jane hatte Bedenken, ob da nicht etwas passieren könnte. Aber wenn wir mögen, können wir gerne auf dem Weg mal vorbeischauen. Gesagt, getan.

Unsicher, ob der Besuch richtig ist oder nicht und ob wir vielleicht für eine Nacht bleiben können oder sollen, erreichen wir die Schaffarm. Jane begrüßt uns. Sie ist eine interessante Frau in ihren späten Sechzigern. Sie freut sich, dass wir sie besuchen. Seit sie sich von ihrem Mann getrennt hat, kümmert sie sich allein um die Schaffarm. Von Kindesbeinen an ist sie die harte Arbeit gewohnt, ihre Familie bewirtschaftet seit vielen Jahren Höfe im Hinterland Kanadas. „Mittlerweile schaffe ich nicht mehr und die Herde ist auf einen kleinen Restbestand geschrumpft. Ich überlege, ob ich nächstes Jahr hier alles verkaufen und zu meiner Schwester in die Stadt ziehe soll. Aber schaut euch um: Ich kann mich nicht von diesem wunderschönen Ort trennen." Ich weiß genau, was sie meint. Wir passieren gepflegte Ställe und Scheunen, laufen durch einen blühenden Garten zu ihrer Picknickstelle am Fluss. „Passt auf, wo ihr hintretet. Hier ist alles voll mit Bärenkacke", ruft uns Jane noch zu. Wir laufen im Slalom durch den Garten. Hanna ist begeistert, weil hier überall frische Hinterlassenschaften von Bären herumliegen. „Papa, sind hier wirklich Bären? Lass uns suchen gehen!" Jane kann tatsächlich zu jedem Haufen sagen, wie viele Tage er alt ist. Immer ist er voll mit Aprikosenkernen.

Zur Begrüßung haben wir Cookies mitgebracht, die wir alle zusammen an ihrem Picknickplatz am Fluss verputzen. Eine leichte Brise hält alle Mücken weg und hinter dem Fluss beginnt die Wildnis. Dann hören wir ein merkwürdiges Bellen. „Das ist mein Lama", erklärt uns Jane. „Das habe ich mir extra wegen der Bären angeschafft. Männliche Lamas sind sehr territorial. Es hat schon den ein oder anderen Bären mit seinen kräftigen Hinterläufen vermöbelt." Ich muss lachen. In meiner Vorstellung ist ein Lama ein leckerer Bärenhappen und nicht andersherum. „Sobald es einen Bären sieht, fängt es an zu bellen. Es müsste also jetzt einer in der Nähe sein", sagt sie seelenruhig. „Ich nehme noch einen Cookie, ja?" Ganz so, als wäre ein Bär im Garten völlig selbstverständlich. Hanna und ich springen auf. „Wo ist der Bär? Wo müssen wir hin?" Hektisch sehen wir uns um. Ganz entspannt und mit ein bisschen Verwunderung, dass wir Städter noch nie von so einer Bär-Alarmanlage gehört haben, erklärt sie uns: „Lauft einfach zur Weide und schaut, wo das Lama hinguckt. Genau in der Richtung ist der Bär." So schnell habe ich mich noch nie von einem Teller unverputzter Cookies getrennt und schon stehen Hanna und ich beim Lama, das angestrengt ins Kornfeld des Nachbarn schaut. Wir rennen weiter zum Gartenzaun, um besser sehen zu können. Nichts. Direkt neben uns ist eine Tür zum Kornfeld. Dann sehen wir eine Bewegung in der Ferne. Es ist nur ein Schatten, der sich bewegt. Aber ganz eindeutig ein Bär, das sehe ich an der wippenden

Die Ausbeute unserer Bärenbeobachtung: Ein verwackeltes Bild

Bewegung. Das Tier muss mindestens 300 Meter weg sein. Zu weit, dass unsere drei es erkennen könnten. Enthusiastisch berichten wir Jane. Die hat aber so die Nase voll von Bärenheimsuchungen, dass sie unsere Freude gar nicht verstehen kann. „Nichts hilft, um sie abzuhalten. Sie kommen einfach durch den Fluss. Jetzt zur Lachszeit jeden Tag."

Am frühen Abend kochen wir Nudeln und essen alle gemeinschaftlich auf der Terrasse. Dann hören wir das Bellen wieder. Diesmal wissen wir genau, was los ist. Alle springen auf, schauen zum Lama. Wir rennen zum massiven Gartenzaun, der uns ähnlich wie im Zoo ein Gefühl von Sicherheit gibt, und Hanna erreicht als erste die Tür zum Kornfeld, über die sie prima drüber gucken kann. „Papa, komm schnell, da steht ein Bär vor der Tür!" Da steht er vor uns: Der Schwarzbär, der sich jeden Abend an Janes Aprikosenbäumen labt. Während ich die Kamera hochreiße und ein verwackeltes Bild schieße, sucht der Bär das Weite. Verschwindet in der Uferböschung. Eva, Julia und Jonas kommen die entscheidenden drei Sekunden zu spät. Länger hat unsere Begegnung nicht gedauert. Jubel auf der einen Seite, Trauer auf der anderen. Zumindest Hanna kann jetzt stolz jedem Deutschen sagen, dass wir schon zwei Bären gesehen haben.

Wahnsinnig: *Die Nacht verbringen wir in Janes Campervan. Ich habe einen Albtraum: Ich stehe am Gartenzaun und der Bär kommt in Zeitlupentempo auf mich zugerannt. Ich nehme Jairs Großkaliber, ziele, so wie er es mir beigebracht hat, drücke ab und ... nichts passiert! Der Bär kommt immer näher und näher, ich schreie ... und dann weckt Julia mich auf.*

Glücklich: *Im Gegensatz zu unserem Zelt ist der Camper völlig bärensicher – und pumasicher. Die laufen hier auch übers Gelände. Am nächsten Tag reisen wir dann doch weiter.*

Das Ende ist der Anfang

„Ich habe euch eine ganze Weile auf dem Zeltplatz beobachtet. Ihr seid einfach wundervoll. Ihr seid so eine tolle Familie. Ihr seid so eng beieinander. Nie gibt es Streit.“ (Jean, Quebec, getroffen in Vancouver)

Es ist zwei Uhr nachts. Wir stehen am Kreuz zweier grell erleuchteter Schnellstraßen in Vancouver und hoffen, dass der Bus Richtung Flughafen kommen wird. Ich lasse meinen Blick schweifen und sehe drei müde, aber aufgedrehte Kinder, die sich gegenseitig ärgern. Julia checkt nochmal, ob wir wirklich richtig stehen. Daneben liegt ein großer Haufen Gepäck. Ein monströser Trolley mit defekten Rollen. Ein Backpack und fünf schwere Daypacks. „Dieses Gepäck mitzuschleppen ist einfach Wahnsinn. Wir hätten noch mehr Sachen auf dem Campingplatz verschenken sollen.“ Trotzdem, ein Glücksgefühl überkommt mich ausgerechnet an diesem Schnellstraßenkreuz.

Wir hatten neun fantastische Wochen in Kanada. Wir haben wundervolle Menschen kennenlernen dürfen. Wir sind durch Landschaften gefahren, die für mich zu den schönsten der Welt gehören. Wir durften Tiere wie Wale, Bären oder Seehunde in ihren natürlichen Lebensräumen beobachten. Diese Erinnerungen werden sich in unserem gemeinsamen Familiengedächtnis einbrennen und ich freue mich darauf, mit den Kindern durch die Fotoalben zu blättern, wenn wir schon lange wieder zu Hause in unserem Alltagstrott sind. Auch wenn Jonas Erinnerungen verblassen werden, bin ich fest davon überzeugt, dass unser Lebensstil, unsere Emotionen und unsere Freiheit sich fest im Bewusstsein der Kinder wiederfinden werden. Vielleicht werden sie später einmal dankbar sein, dass ihre Eltern sie immer wiedermal aus dem Alltagstrott herausgeholt und sie für ein paar Monate einer wirklich intensiven Familienzeit ausgesetzt haben. Zeit, die wir nur mit ihnen verbringen. Sicherheit, dass wir nur für sie da sind und nicht gerade über unsere Jobs nachdenken. Sie stehen im ungeteilten Mittelpunkt unserer Aufmerksamkeit.

Unser spontaner Reisestil ohne Vorbuchen hat uns jetzt Luft für eine Veränderung verschafft. Die Tage wurden immer kürzer und die Nächte immer kühler. Keine guten Voraussetzungen für Zelten. Wir hatten auch das Gefühl, dass wir unsere Sehnsuchtsorte besucht hatten. Dabei ging es uns nie um must-see-Listen oder das Abhaken von Reisezielen. Einfach nur ums Fallenlassen in den Tag in wunderschöner Natur. Dafür ist Kanada das perfekte Land, British Columbia die perfekte Region. Bevor wir die Fähre nach Vancouver Island genommen haben, haben wir einen Weiterflug von Vancouver gebucht. Da wir von Anfang an ohne Rückflug losgezogen sind, sind wir also völlig frei, wie es weitergeht. Wärmer, preisgünstiger, leckeres Essen und noch mehr Tierbegegnungen waren unsere Wünsche. Dann haben wir diese günstigen Flüge nach Mexiko einfach gebucht. In einem Schuhladen. Julia hat mit Eva neue Outdoorsandalen anprobiert und ich habe das Shop-WLAN genutzt. Zwischen Stapeln von Kartons habe ich mit Handy und Kreditkarte alles geregelt. So einfach und unkompliziert müsste es immer im Leben sein. Eine halbe Stunde später gehen wir mit Sandalen und E-Tickets wieder aus der Mall und feiern unsere baldige Weiterreise mit XXL-Pizza!

Wir sehen Buckelwale, wie sie an der Oberfläche spielen und aus dem Wasser springen

Nach unserer Bärenerfahrung auf Janes Schaffarm landen wir an der Ostküste von Vancouver Island. Dort hüten wir in dem süßen Dörfchen Cumberland ein Haus. Die Bewohner gehen in Kurzurlaub. Im Gegenzug schneiden wir die Hecke und zupfen ein wenig Unkraut. Hanna und ich machen eine Whale Watching-Tour und sehen erst die Fontänen von Buckelwalen. Dann beobachten wir, wie die Tiere aus dem Wasser springen und verspielt an der Oberfläche planschen.

Hanna kommt aus dem Grinsen gar nicht mehr heraus

Wir erkunden die Inselhauptstadt Victoria. Bisher die einzige Stadt, die mir in Kanada wirklich gefallen hat. Prunkvolle viktorianische Bauten wechseln sich mit modernen Glasfassaden ab, im Zentrum befindet sich ein wunderschöner Hafen, in dem ich den ganzen Tag den Booten zusehen könnte. Selbst hier in der Stadt beobachten wir wilde Seeotter und Seehunde hautnah.

Wir besichtigen das vornehme Empress Hotel. Schon in der Eingangshalle wetteifern die Kronleuchter darum, wer der prunkvollste ist. Ein Concierge im schwarzen Frack mustert uns. Wir betreten den Speisesaal. Eine Pianistin untermalt am Flügel das Frühstückserlebnis der schick und teuer gekleideten Gäste,

Per Fähre verlassen wir Vancouver Island ...

... Richtung Millionenstadt

die mit ernsten Mienen auf ihr Essen konzentriert sind. Die Atmosphäre mit der Musik, den gestärkten Tischdecken und dem feinen Porzellan wirkt schwer. Erst hier fällt es mir wirklich auf. Mir fällt auf, wie anders wir als Familie hier drin wirken. Wir tragen kurze Hosen und die Kinder haben das ein oder andere Loch in der Kleidung. Obwohl wir jeden Tag in einem See schwimmen, sind wir nie hundert Prozent sauber. Kämmen kommt auf den Zeltplätzen oft zu kurz, weil die Kinder nach dem Frühstück und vor unserem täglichen Ausflug irgendwo in der Natur herumstreifen. Mein Tagesrucksack ist dick und ausgebeult von Essensdosen, Trinkflaschen und Pullovern. Ich kann nicht sagen, ob es tatsächlich so ist, oder ob ich es so sehen will, weil es besser in mein Weltbild passt – aber: Meine drei Kinder strahlen um die Wette. Sie schweben förmlich über den dicken Teppich, der alle Essgeräusche dämpft. Sie rennen lautstark zur Pianistin und beobachten neugierig jeden Tastengriff. Sie lächeln freudig zu den Kellnern und zu den wenigen Gästen auf der anderen Seite. Gestählt von unserem freien Leben in der Natur wirken sie glücklich und selbstbewusst und das merkt man ihren kleinen Körpern förmlich an. Ich möchte für kein Geld der Welt die Seiten tauschen.

Bevor wir nach Mexiko fliegen, müssen wir noch den Wagen verkaufen. Seit einer Woche stehen Anzeigen in den gängigen Onlineportalen, aber leider interessiert sich niemand für das Auto. Wirklich niemand! Außer ein paar offensichtlichen Betrügern schreibt mich keiner an. Mittlerweile bin ich ein wenig nervös, denn zum Händler möchte ich den Wagen auch nicht zurückbringen. Alex würde mir gerade mal 2000 Dollar zurückgeben, dass hat er mir schon am Anfang gesagt. Allerdings wäre selbst das immer noch ein besseres Geschäft als ein Mietwagen.

Jeden Morgen liege ich früh wach, checke meine Mails und senke immer ein bisschen den Preis in den Anzeigen. Der Wagen ist super in Schuss, toll fotografiert und so viele Gebrauchtwagen gibt es nicht auf dem Markt. Warum meldet sich keiner?

Und dann kommt die Magie der Reise ins Spiel. Im Waschhaus des Campingplatzes treffe ich Matthias. Er ist 30, reist noch für ein dreiviertel Jahr per Work and Travel durch Kanada. Gerade ist er per Mietwagen mit zwei Mädels unterwegs, die er im Hostel kennengelernt hat. Das man auch ein Auto kaufen kann, hat er noch nie gehört. Er hat keine konkreten Pläne ab nächster Woche, wo er den Wagen abgeben wird. Ich mache ihm den Dodge schmackhaft. Mein Argument, dass ein Minivan ein Zuhause ist und du immer weißt, wo du in der nächsten Nacht hinkannst, scheint ihn zu überzeugen. Eine kurze Probefahrt später kommt er dann ins Grübeln. Am nächsten Morgen sitzen wir beide vor dem Office des Campingplatzes. Wir werden uns beim Preis handelseinig und vereinbaren, dass wir den Wagen zusammen in einer Woche in Vancouver ummelden werden. Auf voller Vertrauensbasis überweist er mir mehrere Tausend Euro von seinem deutschen Konto auf meines. Sorgen, dass ich einfach mit dem Auto nicht zur Ummeldung erscheine, hat er keine. Er hat keine Sicherheiten oder Handhabe, geschweige denn einen Kaufvertrag. So viel Vertrauen hätte ich nicht in einen Fremden, aber in diesem Fall zahlt sich das aus. Wir sparen uns beide viele Bankgebühren, weil er nicht bar in Dollar bezahlt, die ich wieder in Euro zurücksenden muss. Ein paar Tage später sehen wir uns in Vancouver wieder und ich verabschiede mich von unserem Auto und Zuhause auf Zeit.

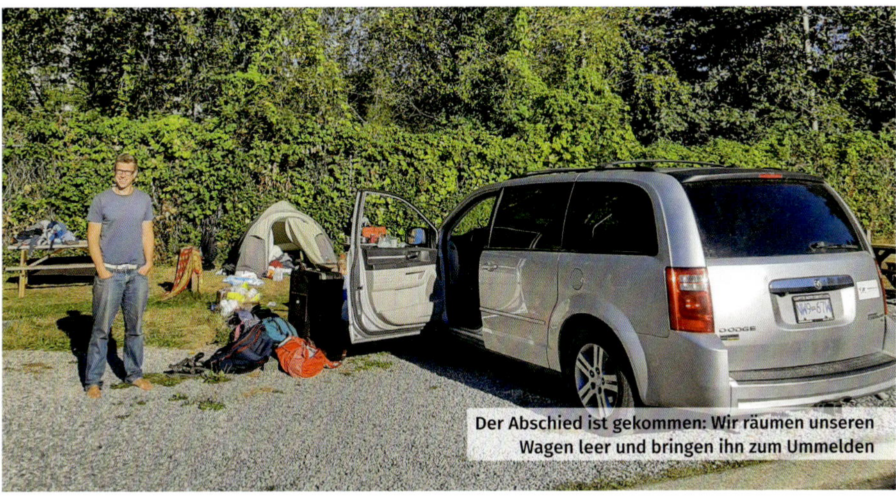

Der Abschied ist gekommen: Wir räumen unseren Wagen leer und bringen ihn zum Ummelden

Totempfähle der First Nations im Stanley Park in Vancouver

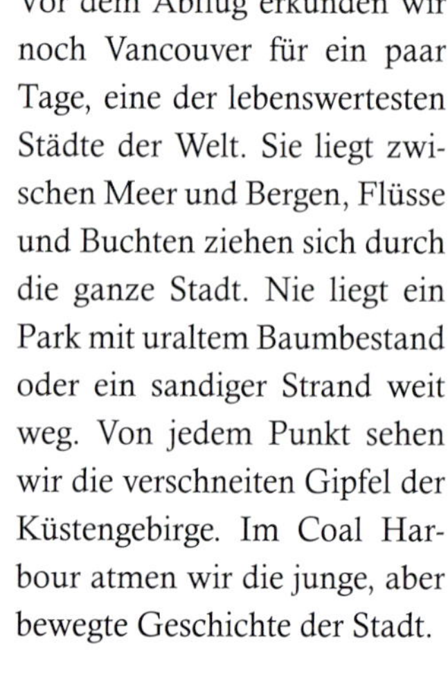

Vor dem Abflug erkunden wir noch Vancouver für ein paar Tage, eine der lebenswertesten Städte der Welt. Sie liegt zwischen Meer und Bergen, Flüsse und Buchten ziehen sich durch die ganze Stadt. Nie liegt ein Park mit uraltem Baumbestand oder ein sandiger Strand weit weg. Von jedem Punkt sehen wir die verschneiten Gipfel der Küstengebirge. Im Coal Harbour atmen wir die junge, aber bewegte Geschichte der Stadt.

Skyline Vancouver – eine der lebenswertesten Städte der Welt

Im Stanley Park verlieren wir uns in der Wildnis mitten in der Großstadt und bestaunen die Totempfähle der First Nations.

Neben unserem Campingplatz liegt eine First Nation-Siedlung. Im Capilano River benutzen sie eine alte und sehr effektive Fischtechnik. Sie verblocken den flachen Flusslauf fast komplett mit Steinen, sodass die ziehenden Lachse alle durch ein Nadelöhr durchmüssen. Dieses verblocken sie auch noch mit einem Gitter. So müssen sie die großen Tiere nur noch mit dem Kescher einsammeln.

Uns bleibt in Vancouver noch eine letzte Mission. Wir möchten uns mit Doug und seiner Kirchengemeinde wieder treffen, die uns auf dem allerersten Zeltplatz so herzlich aufgenommen haben und uns Mut gemacht haben, ihr Land zu bereisen. Sonntag morgens gehen wir in die Church on Five im Stadtteil Richmond. Doug, Jim und all die anderen netten Camper erwarten uns im Foyer und begrüßen uns herzlich. Alle sind glücklich, dass wir so eine gute Zeit in British Columbia hatten. Unsere drei Kinder laufen fröhlich mit in den Kids Club, wo sie auch ohne Englischkenntnisse fleißig zum Thema „Gott liebt dich, egal was passiert“ basteln. Dann betreten Julia und ich die moderne Halle. Die Kirche hier ist ganz anders, als ich das aus Deutschland kenne. Der Gottesdienst hat keine feste Uhrzeit als Beginn. Auf der Bühne steht eine junge Band, die religiöse Lieder performt. In den Texten geht es um Jesus, um Gott und ums Leben. Die Bankreihen sind mehr als vollgefüllt, bestimmt 300 Menschen sind im Saal. Das kenne ich außer vom Weihnachtsgottesdienst schon mal gar nicht aus Deutschland. Die Menschen singen mit, bewegen sich im Takt der Musik, haben ihre Hände erhoben. Alle sind leger gekleidet, teilweise in kurzen Hosen und mit Kaffeebecher in der Hand. Die Stimmung im Saal ist sichtlich gut. Ein Pfarrer betritt die Bühne. Hipper Bart, Oberarmtattoos, enthusiastische Ausstrahlung. Er würde als Barista in jede Cafébar Vancouvers passen. Zusammen mit seiner Frau moderiert er den Gottesdienst. Sie sprechen darüber, wie man seine Grenzen verschiebt. Ich fühle mich voll angesprochen. Dann darüber, wie wir Jesus in unser Leben lassen können. In ihrem Vortrag ist Feuer und Emotion, lebensweltliche Bezüge und direkte Ansprache, alles untermalt von der jungen Rockband. Mit dieser Art von Gottesdienst gäbe es in Deutschland auch keine leeren Kirchen. Nach einem gemeinsamen Fish`n`Chips-Essen im historischen Hafen verabschieden wir uns von Doug in dem Wissen uns nie wiederzusehen. Ich finde es immer wieder faszinierend, wie ich auf Reisen Menschen treffe, mit denen ich in ultrakurzer Zeit warm werde. Wie wir vertrauensvolle tiefgründige Gespräche führen und uns dann kurz darauf für immer Lebewohl sagen. Freude und Trauer zugleich.

Und dann kommt der Moment des Aufbruchs. Um zwei Uhr nachts hält tatsächlich der Bus am Schnellstraßenkreuz. Wir fahren durch die Nachtlichter Vancouvers. Später sehe ich schweren Herzens, wie Kanada unter uns kleiner wird. Wir fliegen über die zerklüftete Küste und mir wird bewusst, dass unser Kanada-Abenteuer jetzt beendet ist. Aber voller Dankbarkeit schaue ich zurück und dann enthusiastisch nach vorn. Auf nach Mexiko!

***Wahnsinnig:** Lange Autofahrt. Totale Stille auf der Rückbank. Eigentlich herrlich, aber auch verdächtig. Beim Aussteigen sehen wir, wie Jonas den Innenraum des Fahrzeugs wild mit Buntstift-Kritzeleien verschönert hat.*

***Glücklich:** Wir liegen gemütlich im Zelt. Ich habe beide Mädels warm und sicher im Arm. Langsam fallen mir die Augen zu. Kein Reiseerlebnis des Tages kann mir so ein Gefühl von Zufriedenheit vermitteln.*

Leuchtendes Meer – Mexiko

„Was für süße Locken. Que bonita. Aus Deutschland? Gut! Gut! Ihr habt drei Kinder? Willkommen in Mexiko. Schön, dass ihr da seid. Können wir ein Foto machen für Facebook? Willkommen." (Maria, Kellnerin in einer Taqueria)

Die Feuchtigkeit liegt wie ein dicker Vorhang auf dem Platz. Scheinwerfer erhellen die Dunkelheit und tauchen die Kathedrale in rotes Licht. Die beiden Trommler geben wirklich alles. Ihr wildes Auf und Ab gibt den Rhythmus vor, zu dem sich die acht Spieler scheinbar mühelos bewegen. Der Beat übertönt die Menschenmenge trotz des Raunens, wenn einer der Spieler es mal wieder fast geschafft hat. Die Atmosphäre in Mérida ist wirklich magisch. Die ganze Stadt hat sich hier am Wochenende auf dem Plaza Central versammelt, um beim Festival dabei zu sein. Überall sind Essensstände aufgebaut und es dampft verführerisch aus den Garküchen. Rauchschwaden ziehen von den Grillplatten herüber, auf denen das Fleisch kleingehackt mit Kräutern und Gewürzen vor sich hin brät: Tacos, Empanadas, Quesadillas und Burritos werden hier von flinken Händen zubereitet. Die Mexikaner sind ausgelassen und haben sich jetzt zum Höhepunkt des Abends versammelt. Um den Platz herum drängen sich die Menschenmassen und alle folgen dem Pelotaspiel.

Wir tauchen in die Kultur Mexikos ein. Pelotaspiel auf dem Plaza Central in Mérida

Méridas koloniale Altstadt begeistert auch die Kinder

Hanna, Eva, Jonas und Julia konnten sich einen Stehplatz auf einer alten Steinsäule sichern und haben beste Aussicht. Ich versuche zwischen den Menschen hindurch einen Blick zu erhaschen. In der Mitte des Spielfeldes steht ein großer Ring aus Stein. Auf jeder Seite davon versuchen fünf Spieler einen brennenden Ball durch die Luft zu werfen. Ähnlich wie beim Volleyballspiel ist nur eine kurze Berührung erlaubt – eine längere würde auch zu einer Verbrennung führen. Die Spieler versuchen sich den Ball so zuzupassen, dass sie möglichst nah an den Ring kommen. Dann springt ein Spieler in die Luft und versucht den Ball mit einem Schmetterschlag durch den Ring zu schießen. Gelingt dies, wird das unter frenetischem Applaus der Menge gefeiert. Das Spiel ist eine Mischung aus Sport, Artistik und Show. Der brennende Ball ist dabei das absolute Highlight. Spieler dürfen sich hier keine Fehler erlauben.

Tacos mit frisch gebratenem Fleisch. Wir lieben die mexikanische Küche

Mérida ist die Hauptstadt der Yucatán-Halbinsel, ihr kulturelles Zentrum und eine Stadt mit einer langen Geschichte. Die Innenstadt ist wunderschön, viele Gebäude wurden vor über 100 Jahren im Kolonialstil gebaut. Wir wohnen im Hotel Colon Mérida, ein altes Jugendstilhotel, dessen besten Tage allerdings schon lange vorbei sind. Es lebt aber immer noch von seiner prunkvollen Fassade, den bunten Boden- und Wandfliesen, majestätischen Holztreppen, einer ausladenden Eingangshalle und einem riesigen Pool, der in einem tropischen Garten voller Obstbäume und Bananenstauden liegt. Zum Glück ist Mexiko ein sehr günstiges Reiseland, sodass wir uns als Familie diesen Prunk leisten können. Trotzdem haben wir ein Dreibettzimmer gebucht. Ansonsten müssten wir zwei Zimmer nehmen. Das wollen wir aber auf keinen Fall. Ich möchte mit meiner Familie während unserer gemeinsamen Zeit ganz eng beisammen sein und nicht das Gefühl haben, dass meine Kinder woanders schlafen. Hier kommt uns der Rest unserer Campingausrüstung zugute. Wir haben noch drei Isomatten mitgenommen. Jonas und Eva machen es sich darauf nachts auf dem Boden bequem. Viel freie Fläche im Zimmer gibt es bei unserem Nachtlager nicht mehr. Aber keiner meckert oder streitet um einen Bettplatz. Auch für die Kinder ist es in Ordnung so zu schlafen. Eine Alternative kennen sie schließlich auch nicht.

Auf dem Markt türmen sich die Süßigkeitenberge – ein Kindertraum

Höhepunkte gibt es für mich in dieser Stadt viele: Das Essen an den Straßenständen, die pompösen Stuckfassaden, die gut erhaltenen Herrenhäuser mitsamt ihrer Einrichtung aus der Kolonialzeit. Der Gang in die Kathedrale während des Gottesdienstes. Wenn hunderte Stimmen auf Spanisch Ave Maria singen. Ich liebe das Gewusel auf dem zentralen Platz. Schuhputzer werben um Kunden, Zeitungsverkäufer wedeln mit ihren Zeitungen herum. Leierkastenspieler wirken wie ein Relikt aus dem letzten Jahrhundert. In den Bäckereien können wir zuschauen, wie junge Mädels aus Teigklumpen flache Maistortillas kneten. Auf dem Markt wechseln sich Gemüsestände mit Suppenküchen ab. Halbe Schweine hängen von den Decken der Metzgerbuden herunter. Berge von Süßigkeiten türmen sich in den Auslagen. Devotionalienstände bieten Marienfiguren für die katholische Bevölkerung. Auf offener Straße können wir uns hier die Haare schneiden lassen.

Der Pool ist aber der Lieblingsplatz in der Schwüle Méridas

Hausaufgaben müssen leider auch hier gemacht werden

Die Kinder nehmen die Stadt ganz anders war. Sie beeindrucken Kolonialfassaden wenig. Auch das würzige Essen der Straßenstände kommt bei den dreien unterschiedlich an. Frage ich sie nach den Highlights des Tages, so höre ich nur: Pool. Zugegeben, der Süßigkeitenstand hat sie mit offenen Mündern staunen lassen, aber der feuchten Hitze hier können wir nur schwimmend entkommen. Nach dem Aufstehen, nach dem Frühstück, wenn wir aus der Stadt wieder kommen und abends vor dem Schlafengehen. Unsere Kinder lieben diesen Pool und wollen eigentlich gar nichts anderes hier tun. Es ist doch schön, dass wir mit unserem Hotel und dieser alten Kolonialstadt eine gute Mischung für die ganze Familie getroffen haben.

Wir haben Vancouver vor einer Woche verlassen, um in diese bunte, heiße Welt einzutauchen. Wir haben genau den richtigen Zeitpunkt erwischt. Mitte September hat sich das Laub langsam verfärbt, die Nächte wurden feucht und kühl. In einer Blockhütte im Wald mag das eine wunderschöne Atmosphäre sein. Oder wenn man geschützt hinter einer Panoramascheibe stundenlang (romantisch zu zweit) aufs Meer schaut und der Kaminofen bollert. Aber im Zelt fing es an ungemütlich zu werden. Um acht Uhr abends war es dunkel. Unsere Abendessen im Schein der Taschenlampen waren eine besondere Erfahrung. Kanada war wunderschön. Ich habe die Freiheit gemocht mit dem Auto an alle Orte fahren zu können, an die wir wollten. Ich habe die Weite geliebt, die Natur, die Nationalparks, die Tiere, die Wälder, das Wasser und ganz besonders die Menschen. Jeden Tag haben wir Menschen kennengelernt und jeden Tag haben Menschen unsere Reise zu etwas ganz Besonderem gemacht. Trotzdem war es an der Zeit für einen Wechsel. Wir wollten gerne mit unseren Kindern noch etwas anderes ausprobieren: In rummelige nicht-westliche Länder eintauchen. Ein einfacheres Leben spüren. Noch weiter hinter unseren Horizont segeln. Den Geschmack Lateinamerikas kosten. Auf einer klassischen Backpacking-Tour.

Wir fliegen von Vancouver nach Cancún, dem größten Touristenzentrum Mittelamerikas. In unserem ersten Hostel genießen wir, dass unser Gepäck leichter wird. Wir haben immer noch unsere Campingausrüstung dabei und warme Klei-

Unser erster Tag in Mexiko. Unser Gepäck wird zum Glück viel leichter

dung für die kalten Nächte. Die brauchen wir hier ganz sicher nicht mehr. Selbst nachts ist es immer noch klebrig heiß. Gambino, unser freundlicher Hostelmanager, verstaut die Sachen sicher bis zu unserer Rückkehr. Falls wir denn wirklich nochmal wiederkommen und von Cancún zurück nach Hause fliegen sollten. So genau wissen wir das gerade noch nicht. Wir haben immer noch keinen Rückflug gebucht. Ich möchte mich ganz in diese Reise fallen lassen und schauen was und wohin mit unseren drei Kindern möglich ist. Zur Not verlieren wir halt unsere Outdoorsachen und ein paar extra Klamotten. Aber mit dem großen Gepäck, das unser Minivan bisher komfortabel transportiert hat, können wir unmöglich weiterreisen. Unsere Last ist deutlich leichter geworden, allerdings nicht so leicht, wie ich mir das wünschen würde. Ich könnte sehr minimalistisch leben, aber mit Kindern kommt Julia schnell in die Gedankenspirale:

„Dieses könnte man ja gebrauchen und jenes auch noch. Was, wenn es in Mexiko doch kalt wird und wir diesen warmen Drittpullover nicht dabei haben? Regenjacken wegen der Regenzeit könnten doch sinnvoll sein, nicht dass sich die Kinder erkälten." Ein riesiger Medikamentenbeutel ist für Julia unverhandelbar, genau wie ihre drei gebundenen Tagebücher, die sie schon in Kanada nicht beschrieben hat. So starten wir mit einem riesigen Trolley, einem Backpack und drei Daypacks. Zum Glück können wir unsere TÜV geprüften Kindersitze zurücklassen. Ich bin glücklich, dass wir diese Reise machen können und so sehe ich das positiv: Ich werde nach der Reise sehr fit sein.

Vor Mérida besuchen wir die wunderschöne Isla Holbox. Sie ist weit genug weg von Cancún, dass sich die meisten Touristen nicht auf die Insel verirren, wir sie aber problemlos mit öffentlichem Bus und Fähre erreichen können. Nach wie vor gibt es auf dem Inselchen keine asphaltierten Straßen, nur ein kleines Stadtzentrum, hunderte Kokospalmen und puderweißen Strand. Über dem Meer stehen Fregattvögel im Wind und halten Ausschau nach unvorsichtigen Fischen. Pelikane schwimmen träge in der leichten Brandung.

Das seichte Wasser der Lagune der Isla Holbox …

Wir reisen während der Regenzeit. Vorgestern hat es sintflutartig geschüttet. Gestern auch. Heute auch. Die Straßen der Insel sind geflutet, eine Kanalisation hat hier noch niemand gebaut. Wir waten durch Pfützen, wenn wir zum Strand gehen. Laufen um Pfützen, wenn wir in den kleinen Taquerias zu Abend essen. Springen in den Pfützen, wenn wir den Spielplatz am Plaza Central besuchen. Gestört hat mich die Regenzeit während unserer Reise kein einziges Mal. Trotz Regens ist es immer warm, die meiste Zeit des Tages ist niederschlagsfrei. Meistens zieht ein heftiger Regenguss am Nachmittag auf. Den verbringen wir gemütlich unter einem luftigen Dach in einem kleinen Restaurant und staunen über das laute Trommeln der Tropfen. So heftig, wie der Guss aufzieht, so schnell ist er auch wieder vorüber. Einen großartigen Vorteil

… ist perfekt zum Baden für uns

bietet die Regenzeit: nur wenige Touristen verirren sich in diesen Monaten hierher – wenig besuchte Attraktionen und günstige Hotelpreise als Konsequenz. Da wir fast täglich am und im Wasser sind, kommen die Kinder auch erstaunlich gut mit diesem neuen Klima klar.

Unsere Kinder sehen Flamingos zum ersten Mal in freier Wildbahn

Hier im Golf von Mexiko kann ich mir einen lange gehegten Traum erfüllen: Vor den Gewässern der Insel versammeln sich zu dieser Jahreszeit große Massen an Plankton. Die für den Menschen nicht sichtbaren Kleinstlebewesen sind beim größten Fisch der Welt, dem Walhai, als Futter sehr begehrt. Diese schwimmen im Sommer durch die Gewässer Mexikos, um sich mal richtig satt zu essen. Für den Menschen sind die eleganten Tiere völlig harmlos. Für das Plankton weniger: Walhaie schwimmen mit weit geöffnetem Maul durchs Meer und filtern alle essbaren Kleinstlebewesen heraus. Das überschüssige Wasser strömt durch ihre Kiemen wieder aus dem Körper heraus.

Zwei Stunden fahre ich mit einem Motorboot weit hinaus aufs offene Meer. Unseren Kindern wollten wir diese anstrengende Tour nicht zumuten. Deshalb fahren heute ich und morgen Julia allein los. Nach zehn Wochen permanent geteilter Zeit tut so ein Tag ohne Familie auch einfach mal wieder gut – für alle. Ich meine, es ist für das Familienleben auch bereichernd, wenn wir Dinge getrennt erleben und nachher den anderen berichten können, wie unser Tag war.

Im Boot sitzen schon ein paar gut gelaunte Backpacker aus Holland und Belgien. Unser Kapitän gibt Gas, wir preschen über das grüne Wasser, hüpfen über die Wellen und verlieren das Land aus den Augen. Währenddessen hält unser Kapitän Ausschau nach einer Flosse. Andere Boote haben das schon schneller geschafft und so sehen wir nach einer langen Fahrt ein bizarres Bild. 20 Boote bilden auf offenem Meer eine Schlange. Dort, wo sie beginnt, sehe ich eine dunkle Flosse durchs Wasser gleiten. Da es strenge Regeln zum Schutz der Tiere gibt, reiht sich unser Boot ein und wir warten geduldig, bis wir dran sind. „Go, go, go“, ertönt es dann und schon bin ich mit Guide und Belgiern unter Wasser. Die Sichtweite ist leider nicht sehr gut. Ich brauche, um mich in dem Grün zu orientieren. Aber dann nehme ich die Bewegung war. Schemenhaft kommt etwas näher. Ich erkenne ein riesiges Maul. Grau, groß, ein gutes Stück vor mir. Immer näher schwimmt das weit geöffnete Maul auf mich zu. „Sie sind ungefährlich, sie tun Menschen nichts!“, schießt es durch meinen Kopf. „Vor mir ist ein riesiges Maul. Es kommt näher!“, ebenfalls. Er ist so nah, dass ich meinen Arm ausstrecken könnte, um ihn zu berühren. Dann gleitet er elegant an mir vorbei. Ich erkenne seine Augen, seine Kiemen und seinen gepunkteten Körper. Seine Seitenflosse. Der Körper scheint nicht enden zu wollen. Langsame Bewegungen mit seiner Schwanzflosse. Dann verschwindet er im Grünen. Harmlos, elegant, gewaltig. Anderthalb Minuten hat diese Begegnung gedauert und unser Guide deutet uns an, dass wir zurückschwimmen sollen. Dann sind die nächsten dran. Völlig elektrisiert von unserer Begegnung klettere ich wieder ins Boot. Euphorie schwappt im Boot hin und her. Wir alle sind völlig begeistert von dieser Begegnung und dürfen später noch ein weiteres Mal ins Wasser.

Die Erfüllung eines langen Traums. Ich sehe einen Walhai direkt vor mir

Zurück an Land, erzähle ich von meinem Erlebnis. Hanna ist enttäuscht, weil Papa sie nicht mitgenommen hat. Allerdings wäre die lange Fahrt im Boot nichts für sie gewesen. Auch das Schwimmen draußen im Ozean ist noch zu gefährlich für eine Siebenjährige. Ich verspreche ihr, dass wir noch eine Bootstour machen, und so fahren wir mit der ganzen Familie durch die Lagune südlich der Insel. Wir beobachten Flamingos, wie sie im seichten Wasser nach Krebsen fischen. Wir landen an einer Insel an, wo wir in einer glasklaren Süßwasser-Cenote schwimmen. Diese Höhlen gibt es überall auf der Yucatán-Halbinsel, stets sind sie mit Wasser gefüllt und laden zum Schwimmen ein. Auf dem Weg durch die Mangroven beobachten wir riesige Geisterkrabben, wie sie pfeilschnell in ihren Löchern verschwinden. Leguane sonnen sich auf dem schlammigen Boden. Wir waten durch das türkisfarbene Wasser um die Insel herum und toben gemeinsam im Wasser. Wohlfühlzeit. Die Kinder genießen diesen Bootsausflug in vollen Zügen. Hanna liebt es, so viele Tiere zu sehen, Jonas und Eva verlieren sich im Planschen.

Das größte Naturwunder von Holbox zeigt sich aber nur in der finsteren Nacht: Im Meer sorgen die Mikroorganismen nicht nur für Walhai-Futter, sondern auch für ein romantisches Phänomen – Meeresleuchten. Wenn die Bedingungen perfekt sind, glimmt und glüht das ganze Meer. Ausgelöst wird es, wenn sich die Mikroorganismen durch Bewegungen gestört fühlen und absolut kein Licht vorhanden ist – weder von Sonne noch Mond, auch nicht durch künstliches Licht vom Städtchen. Also wandern wir nach Sonnenuntergang Richtung einsames Westende. Obwohl es schon Schlafenszeit für die Kinder ist, wollen wir unbedingt nochmals ein Abenteuer erleben. Die von einem Guide geführten Ausflüge im Meer waren schön, sicherlich auch nicht anders zu organisieren, aber wir lieben es einfach auf eigene Faust Geschichten zu schreiben, die wir uns noch nach der Reise erzählen werden. Soviel Abenteuer, wie es mit drei kleinen Kindern nur irgendwie geht.

Wir verlassen das kleine Städtchen und betreten dunkles Buschland. Wir waten durch schlammige Pfützen und hoffen, dass keine Überraschungsgäste drin wohnen. Wir wehren Moskitos ab und bahnen uns unseren Weg im Licht unserer Handys. Vereinzelt stehen Häuser im Buschland, an manchen Weggabelungen wissen wir nicht weiter. Wir überqueren einen Zaun. So dunkel und abgelegen ist es unheimlich. Jonas und Eva sind müde und knatschig, beide Kinder tragen wir. Auch ohne die zusätzliche Last wäre der Weg schon schweißtreibend genug. Hanna läuft tapfer, obwohl sie lieber im Bett liegen würde. Ich bin beeindruckt. Die Situation ist irgendwie gruselig, aber unsere drei vertrauen darauf, dass

Mama und Papa richtige und sichere Entscheidungen treffen werden. Volles Urvertrauen. Heimlich frage ich mich, ob es wirklich eine gute Idee war, diesen einsamen Weg zu laufen. Lange werden wir es nicht mehr schaffen, die Kinder bei Laune zu halten. Ich fühle mich mehr und mehr verloren, obwohl wir nicht mehr soweit vom Strand entfernt sein können. Dann hören wir Stimmen hinter uns. Eine mexikanische Familie holt uns ein und läuft mit uns, sonst wäre vielleicht die Stimmung gekippt. Wir wären möglicherweise aus Sicherheitsbedenken umgedreht. Ich hätte zähneknirschend bereut, nicht einen Guide engagiert zu haben. Aber in der Gruppe ist man stärker. Wenige Minuten später kann ich das Meer in der Schwärze förmlich fühlen. Jetzt laufen wir über Sand und stehen am stockdunklen Strand. Eine Handvoll anderer Besucher hatte die gleiche Idee und ist schon im Meer. Auch wenn ich sonst mehr die Einsamkeit mag, hier in der Dunkelheit mit meiner Familie gibt mir das ein beruhigendes Gefühl. Im Dunklen schwimmen ist ohne Kinder schon gruselig genug, mit Kinder vielleicht sogar leichtsinnig? Vor uns liegt das ruhige schwarze Wasser, zum Glück nur knietief. Wir machen die Kinder badefertig. Mutig gehen sie an unseren Händen hinein. Sofort als wir ins Wasser gehen, passiert es. Ganz von allein. Lichtblitze zucken neben unseren Füßen. Blaue Lämpchen funkeln überall um uns herum. Je mehr wir uns bewegen, desto mehr leuchtet alles. Wir werfen uns in das flache Wasser. Mein Körper schwebt in einer blauen Leuchtwolke. Millionen Lichter funkeln, leuchten, prickeln. Verwandeln die Schwärze in Magie. Jonas quietscht elektrisiert. Eva watet vorsichtig im Flachen umher und geht zurück aufs sichere Land. Hanna tobt wild herum und spritzt Wasser auf. Alle Anspannung fällt von uns ab. Wir leben nur diesen Moment. Die Zeit scheint still zu stehen. Der Weg hat sich gelohnt. Sowohl der kurze gruselige hierher als auch der lange von Kanada. So geht Freiheit. Gemeinsam als Familie haben wir die nächste Herausforderung der Reise gemeistert. Wir fünf erleben in der Dunkelheit Mexikos ein Schauspiel nicht von dieser Welt.

Wahnsinnig: *Auf dem dunklen Rückweg zur Stadt muss ich Eva auf den Schultern tragen. Ihr Schreianfall macht deutlich, dass sie schon lange im Bett liegen sollte. Ich verhebe mich beim Hochheben, sodass ich zwei Tage lang nur krumm gehen kann.*

Glücklich: *„Papa, ich massier dich jetzt."*

Guatemala – Die Mayastadt Tikal nur für uns

„Wo kommst du her? Wie heißt du? Wie viele Kinder hast du? Ich habe ein paar Jahre in den USA gelebt und auf Feldern gearbeitet. Nicht gut! Hier in Guatemala ist es besser. Meine Familie ist hier. Ich habe fünf Kinder." (Miguel, Puerto Fronterizo, getroffen im Collectivo an der Grenze)

Von Palenque nehmen wir den Nachtbus zum Grenzfluss. Dann setzen wir mit einem kleinen Taxiboot ...

.... nach Guatemala über

Vor drei Tagen sind wir über die Grenze von Mexiko nach Guatemala gefahren. Von der Isla Holbox über Mérida, dann nach Palenque und per langem Bustransfer nach Flores in Guatemala. Ich habe über feuerspuckende Vulkane und antike Mayastädte gelesen. Vulkanseen und abgelegene Dörfer. So haben wir den Entschluss gefasst, nach Guatemala überzusetzen, um danach in den kleinen Karibikstaat Belize zu reisen, von wo aus es zurück nach Cancún in Mexiko geht: Zurück zu unserem Gepäck und unserem nun gebuchten Rückflug nach Deutschland. Per Boot haben wir den Grenzfluss passiert, der die beiden Länder trennt.

Jetzt also Guatemala. Das kleine Land gefällt mir von der ersten Sekunde an. Freundlichkeit. Aufgeschlossenheit. Lachen. Herzlichkeit von allen Seiten. Selbst die Formalitäten an der Grenze waren unkompliziert. Ausstempeln in Mexiko, einstempeln in Guatemala, Reisepass wieder wegpacken, dann weiter ins Collectivo, den Sammelbus. Jeder, der entlang der Strecke steht und den Arm hochhält, fährt für ein paar Münzen ein Stück mit. Abfahrtszeiten und Fahrpläne gibt es nicht. Irgendwann, wenn der Fahrer es für richtig hält, setzt sich der Bus in Bewegung und kommt irgendwann an seinem Ziel in Flores an. Vielleicht sollte die Deutsche Bahn diese Taktik übernehmen. Denn anders als in Deutschland lächeln alle Passagiere, wenn der Bus kommt und dass er überhaupt kommt. Schon hier merken wir schnell, dass Guatemala weit weniger entwickelt ist als die Yucatán-Halbinsel. Die Straße ist nicht asphaltiert, bei den vielen Schlaglöchern kommen wir nur langsam voran.

Der See der Halbinsel Flores ist ideal, um Nordguatemala zu bereisen

Auf der Fahrt werden wir ständig von den Einheimischen angesprochen. Speziell die Haare unserer Kinder sind der Eisbrecher schlechthin. Zwei blonde Kinder und dann noch Evas Locken begeistern alle. Zum Glück habe ich in der Schule ein Jahr Spanisch gelernt. Auch wenn es mittlerweile nur noch ein paar Sprachbrocken sind, diese Brocken helfen bei all den freudigen Gesprächen mit den Guatemaltecos. Auch dann, wenn ich älteren Damen klar machen muss, dass Eva es hasst, wenn ihr Fremde im Vorbeigehen durch die Haare wuscheln. Schon in Mexiko war sie ständig Opfer dieser gut gemeinten und hier anscheinend völlig normalen Wuschelattacken.

Am Badesteg können die Kinder Stunden verbringen

In der Nähe von Flores besuchen wir die Ruinen einer der bedeutendsten Tempelstädte Mittelamerikas: Tikal. Die Maya-Stadt wurde von der damaligen Hochkultur im 3. bis 9. Jahrhundert in den Dschungel gebaut. Sie ist bekannt für ihre Palastkomplex und Stufentempel, Fresken und Stelen. Dazu ist sie eine der imposantesten Ausgrabungsstätten in Mittelamerika. Wir wohnen in einem kleinen Hotel direkt am Parkeingang und freuen uns wieder mal, dass Nebensaison ist. Hier eine Unterkunft zu bekommen, ist sonst schwierig, da Anbieter geführter Touren hier ihre Gäste unterbringen und die Unterkünfte lange vorbuchen. Um Tikal richtig zu erleben, ist es wichtig, die Nacht hier zu verbringen. Denn die Wirkung der alten Paläste entfaltet sich besonders früh morgens und abends. Wir laufen mit unserem obligatorischem Guide Alvaro am späten Nachmittag zu einer Aussichtsplattform auf einen der alten Tempel. Verwunschene Bäume säumen den Weg, Lianen hängen herab. Seltsame Geräusche hallen durch die Luft. Ich erkläre Alvaro, dass ich darauf baue, meine Tochter hier mit Tierbegegnungen glücklich zu machen. Prompt entdeckt Alvaro einen Tukan in einer Baumkrone. Den hätten wir allein niemals entdeckt. Dann stehen wir vor einem gigantischen steinernen Bauwerk, einem Tempel mit großer Aussichtsplattform auf der Spitze. Langsam erklimmen wir die vielen Stufen und sind völlig außer Atem, als wir die Plattform erreichen. Wir stehen oben auf der Maya-Pyramide. Die Kinder toben auf der Plattform und wir haben ein wenige Sorge, dass sie über die nicht vorhandene Brüstung in die Tiefe fallen könnten. Aber hier zu sein ist fantastisch. Wir sind umgeben von dichtem Wald. Überall ragen steinerne Kuppeln zwischen den Bäumen empor. Die Sonne geht träge hinter einer dicken Wolkenschicht unter. Dann wird mir bewusst, welchen Luxus wir gerade erleben. Um Tikal abends zu besuchen, muss man mit Guide über das riesige Gelände laufen. Alvaro war der einzige Guide, der heute Dienst hatte. Wir sind also die einzigen Besucher in der ganzen Ruinenstadt. Kein anderer Tourist hat sich so spät hierher verirrt. Ein Hoch auf die Nebensaison. Das fühlt sich so viel besser an als die Massen am Lake Louise in Kanada.

Am späten Abend erklimmen wir eine Aussichtsterrasse und haben die Ruinenstadt Tikal nur für uns

Auf dem Rückweg, als wir kaum noch die Hand vor Augen erkennen können, laufen wir über die Gran Plaza, da wo sich früher das Leben abgespielt hat. Vor mehr als 1300 Jahren. Anders als bei der Wanderung zum Meeresleuchten fühlen wir uns diesmal zwar nicht ganz so frei, dafür aber entspannter. Es ist stockdunkel und unheimliche Geräusche ertönen um uns herum. Unser Guide führt uns sicher durch den dichten Wald zurück zu unserem kleinen Hotel am Parkrand. Morgen werden wir aber auf eigene Faust zurückkehren.

In Tikal werden wir von Tierbegegnungen nur so überschüttet

Die Nacht ist sehr geheimnisvoll. Krach. Ab vier Uhr morgens hallt durchgehend ein schabendes Geräusch durch den Wald. Die Brüllaffen sind anscheinend Frühaufsteher und lieben es so früh miteinander zu plaudern. Neben unserer Hütte höre ich weitere fremdartige Geräusche. Vögel? Waldtiere? Ich kann es nicht zuordnen, aber es ist unheimlich und verlockend zugleich. Ich freue mich schon darauf, neben den Pyramiden heute im Wald mit den Kindern viele Tiere zu entdecken.

Zahme Nasenbären lassen sich füttern, Affen kommen uns ganz nah

Heute nehmen wir uns einen vollen Tag für die Mayastadt und ziehen mit einem schweren Rucksack voll Proviant los. Weit kommen wir nicht. Der Ruf der Brüllaffen hallt immer noch über die Wiese neben unserer Hütte. Zwischen den Ästen können wir die Tiere gut beobachten. Sie liegen gemütlich auf einem Ast und lassen ihr namensgebendes Gebrüll ertönen. Obwohl sie nicht größer als ein Hund sind, können sie einen Lärm machen, den man noch bis zu fünf Kilometer weit hören kann. Nur kurz darauf stoppt uns eine Herde Nasenbären. Diese knuddeligen Mini-Bären durchsuchen den Boden nach Nahrung und sind hier an die Menschen gewöhnt. Sie kommen ganz nah. Unsere drei Kinder füttern sie mit Brot, für das die Nasenbären sogar Männchen machen. In den Bäumen sucht eine Gruppe Tukane nach Futter. In dem nahen Tümpel sonnen sich zwei Krokodile. Hanna ist völlig aus dem Häuschen. Sie spricht schon so lange von Krokodilen, Youtube Natur-Videos sei Dank.

Eine tierreiche Stunde später erreichen wir den Parkeingang, der eigentlich direkt neben unserem Hotel liegt. Wir besuchen heute viele antike Bauwerke. Erklimmen hunderte Stufen und wundern uns darüber, wie die Monumente ohne Kran und Betonmischer gefertigt werden konnten. Wir bewundern die Fresken, die in den Stein gehauen wurden. An den antiken Palästen wird vor unserem geistigen Auge das Leben vor vielen Jahrhunderten wach. Pelota wurde auch gespielt.

Zwischen den freigelegten Pyramiden sind noch viele überwucherte Hügel zu sehen. Unter allen liegt eine Pyramide, die noch nicht ausgegraben und untersucht wurde. Die Archäologen werden hier in den nächsten Jahrzehnten nicht beschäftigungslos sein.

In der geheimnisvollen Mayastadt ...

... warten große Steinpyramiden auf uns

Auf einigen dürfen wir sogar hochklettern

Das ganze Gelände ist dicht mit Wald überwuchert. Überall raschelt es. In den Kronen beobachten wir Totenkopfäffchen, wie sie über Äste laufen. Sie halten sich geschickt mit ihrem Schwanz an Zweigen fest und pflücken mit ihren Händen Früchte. Weitere Nasenbären belagern uns und wollen Futter. Agoutis, kleine Meerschweine, grasen gemächlich auf den Wiesen. Die Erinnerungen an diese bedeutende Mayastätte, die Dschungeltiere und die wenigen Touristen, die in der Nebensaison durchs Bild laufen, gehören zu den schönsten unserer Mittelamerikareise.

Julia und ich sitzen auf dem Steg der Halbinsel Flores in Guatemala. Wir haben beide eine Kaffeetasse in der Hand und genießen das warme Morgenlicht. Die Aussicht ist fantastisch: Vor uns liegt eine Landzunge, die von dichtem Dschungel überwachsen ist. Palmengedeckte Häuser säumen das Ufer. Eine kleine Insel zum Hinschwimmen nah ist im See zu sehen. Unsere Kinder planschen um uns, springen vom Steg und genießen das warme Wasser. Uns geht es so gut. Während ich gemütlich an meiner Kaffeetasse schlürfe und mir das noch einmal voll Dankbarkeit bewusst mache, setzen sich zwei Jungs neben mich. Sie sind vielleicht gerade mal volljährig. Sie tragen beide zerschlissene Kleider und einen abgewetzten Rucksack, an dem ein Fensterwischer steckt. Einer von beiden läuft barfuß. Ich habe schon öfter gesehen, dass an Kreuzungen mit langen Rotsignalen junge Männer stehen und für ein paar Münzen Windschutzscheiben putzen.

Die beiden Jungs sind Migranten aus Honduras und sind losgezogen, um Geld zu verdienen. „Hast du einen Dollar für uns?", fragen sie mich. Ich bekomme Beklemmungen. Hier werden wir mit der Wirklichkeit unserer Reise konfrontiert, nicht nur mit den Touristenhighlights. Es ist eine schwierige Situation für mich, denn ein Dollar ist für mich nichts. Uns geht es gut und verglichen mit honduranischen Straßenjungs sind wir Millionäre. Aber irgendetwas in mir zuckt zusammen. Bettelei zu unterstützen ist keine gute Sache. Und die Jungs sind in einem arbeitsfähigen Alter. In Entwicklungsländern sind Krankheiten, Alter oder Behinderungen wirklich ein Problem. Hier würde ich eine Ausnahme machen. Aber bei jungen Menschen produziert man so auch schnell Abhängigkeiten. Trotzdem summt in meinem Kopf immer noch der Gedanke, dass es für mich auch kein Problem wäre, Geld zu geben. Ich drücke den beiden meine Kaffeetasse in die Hand und noch zwei Äpfel und eine Kokosnuss. Die beiden freuen sich über ihr Frühstück, lachen und wünschen uns noch einen schönen Tag. Ich glaube, das war die richtige Entscheidung, da wir grundsätzlich auch Hilfsorganisationen finanziell unterstützen. Die wissen besser, wie man mit Geldspenden die einheimische Be-

In den Baumkronen entdecken unsere Kinder permanent Spannendes

Wie sah dieser Ort wohl zu seiner Blütezeit aus?

völkerung unterstützen kann, ohne Bettelei, Alkoholismus oder Drogenkonsum zu fördern. Ein ganz komisches Gefühl bleibt und ich bin froh, dass Hanna, Eva und Jonas später wahrscheinlich nicht gezwungen sein werden, aus Armut unsere Familie zu verlassen und sich auf den langen Weg ins Unbekannte zu machen.

„Es ist besser, wenn die Menschen ein Einkommen über Arbeit haben", denke ich mir. Aber das ist in einem armen Land wie Guatemala leichter gesagt als getan. Ich habe mich in den letzten Tagen oft über die Straßenstände in Guatemala gewundert. Entlang der Landstraßen sitzen Frauen an einem Tisch und bieten Kokosnüsse und Bananen an, die in ihren Gärten wachsen. Kunden scheinen sie so gut wie keine zu haben. An ihren Ständen ist es immer leer und sie tippen auf ihrem Handy herum. Ich runzele ein wenig die Stirn, über ihre Produktivität: In Deutschland wäre es nicht möglich, stundenlang an einem Verkaufsstand zu sitzen und nicht zu verkaufen. Aber wir in Europa haben leicht reden. Denn aktuell haben wir nicht nur Vollbeschäftigung, sondern sogar Fachkräftemangel. Wer in Deutschland also qualifiziert und motiviert ist, wird kaum Probleme haben, einen Job zu finden. Das sieht in Guatemala aber ganz anders aus. Es gibt kaum Arbeit. Deshalb versuchen viele sich mit ein bisschen Farmarbeit und Verkäufen aus ihren großen Gärten über Wasser zu halten.

Weil es so wenig Arbeit und Einkommen gibt, hat sich ein eine große Migrationsroute entwickelt. So wie die beiden Jungs aus Honduras verlassen viele Männer aus Süd- und Mittelamerika ihre Familien und machen sich auf den langen Weg in die USA. Den Transfer verdienen sie sich unterwegs als Hilfsarbeiter oder Scheibenputzer. Angekommen in Nordmexiko versuchen sie illegal die Grenze zu den USA zu überqueren. Dort arbeiten sie auf den Feldern als Erntehelfer. Als illegale Einwanderer haben sie keine Rechte. Sie arbeiten unter schwierigen Bedingungen für einen Hungerlohn. Ihre Arbeitgeber sind oft Mexikaner, die schon lange in den Vereinigten Staaten leben. Diese behandeln die Neuankömmlinge allerdings schlecht, es scheint eine regelrechte Hackordnung zu geben. Irritierend, denn diese mexikanischen Vorgesetzten sollten doch eigentlich am eigenen Leib gespürt haben, wie schwierig ihre Reise war, bis sie es in den USA zu etwas gebracht haben. Die Gewinne, die diese mexikanischen Zwischenhändler erzielen, geben sie wiederum an die Landbesitzer in den USA ab. Diese arbeiten gar nicht für ihre Erträge, sondern besitzen nur das Land. Trotz des niedrigen Ertrags macht es einen großen Unterschied für die Menschen in Guatemala. Unser Tikal-Guide Alvaro hat genau dieses Schicksal hinter sich: „Mit 20 bin ich in die USA gezogen und habe dort sieben Jahre auf Feldern gearbeitet. Ich habe es gehasst. Danach bin ich wieder zurückgekommen. Immigranten schicken jährlich viele

Milliarden US-Dollar zurück nach Guatemala, um ihre Familien zu unterstützen. Unser Land wäre ohne dieses Geld schon lange kollabiert."

Getrieben von der Vorstellung auf ein besseres Leben machen sich so viele Menschen jeden Tag auf den Weg in die Vereinigten Staaten. Allerdings erfüllt sich der amerikanische Traum für die meisten nicht. Als illegaler Einwanderer wird man abschätzig angesehen. In Europa ist es nicht viel anders. Wir dürfen nicht einfach übersehen, dass ein Sockel unseres Reichtums billige Arbeitskräfte aus anderen Ländern sind. In Südspanien, in der Gegend um Almeria, sitzt die größte Obst- und Gemüseproduktion für Europa. So ziemlich alles Gemüse mit dem Label „Produziert in Spanien" stammt aus dieser Ecke. Viele Afrikaner machen sich jeden Tag auf den Weg, um in Südspanien in den Gewächshäusern zu arbeiten. Hier hoffen sie mehr zu verdienen als zu Hause. Hier dreht sich das gleiche Spiel ab. Sie kommen illegal nach Europa, arbeiten für einen niedrigen Lohn auf den Feldern, damit wir beim Discounter billiges Obst und Gemüse kaufen können. Vielleicht sollten wir uns in Europa mit mehr Wertschätzung, besseren Arbeitsbedingungen und Löhnen revanchieren.

Alvaro ist auf jeden Fall wieder zurückgekommen. Die harte Arbeit auf den Feldern war zu viel für ihn und mittlerweile hatte er Englisch gelernt. Seine Englischkenntnisse helfen ihm nun, um als Touristenführer gutes Geld zu verdienen, seine Familie zu versorgen und seinen drei Kindern eine gute Ausbildung zu finanzieren. Zurück in die USA will er nie wieder. In Kürze wird er in Ruhestand gehen – und er wird von seinem verdienten Geld leben können. Von einer Rentenkasse hat in Guatemala noch niemand gehört. Versorgt wird man hier von seiner Familie. Bis zum Tod lebt man mit seinen Kindern und Enkeln eng zusammen. Vorausgesetzt, sie sind nicht in die USA gezogen, um für einen Hungerlohn auf den Feldern zu arbeiten. Die Kinder kümmern sich um ihre Eltern im Alter. Immerhin ist es doch ein beruhigendes Gefühl, dass die Familienstrukturen hier zusammenhalten und füreinander da sind. Vielleicht lebe ich ja trotz Rentenkasse bis ins hohe Alter mit meinen Kindern eng zusammen. Das fände ich auch wirklich schön.

***Wahnsinnig:** Eva macht uns mit einem Wutanfall klar, dass sie beim Baden am Steg kein UV-Shirt tragen wird. Nichts hilft. Während wir abgelenkt sind, pinkelt Jonas in den Hotelflur.*

***Glücklich:** Am Steg sonnt sich eine guatemaltekische Familie mit Hundewelpen. Hanna, Jonas, Eva und ihr neuer Freund schwimmen, knuddeln und toben den ganzen Vormittag.*

Was sollen unsere Kinder lernen? Workaway in Guatemala

„In Guatemala sagt man: Man ist nur einmal Kind, aber erwachsen ein Leben lang. Also kauft euren Kindern Eiscreme!“ (Oliver, deutscher Hostelbesitzer in Flores)

„Ich spreche vier Sprachen. Spanisch, Englisch, Deutsch und die lokale Maya-Sprache Quatchikel“, sagt Lupè und wirkt mit ihren sieben Jahren kein bisschen altklug. Wir lernen sie und ihre Eltern Luzio und Henno in ihrem Haus im kleinen Dorf Jaibalito am Vulkansee Lago de Atitlan kennen. Die Kinder verstehen sich von der ersten Sekunde an und quietschen vergnügt durchs Wohnzimmer, wenn man diesen verrückten Raum so nennen möchte.

Wir haben eine lange Anreise hinter uns. 13 Stunden im Nachtbus von Flores nach Guatemala Stadt waren anstrengend. Meine Idee für Jonas kein Sitzplatzticket zu kaufen hat ihn zwar ruhig schlafen lassen, Julia aber weniger, da er es sich natürlich die ganze Nacht auf ihrem Schoß gemütlich gemacht hat. Die Mädels haben nach kurzem Protest über nicht vorhandene Betten auf ihren Sitzen durchgeschlafen. Zwei weitere Fahrten über Antigua an den Vulkansee machen unseren Tag nicht besser. Trotzdem ist es erstaunlich, wie gut unsere Kinder diese Reisestrapazen verkraften, wenn sie müssen. Kaum Gemurre und nur selten die altbekannten Fragen: „Wann sind wir endlich da?“ Trotzdem ist die Situation leicht angespannt, ich verspüre Julias Unzufriedenheit darüber, kein Sitzplatzticket für Jonas gekauft zu haben. Da Kinder unter vier Jahren gratis sind, hatte ich darauf spekuliert, dass noch ein Plätzchen frei wäre und wir Jonas so auch auf einen Sitz ablegen könnten.

Der Atitlán-See liegt im zwar Hochland, aber keinesfalls abgelegen. Die wenigen Touristen, die durch Guatemala reisen, machen hier alle einen Stopp, denn es gibt so viel zu entdecken. Viele ausländische Besucher kommen wegen der Spiritualität her, Hotels bieten Reiki-, Yoga- und Meditationskurse an. Andere kommen zum Wandern und um die Schönheit der Bergwelt zu genießen. Eigentlich alle wollen in die Ursprünglichkeit eintauchen, die hier immer noch präsent ist: Die Einheimischen sind die Nachfolger der Maya und leben immer noch ihre eigenen Traditionen. Das wird sofort bei der Kleidung deutlich: Jeans und T-Shirt sehen wir hier selten. Die Frauen tragen auf ihren schwarzen Röcken und Blusen farbenfrohe Strickmuster wie Blumen und abstrakte Linien. Kleinkinder sind in bunte Tücher auf die Rücken der Mütter geschnallt. Ältere Frauen haben lilafarbene Tücher in die Haare gesteckt, mit denen sie Würde und Identität ausstrahlen.

Ein Wassertaxi bringt uns vom Hauptort Panajachel auf den wunderschönen See. Unsere drei Kinder schreien fröhlich bei jeder Welle, über die wir holpern, Jonas kriegt sich gar nicht mehr ein vor Freude. Wir sind umgeben von drei gewaltigen Vulkanen, die im Dunst liegen und den See einrahmen. Am Ufer ziehen sich Steilhänge in die Höhe. Sie sind von dichtem Wald bewuchert, über den Schwarzgeier kreisen. In der Ferne blitzen die Häuser der kleinen Ortschaften auf. In jedem hier lebt eine andere Gemeinschaft mit ihrer eigenen Sprache und Weltansicht.

Wir legen am kleinsten Ort des Sees an: Jaibalito. Er so klein ist, dass es nur eine asphaltierte Straße gibt, die vom Steg bergauf in den Wald führt. An dieser Straße liegen fast alle Häuser, eine Handvoll Läden und Restaurants, tatsächlich auch zwei AirBnBs und die Kirche. Ein paar Expats leben hier, darunter ein deutscher Bierbrauer und eine deutsche Familie. Dahinter hört die Straße auf und wir folgen einem Waldweg. Der Aufstieg ist schweißtreibend, wir schleppen unser Gepäck über einen Fluss in der Hoffnung auf dem richtigen Weg zu sein. Unterwegs bin ich völlig irritiert, als mich ein Teenagerjunge auf Deutsch grüßt. Dann finden wir auf Steine aufgemalte Blumen, die zu einem experimentellen Haus mit

Der Atitlán-See liegt eingerahmt von drei Vulkan im Hochland Guatemalas

Auf dem Weg zu unserem Workaway brauchen wir eine Fähre ...

... und passieren kleine Dschungelpfade

Kräutergeschäft führen. Hier leben Luzio aus Kalifornien, seine Frau Henno, aus Guatemala, und ihre Tochter Lupè. Gefunden haben wir sie wieder über Workaway und wir werden für ein paar Tage bleiben. Luzio ist Anfang 50, hager und wirkt mit seinen langen Haaren wie ein Späthippie. Henno ist deutlich jünger, dynamisch, spricht fließend Englisch und bittet uns freudig in ihr Haus.

Das verrückteste Haus, in dem wir je gewohnt haben

Das Haus ist aus Bambus gebaut, sehr luftig über drei Etagen und um zwei Bäume herum konstruiert. Diese stützen auch die oberen Etagen und dienen teilweise als Treppenpfeiler. Ganz oben decken durchsichtige Stegplatten das Haus ab und halten uns während der Regengüsse trocken. Durchgehende Wände gibt es nur im Erdgeschoss, sonst ist alles offen. Ich denke an unser Haus in Deutschland. Wir haben jede Treppe mit Treppengittern gesichert, damit unsere Kinder auch keinen Unfall haben können. Hier könnte man einfach über den Rand der Etagen in die Tiefe fallen. An den Bäumen im Haus sind lange Tücher befestigt, mit denen die Kinder durch das Wohnzimmer schwingen und richtig hoch klettern können. Ein Massageraum und ein Verkaufsraum für Kräutertees und Tinkturen runden das Haupthaus ab. Im Nebenhaus befindet sich unser Schlafraum, der tagsüber als Kursraum für Massage genutzt wird. Kräuter- und Massageseminare sind die Haupteinkommensquelle der beiden. Eine Bambusetage darüber haben die beiden einen Schulraum eingerichtet, in dem jeden Tag eine Lehrerin Lupè und ein paar weitere Dorfkinder privat beschult.

Unsere Gastgeber Henno und Luzio

Henno und Luzio wollen in ihrem Dorf einen Unterschied machen. Sie erzählen über ihr Projekt: „In der staatlichen Schule lernen die Kinder nicht viel. Selbst nach dem Besuch einer Schule sind viele Kinder noch Analphabeten. Dabei hängt doch so viel von Bildung ab. Wir möchten, dass die Familien mehr Chancen haben. Sie sollen verstehen, dass in die USA auszuwandern nicht die einzige Art ist, Einkommen zu haben. Am

Atitlàn-See gibt es durch Touristen und Expats viele Kunden, um sich ein Business aufzubauen. In Jaibalito ist diese Idee aber noch völlig fremd." Tatsächlich sind wir gerade die einzigen Touristen in dem kleinen Dorf. Luzio erzählt weiter von seiner privaten Schule: „Die Dorfkinder dürfen hier noch zusätzlich nach der Schule lernen. Unsere Lehrerin Karla kommt jeden Tag aus Panajachel mit dem Boot und unterrichtet noch zusätzlich. Eure Kinder können morgen direkt mitmachen." Ich bin begeistert. Eine guatemaltekische Schule von innen zu erleben ist bestimmt ein Erlebnis. Mal schauen, wie hier unterrichtet wird.

Am nächsten Morgen geht es direkt los. Eine Handvoll Dorfkinder hat sich zusammen mit Lupè in der Baumhausetage eingefunden. Fiona ist auch dabei. Das ist ein unglaublicher Glücksfall, denn Fiona ist ebenfalls sieben, mit ihren Eltern und ihrem Bruder vor anderthalb Jahren aus Deutschland in dieses Dorf gezogen – ins Nirgendwo von Guatemalas Hochland. Unsere Kinder lieben Karla, die junge fröhliche Lehrerin. Obwohl der Unterricht ausschließlich auf Spanisch läuft, sind unsere drei voll integriert. Die Kinder basteln viel, es geht um ökologische Themen wie um die Entwicklungsstadien eines Schmetterlings. Alle Kinder hören den Erklärungen Karlas zu und malen dabei ein Entwicklungsstadium. Später reißen sich die Kinder darum, wer zuerst hüpfen darf. Karla stellt Matheaufgaben als Hüpfspiel. Unsere drei machen dank Fiona ganz selbstverständlich mit, zum Glück übersetzt sie auf Deutsch. Unsere drei, Lupè und Fiona haben sich von der ersten Sekunde an verstanden.

In der kleinen Dorfschule lernen unsere Kinder ...

... zusammen mit guatemaltekischen Kindern

Nach dem Unterricht sitzen wir wieder mit Luzio und Henno zusammen: „Leider nehmen nur wenige Eltern unser Angebot an. In den Maya-Gemeinden hier am See gibt es viel Ablehnung Schule gegenüber. Zum einen wollen die Gemeinden ihre Kultur bewahren und sich vor den spanischen und lateinamerikanischen Einflüssen schützen. Zum anderen passiert in der Schule nicht viel." Das kann ich mir gut vorstellen: „Wenn wir im Restaurant sitzen und die Kellnerin versucht, einfache Rechnungsbeträge zusammen zu addieren, funktioniert das nur mit Taschenrechner – und auch das sieht immer mühevoll aus", entgegne ich mit einem Lachen. „Hier laufen die Dinge anders", bestätigt mir Luzio. „Die Kinder werden auf den Feldern oder im Haushalt gebraucht, wo sie von den Eltern die wichtigsten Dinge lernen. Gärtnern, Haushalt, Kochen, den Beruf der Eltern. Alle rundum lebenspraktischen Dinge, die den Kindern helfen, sich später selbst zu versorgen. Schule ist nicht so wichtig." Ich runzle die Stirn: „Unglaublich, wie verschieden Kinder aufwachsen können. In Deutschland ist das Leben so viel komplizierter. In unserem Land geht gar nichts ohne eine solide Schulbildung. Abschlüsse haben einen sehr hohen Stellenwert." „Bei uns in Guatemala ist die Familie das Wichtigste. Sie bietet Sozialstruktur und die Menschen wohnen in Großfamilien meistens mit drei Generationen zusammen. Sie leben in einem kleinen Haus, das jedoch im Familienbesitz ist mitsamt eigenem Grundstück", führt Henno aus. „Anders als bei euch haben sie oft keinen Kredit, den sie ihr Leben lang abbezahlen müssen. Sie haben ein kleines Einkommen, von dem, was sie gelegentlich arbeiten, und Erträge aus ihrem Garten. Ganzjährig wachsen Bananen, Papayas, Avocados und Mangos. Die wachsen praktisch in jedem Garten. Ein paar Hühner laufen auch immer irgendwo herum."

Die farbenfrohen Märkte im Hochland ...

... werden immer in meiner Erinnerung bleiben

Obst, dampfende Garstände und frischgepresste Säfte machen unseren Tag schön

Unsere Zeit am See ist wundervoll. Wir gehen schwimmen oder sitzen mit unseren Gastgebern zusammen und sprechen über die wildesten Lebensthemen. Die Kinder spielen, malen und klettern wie selbstverständlich zu fünft in ihrer Freizeit. Wirklich arbeiten für unseren Workaway-Aufenthalt müssen wir hier nicht. Wir besuchen mit dem Boot die umliegenden Dörfer und schauen uns das Gewusel auf dem einheimischen Markt an. Wir laufen durch bunte Dörfer und schauen auf dem Plaza Central einem Pelotaspiel ohne Feuer zu. Wir besuchen eine Frauenkooperative, die sich durch Textilherstellung ein Einkommen schafft, um unabhängig von Männern zu sein. Wir genießen frisch gepressten Fruchtsaft und Köstliches an den Straßenständen. Unsere Kinder lieben tiefgekühlte Bananen, die frisch mit flüssiger Schokolade überzogen werden. Nach ein paar Tagen haben sich die Bewohner Jaibalitos an uns gewöhnt und wir werden auf der Straße schon freudig gegrüßt.

Mit den Fähren erkunden wir die anderen Dörfer am Seeufer

Guatemala ist schrill und bunt

Tuk Tuks wuseln durch die dichten Innenstädte

Warten aufs Boot

Am letzten Abend besuchen wir Fionas Familie. Jetzt erkenne ich auch den Teenagerjungen vom Hinweg wieder. Bastian hatte uns auf Deutsch gegrüßt, jetzt öffnet er uns die Tür. Katrin und Thomas, die Eltern, haben uns zum Abendessen eingeladen. Sie wohnen im Nachbarhaus, noch zur Miete, bis ihr neu gebautes Eigenheim ein paar Meter weiter fertig ist. Während wir uns über den Auflauf hermachen, erzählt uns Thomas, wie dringend er aus Deutschland heraus wollte: „Die Coronazeit und die Regelungen haben mich fertig gemacht. Das hat das Fass zum Überlaufen gebracht. Ich wollte einfach nur weg. Über den Bekannten eines Freundes haben wir vom Atitlán-See gehört, sind hierher gereist und haben uns in diesen Ort verliebt und dieses Haus gemietet." „Was für ein mutiger Schritt", denke ich mir. „Gerade als Familie bietet doch Deutschland sehr gesicherte Strukturen. Was ist mit Schule für eure Kinder?" Bastian und Fiona besuchen schließlich keine Regelschule und auch keine deutsche Online-Schule. Katrin lächelt nur: „Wir sind da ganz entspannt. Wir glauben, dass unsere Kinder nach Interesse lernen werden." Tatsächlich sitzt der

15-jährige Bastian am Laptop und bringt sich mit online-Tutorials selbst Programmieren bei. Mit höchster Motivation, da er für sich selbstverantwortlich lernt. Wenn ich mir vorstelle, dass er später vielleicht Informatiker wird und einfach in den Dingen gut ist, an denen er Spaß hat, dann ist das ein Gewinn für ihn und gleichzeitig hat er damit sehr gute Berufsperspektiven. Für Fiona laufen die Dinge auch anders. Sie kann mit sieben noch nicht lesen oder schreiben. Dafür spricht sie Spanisch, Englisch und Deutsch. „Fiona geht zu Karla in den Unterricht. Irgendwann wird sie das schon hinkriegen." Ich bewundere diese entspannte Haltung der Eltern. Die beiden sind keine weltfremden Traumtänzer oder dauerbekifften Hippies. Katrin hat eine gut gehende Osteopathiepraxis im nächsten Dorf und verdient den Lebensunterhalt, während ihr Mann mit zwei lokalen Bauarbeitern auf der Baustelle steht. Ihr Haus mit Seeblick wird gerade mal 60.000 Euro kosten, dafür brauchen sie nicht mal einen Kredit. „Eigentlich wollte ich gar nicht weg", sagt Katrin, „aber jetzt liebe ich es hier. Das Leben ist so viel ruhiger als in Deutschland. Ich kann täglich schwimmen und arbeite vier Tage in der Woche. Lebensmittel, Strom und Transport sind hier sehr günstig. Wenn wir Urlaub machen, dann nehmen wir den Bus und sind in zwei Stunden am Meer. Viel mehr brauchen wir nicht."

Manchmal frage ich mich als Lehrer an einem Gymnasium, ob wir das alles an Bildung wirklich brauchen, das wir in unsere Schüler hineinschaufeln. Den Satz: Man lernt fürs Leben, nicht für die Schule, habe ich schon als Schüler nicht glauben können. Brauchen wirklich alle Schüler die ganze Oberstufen-Mathematik? Wofür lernen wir Latein? Müssen wir wirklich in Deutsch und Englisch die wildesten Gedichte interpretieren können? Oder das Wissen um die punischen Kriege aus grauer Vorzeit, mit denen uns unser Geschichtslehrer monatelang gequält hat? Ich glaube, es täte Schülern gut, wenn wir noch mehr Wahlmöglichkeiten im Schulsystem hätten und die Schüler mehr Bereiche kennenlernen könnten, die sie dann nach Interesse eigenständig vertiefen können. Das neue Fach Wirtschaft ist ein Anfang. Marketing, Psychologie, wie man ein Business gründet, Grundlagen in BWL, Ethik, Nachhaltigkeit oder Ernährung – das alles möglichst praxisorientiert – fände ich wünschenswert. Dafür könnte man dann eben ein paar Stunden aus dem bisherigen Fächerkanon wegfallen lasse. Das wäre sicher nicht der Untergang des Abendlandes.

Speziell Ernährung wäre auch ein Fach, das Kindern in Guatemala gut tun würde. Übergewicht und Diabetesrate sind gewichtige Probleme hier. Die amerikanische Lebensmittelindustrie hat Guatemala fest im Griff und an den kleinen Läden besteht das Angebot hauptsächlich aus Bier, Limonaden, Chips und Keksen. So viele übergewichtige Menschen wie in Mittelamerika habe ich bisher nur in den USA gesehen. Um ernsthaft Sport zu treiben, ist es hier zu heiß, die Kalorien zu verbrennen geht nicht. Hier wäre mehr Bildung für die Einheimischen wirklich ein Gewinn. Für die Kinder in Deutschland auch, denn eine Tendenz in diese Richtung gibt es bei uns ebenfalls.

Was sollen meine Kinder lernen? Wie sollen die drei aufwachsen? Unser Aufenthalt in Jaibalito bringt mich zum Nachdenken. Ich glaube erst mal daran, dass Erziehung sehr viel aus Liebe und Vorbild besteht. Leben wir als Familie eng zusammen, verbringen gemeinsame Zeit und bieten den Kindern Vertrauen und Verlässlichkeit, einen gesunden Lebenswandel, so ist die wichtigste Basis schon mal gelegt. Ich hoffe ihnen speziell durch unsere Reisen Offenheit und Kontaktfreudigkeit mitzugeben – einen gesunden Appetit auf Neues und Fremdes. Selbstwirksamkeit ist ein Aspekt, der mir darüber hinaus sehr wichtig ist. Meine drei sollen lernen, dass sie mit ihren Fähigkeiten in der Lage sind ein Problem zu lösen oder ein Hindernis zu überwinden. Unsere Reise bietet da täglich genug Lernfelder. Das gibt Selbstvertrauen.

Im Laufe ihres Lebens sollen sie sich die entscheidenden Fragen stellen: Wo komme ich her? Wer bin ich? Was will ich im Leben? Was macht mich glücklich? Sie müssen nicht den klassischen Erwartungen der Gesellschaft folgen. „Sei gut in der Schule, dann kannst du auf die Uni gehen. Dann kommt der Arbeitsvertrag, Heirat, Haus, Nachwuchs, Hund. Dann bist du glücklich, weil du es geschafft hast." Es gibt auch außerhalb dieses Weges erfüllende Möglichkeiten. Abseits des geraden Wegs. Durch Umwege und Hinfallen, Richtungswechsel und wieder aufstehen. Sind wir offen für das was kommt, vertrauen auf unsere Fähigkeiten und nehmen die Zukunft selbst in die Hand, wird ein Weg dabei herauskommen, der glücklich macht. Ob das in einem kleinen Dorf in der Ungewissheit Guatemalas ist oder im Reihenhaus im strukturierten Deutschland, dürfen unsere Kinder selbst entscheiden.

***Wahnsinnig:** Wir finden kein Taxi, um den Nachtbus noch pünktlich zu erreichen. Damit es irgendwie voran geht, laufen wir mit den Kindern und unserem Gepäck hastig auf der Straße und stauen den Verkehr hinter uns auf. Ein Polizei-Pick-up mit vier Polizisten hält an. Ein Polizist rennt zu uns und ruft lautstark: „Hey, was macht ihr da? Wo geht ihr hin?"*

***Glücklich:** „Springt in den Wagen. Wir fahren euch zum Busbahnhof. Willkommen in Guatemala!".*

Die Rochen kommen um vier Uhr – Belize

„Wie alt ist deine Tochter? Sieben? Dann geht sie mit Haien schwimmen? Wahnsinn!" (Alicia, Backpackerin aus Frankreich)

Wir lieben Tierbegegnungen und das hier ist wirklich der Wahnsinn. Wir stehen am späten Nachmittag im seichten Wasser der Tropeninsel Caye Caulker. Über meine Füße ist gerade ein gewaltiger Stachelrochen geschwommen. Neben mir steht Hanna und über ihre Füße ist auch ein Stachelrochen geschwommen. Vor uns im Wasser schwimmen noch mindestens zehn weitere der zutraulichen Tiere am Strand hin und her. „Die sind wie kleine Hundewelpen", ruft uns Mario, der Besitzer des Iguana Reef Inn Hotels, zu. „Hier, nimm noch einen Fisch, halt den ganz nah über den Sand und warte bis der Rochen mit seinem Maul drüber schwimmt." Hanna strahlt übers ganze Gesicht und tatsächlich: Ein Stachelrochen kommt ganz nah an uns ran, lässt sich in aller Ruhe am Kopf streicheln und futtert die Sardine, die Hanna ihm hinhält. Dabei schmatzt er genüsslich. Aus seinen Spritzlöchern an der Körperoberseite schießt Sand und Wasser heraus. Dann verlässt er uns mit einer eleganten Seitwärtsbewegung. Jonas ist völlig aus dem Häuschen. „Rochen, Rochen, Rochen", ruft er begeistert. Auch wenn wir keine Fische in der Hand haben, kommen die Tiere in aller Ruhe zu uns und lassen sich streicheln. Wir fühlen uns sicher, obwohl sie einen langen Schwanz haben, mit dem sie sich gegen Raubfische zur Wehr setzen. „Die Tiere haben einen schlechten Ruf wegen ihres Stachels. Aber es gibt weltweit nur ganz selten mal einen Zwischenfall mit Menschen. Sie müssen sich sehr bedroht fühlen, um ihren Stachelschwanz als Waffe einzusetzen", führt Mario weiter aus und wirkt grundzufrieden mit seinem Projekt. Jeden Nachmittag steht der Chef persönlich in Badehose und mit Fischeimer im Wasser und kümmert sich um seine tierischen Freunde. Die Rochenfütterung ist eine der Hauptattraktionen der Insel und am Strand versammeln sich viele Leute, um die Rochen zu erleben.

Die Rochen kommen ganz zutraulich ins seichte Wasser geschwommen, ...

„Ich wollte den Tieren etwas zurückgeben, nachdem ich das Resort gebaut habe. Ich musste die Mangroven hier abholzen, damit meine Hotelgäste einen Strand haben. Dadurch habe ich ihnen den Lebensraum weggenommen. Das hat mir ein schlechtes Gewissen gemacht. Deshalb füttere ich jeden Nachmittag die Rochen. Sie kommen gegen vier Uhr zum Strand geschwommen", erklärt Mario.

... wo wir sie füttern können

Dieser Strand hätte es auch ohne Rochen schon in sich, denn er erfüllt jedes Klischee einer Tropeninsel. Puderzuckerweiß, Palmen, die sich sachte im Wind wiegen, und große Muscheln am Strand. Mario tut noch mehr für die lokale Tierwelt. Unter dem Steg des Hotels hat er netzartige Strukturen im Sand vergraben, sodass Korallen wachsen können. Ein kleines Riff ist schon nachgewachsen. Neben dem Steg hängen ein paar grobmaschige Netze. Hierin verfangen sich Algen und Seegras, somit es ist ein idealer Schutzraum für die bedrohten Seepferdchen. Während ich nach ein paar Minuten angestrengtem Suchen aufgebe, hat Eva mehr Erfolg. Sie entdeckt einen der gut getarnten kleinen Fische. Sie wirken so zerbrechlich, schaffen es aber doch sich mit ihren kräftigen Schwänzen an den Seilen der Netze festzuhalten. Hier, in diesem künstlichen Refugium, leben sie sowohl frei als auch geschützt vor Fressfeinden. Seepferdchen sind vom Aussterben bedroht, da sie vielfach gefangen und getrocknet werden, weil sie in der traditionellen chinesischen Medizin als Heilmittel begehrt sind. Alle Besucher der Insel können sie hier beobachten. Die Rochenfütterung und die Seepferdchen sind für alle Gäste der Insel zugänglich, nicht nur für die Hotelgäste. Mario ist es wichtig, dass hier alle Menschen zusammenkommen können, nicht nur die, die das nötige Geld

Hanna, Eva und Jonas lieben diese Tierbegegnungen

für ein Zimmer im vornehmen Hotel übrig haben. Ich mag seine Einstellung, sonst könnten wir dieses Schauspiel nicht erleben. Wir wohnen in einer kleinen Ferienwohnung in der Inselmitte. Natürlich hat er im Hinterkopf, dass die Besucher an der Strandbar Geld für ein Bier lassen. Vor allem die Engländer tun das ausgiebig, vielleicht sogar mehr, als dass sie die Rochen genießen.

Bilderbuch Strände. Puderzuckerweiß

Das Meer ist lauwarm und eine Brise geht durch die Palmen

Belize ist ein wunderschönes Land. Es besteht hauptsächlich aus Küste und liegt eingepfercht zwischen Guatemala und Mexiko. Auf unserer Reise zurück vom Atitlán-See nach Cancún führt uns der Weg hierher. Meine erste und unauslöschliche Erinnerung an dieses Land ist Barbecue-Geruch, nein, es sind Barbecue-Dampfwolken, Schwaden, Nebelwände, die durch die Straßen wabern. Gutgelaunte Menschen stehen hier in ihren Vorgärten hinter halb durchgeschnitten Metallfässern, die sie in Grills umgewandelt haben. Darauf schmoren sie Koteletts, Meeresfrüchte oder Hühnchen. Alles mariniert mit Kräuterölen, rauchiger Barbecue-Sauce oder was sie sonst in der Küche angerührt haben. Reis wird hier mit Kokosflocken gewürzt. Während wir durch die Straßen laufen, können wir uns im Vorübergehen satt essen. Bougainvillea, Hibiskus und Bananenstauden sehen wir in den Gärten. Die Straßen sind gesäumt von kleinen Holzhäusern, die in pastelligen Farben angestrichen sind. Türkis, Rosa oder Hellblau wechseln sich hier ab und wirken bezaubernd unter der karibischen Sonne. Alle Menschen lachen hier. Viele sprechen uns an: „Hey Mann, du bist in Belize. Hab eine gute Zeit. Go slow." Ich bin immer wieder beeindruckt, wie willkommen wir in anderen Ländern sind.

Das Land unterscheidet sich kulturell vom Rest Mittelamerikas, denn es ist nicht lateinamerikanisch geprägt, sondern ein eigenartiger Mix aus vielen Kulturen. Mestizen, also Nachfahren der Europäer und der indigenen Bevölkerung, Kreolen, die ursprünglich aus Afrika stammen, Rastafaris und Asiaten. Das Land gehört zum Commonwealth. Das Gesicht der Queen ziert die Geldscheine und Englisch ist die Amtssprache. Dabei wird die Variante Creole benutzt, in die sich auch noch andere Sprachen gemischt haben. Es klingt wie eine vereinfachte Version des britischen Englisch mit anderen Betonungen und Wörtern. Das Land ist ein gut gehütetes Geheimnis, denn selbst viele Engländer, die wir hier treffen, wussten vor ihrer Reise gar nicht, dass es zum Commonwealth gehört. Die wenigen, die es kennen, kommen wegen des gewaltigen Riffs. Es ist das zweitgrößte Barriereriff nach dem Great Barrier Reef in Australien. Es erstreckt sich vor der gesamten Küste und sorgt für seichtes klares Gewässer mit Atollen, kleinen Inseln und einem fantastischen Artenreichtum unter Wasser. Es zaubert traumhafte Karibikstrände und Schnorchelmöglichkeiten. Ein bisschen Festland gibt es auch. Hier warten schöne Städtchen, Maya-Ruinen und Dschungel.

Unser erster Halt in Belize bringt uns in das Örtchen San Ignazio, direkt hinter der Grenze von Guatemala. Wir erholen uns hier von der langen Nachtbusfahrt und weiteren Fahrten im Collectivo. Zu Fuß überqueren wir die Grenze, wo es dann mit einer kurzen Taxifahrt in den Ort weitergeht. Ich habe im Reiseführer über das Green Iguana Project gelesen und möchte es unbedingt besuchen. Schon in Mexiko haben wir unzählige Leguane am Straßenrand und auf Steinmauern gesehen, wie sie in der Sonne gedöst haben. Aber in diesem Projekt wollen wir den Tieren ganz nahekommen.

Am späten Nachmittag betreten wir ein luxuriöses Hotel, wo uns ein junger Guide empfängt. Er nimmt uns mit hinter Pool und Tennisplatz in den schattigen Wald zu einem großen begehbaren Gehege. Dort befindet sich die Leguanschutzstation. Zuerst dürfen wir zu den ausgewachsenen Tieren. Sieben grüne Leguane dösen ruhig auf einer Empore. Sie sehen aus wie Mini-Dinosaurier, haben ein schillernd grün gefärbtes Schuppenkleid und einen aufgestellten Rückenkamm. Vorsichtig beäugen sie uns, sind aber so an Menschen gewöhnt, dass sie einfach liegen bleiben. Wir nähern uns ihnen mit etwas Grünzeug. Hanna und Eva halten ihnen ein saftiges Salatblatt vor die Nase. Erst einmal passiert hier gar nichts. Die Tiere dösen weiter ruhig. Dann siegt der Hunger über die Müdigkeit und ein Tier nach dem anderen beginnt zu futtern. Hanna schaut verzückt, dann flippt sie aus vor Freude, als der Guide sagt: „Der Dicke vor dir hat ein sehr ruhiges Gemüt. Den kannst du auf den Arm nehmen." Als hätte Hanna in ihrem Leben noch nie etwas anderes gemacht, hält sie nun das Tier in beiden Händen und strahlt über das ganze Gesicht. Als der Guide sich Eva und Jonas zuwendet, verstecken sich die beiden respektvoll hinter Julias Beinen. Sie brauchen einfach noch etwas mehr Zeit, um mit den Tieren umzugehen. Mein Exemplar soll zwar

Im Green Iguana Project erfahren wir viel ....

... über den Leguanschutz in Belize

auch friedlich sein, allerdings macht mein Arm mit seinen messerscharfen Krallen Bekanntschaft und ich setze das Tier schnell zurück. Ein paar blutige Kratzer bleiben und ich beschließe, erst mal auf Abstand zu gehen. Danach setzt uns unser Guide noch ein paar Jungtiere auf T-Shirt und Kopf. Deren Krallen kitzeln zum Glück nur und wir kommen aus dem Staunen nicht mehr heraus. Auf mir sitzen bestimmt zehn kleine grüne Echsen, auf Hanna und Julia ebenfalls. Eva versteckt sich immer noch respektvoll hinter Julias Beinen. Jonas geht wildsingend im Käfig auf und ab und genießt, dass Tiere um ihn herum sind, nimmt aber sonst nicht groß Notiz von ihnen. Es ist ein magisches Gefühl, ein bisschen kribbelnd und kitzelnd zugleich. Wir dürfen diesen tollen Tieren nahe sein.

„Warum haltet ihr die Leguane hier?“, möchte ich von unserem Guide wissen. Schließlich sind wir nicht die einzigen Gäste, jeden Tag kommen hier Besucher vorbei. „Die Population der Leguane hat in Belize dramatisch abgenommen. Zum einen durch Lebensraumverlust, zum anderen aber auch, weil die Menschen in den Dörfern alles als willkommene Mahlzeit sehen, was ihnen vor die Füße läuft.“ Ich schüttele mich innerlich. „Wie kann man nur einen Leguan essen? Aber wahrscheinlich ist alles eine Gewohnheitssache.“ „Nur zehn Prozent eines Leguangeleges schafft es bis ins geschlechtsreife Alter. Viele werden auch von natürlichen Feinden gefressen, zum Beispiel von Raubvögeln wie Eulen oder der Boa Constrictor“, führt er weiter aus.

„In unserem Projekt schützen wir den grünen Leguan. Einheimische bringen uns verletzte oder beschlagnahmte Tiere. Wir peppeln sie wieder auf und hoffen auf Bruterfolge. Wie ihr seht, waren wir in den letzten Jahren recht erfolgreich. Dort vorn ist unser Brutgehege. Die Weibchen legen ihre Eier im warmen Sand ab. Sind die Tiere geschlüpft, ziehen wir sie in einem geschützten Gehege auf. Sobald die Tiere ein Jahr alt sind, dürfen Besucher sie näher kennenlernen. Wir hoffen durch den Kontakt von Mensch und Tier ein größeres Bewusstsein für unsere Natur und das Ökosystem zu schaffen." Ich bin fest davon überzeugt, dass er recht hat: „Mein Älteste strahlt über das ganze Gesicht, sobald sie sich mit Tieren umgeben darf. Für sie wird Achtung vor der Natur immer wichtig sein", denke ich mir. „Sobald die Tiere dann geschlechtsreif sind, setzen wir sie im Wald aus. Dann sind sie sich selbst überlassen und verhelfen dem Bestand hoffentlich zu stabileren Zahlen." Als hätte unser Guide noch nie in seinem Leben etwas anderes gemacht, sammelt er ein Tier nach dem anderen von uns ab. „Wir haben mehrere Mitarbeiter. Wir gehen regelmäßig in die Schulen in der Region und versuchen schon den Kindern klarzumachen, dass wir die Waldtiere nicht essen dürfen. Leguane sind schützenswerte Tiere und es ist so viel besser für die Nahrungsketten, wenn wir eine intakte Tierwelt haben. Die Menschen in den Dörfern gehen einfach in den Wald und fangen Wildtiere für den Kochtopf", beendet unser Guide kopfschüttelnd die Führung.

Ich freue mich richtig, dass unser stattliches Eintrittsgeld nicht dem schicken Hotel zugutekommt, sondern dass wir hier aktiv etwas für den Umweltschutz beitragen – und dabei noch so viel Spaß haben. Auch wenn vielleicht die Interaktion mit Leguanen ethisch nicht völlig richtig ist, ist es doch wesentlich besser, als sie zu kochen. In den Ländern Mittelamerikas steckt ein Bewusstsein für Umwelt- und Tierschutz leider noch in den Kinderschuhen. Schließlich ist ein gefangener Leguan ein gratis Mittagessen. Wenn man nicht viel Geld hat, ist das die Rettung des Tages. Für unseren deutschen Blickwinkel ist Wildtiere fangen unverständlich. Aber den erhobenen Zeigefinger sollten wir trotzdem nicht rausholen. Denn unser Fleischkonsum in Deutschland trägt mit seinen CO_2-Emissionen zum Klimawandel bei. Ist es also besser Fleisch aus Massentierhaltung zu essen oder besser Wildtiere zu essen? Eine zufriedenstellende Antwort auf diese Frage gibt es vermutlich nicht – außer zum Salatblatt zu greifen.

Wir verlassen San Ignazio mit seinen Leguanen, nehmen einen Bus in die Hauptstadt Belmopan, einen weiteren nach Belize City und landen im quirligen Fährhafen. Dort bringt uns eine rasante Bootsfahrt ins Paradies. Wir passieren kleine unbewohnte Sandbänke, Mangrovenkanäle, Inseln mit verlassenen Fischerhütten, exklusive Hotelinseln und erreichen Caye Caulker. Wir verbringen hier eine Woche mit schwimmen, sonnenbaden und flanieren zwischen Kokospalmen und bunten Holzhäuschen. Wir lassen uns von den gut gelaunten Einheimischen von ihrem Lebensmotto anstecken: „Go slow." Backpacker aus der ganzen Welt schlurfen in Flip-Flops über die Sandinsel. Wie schon auf Isla Holbox gibt es keine asphaltierten Straßen oder Autos – nur Golfwagen, für die, denen der Lebensrhythmus hier doch zu langsam ist. Wir sehen zu, wie die Fregattvögel im Wind stehen. Überstehen zwei Tage Tropensturm mit den heftigsten Regenfällen, die ich jemals gesehen habe. Auf der Insel selbst gibt es nichts zu tun außer die Bedeutung des Wortes Stress zu verlernen. Jeden Abend finden wir uns bei der Rochenfütterung ein und sehen, wie die Sonne im karibischen Meer versinkt.

Die Ausläufer eines Hurricans bringen heftigen Regen

Trotz der Ruhe auf der Insel gibt es hier noch einen Ort, der mir keine Ruhe lässt. Er liegt ein paar Kilometer im Meer: die Shark and Ray Alley. Dieser Ort ist eine bestimmte Stelle im Meer zwischen der Insel und dem Riff weiter draußen. Entstanden ist er durch Fischer, die immer genau dort auf dem Meer gehalten haben, um ihre Fische auszunehmen und die Innereien über Bord zu werfen. Das hat natürlich Tiere angelockt: Ammenhaie und karibische Stachelrochen schwimmen dort in Massen herum. Diesen Ort müssen wir einfach per Schnorchelausflug näher kennenlernen.

„Go slow" lautet das Motto der Insel. Wir halten uns sehr genau daran

Leider plagt sich Julia seit ein paar Tagen mit Ohrenschmerzen herum und so suchen wir den einzigen Arzt der Insel auf. Passenderweise ist er auf Taucherkrankheiten spezialisiert und spricht sehr gut Englisch. Dort folgt die größte Enttäuschung unserer Reise: Diagnose Mittelohrentzündung. Der Arzt verbietet Julia den Kopf unter Wasser zu stecken. Vorsichtiges Schwimmen geht, Schnorcheln auf keinen Fall. Eine Antibiotikumsspritze gibt es zur Diagnose dazu. Weitere Medikamente folgen zusammen mit einer stattlichen Rechnung über 160 Euro. Zum Glück haben wir eine Auslandskrankenversicherung. Aber die Enttäuschung ist natürlich schwer zu verdauen, auch wenn sich nach dem Antibiotikum langsam eine Besserung einstellt. Ich versuche Julia zu trösten. Ich kaufe ihr Bananenkuchen und lasse die Kinder Gute-Besserungs-Bilder malen. Ich massiere Nacken und Kopf und passe auf die Kinder auf, damit sie beim Yoga entspannt. Bringe die Kinder zum Strand, damit sie länger schlafen kann. Aber die blöde

Entzündung kann ich nicht wegzaubern. Unseren Aufenthalt auf Caye Caulker wollen wir auch nicht auf unbestimmt verlängern, da wir einfach nicht wissen, wann Julia wieder Wasser in die Ohren bekommen darf.

Ich habe einfach ein Riesenglück, dass Julia sehr selbstlos ist: „Es ist ok, wenn du und Hanna eine Bootstour macht und schnorcheln geht. Ich finde, ihr solltet diesen Ort besuchen. Für Hanna wird das bestimmt eine tolle Erfahrung mit all den Tieren“, bietet sie mir an. Leichte Bedenken habe ich noch: „Ich hoffe, Hanna kriegt das hin. Sie ist ja eine super Schwimmerin, aber geschnorchelt ist sie noch nie. Das ist schon kompliziert mit Maske und Schnorchel.“ Aber der Plan ist gefasst. Julia geht mit Eva und Jonas zum Strand, während Hanna und ich ins Caye Caulker Marine Reserve aufbrechen.

Unser Boot legt ab und mit uns der Kapitän, sein Sohn und eine Handvoll internationaler Urlauber. Menschen aus Guatemala und Belize, aus den USA und England, aus Frankreich und natürlich Vater und Tochter aus Deutschland kommen hier zusammen. Wir lassen Caye Caulker hinter uns und fahren nur ein paar Minuten bis zum Barriere-Riff. Wir können es sehr gut erkennen, denn hier brechen sich die Wellen des Karibischen Meeres. Es sorgt für ruhiges klares Wasser auf unserer Seite. Damit nichts passieren kann, lege ich Hanna zusätzlich zur Schwimmweste noch einen speziellen Schwimmreifen um, der ihr viel Auftrieb verleiht, sie beim Schnorcheln auf dem Wasser aber nicht hindert. Wir lassen uns fast als erste ins herrlich warme Wasser fallen. Dann kämpfen wir einen Kampf mit Hannas Flossen und Brille. Irgendwo läuft immer Wasser in die Brille und ein Fuß rutscht aus den Flossen heraus. Ich versuche maximal geduldig zu bleiben. Wenn Hanna jetzt eine schlechte Erfahrung macht, dann wird der Rest des Tages schwierig. Bis wir alles passend eingestellt haben, sind wir die letzten am Boot, die anderen sind schon vorgeschnorchelt. Hanna ist hochmotiviert viele Tiere zu sehen und fragt mich: „Wann sehen wir die Muräne?“ Ich muss lachen und frage mich, in welcher Tierserie sie schon wieder von diesem Tier gehört hat. Ich erkläre ihr: „Das ist anders als im Fernsehen, hier ist es Glückssache, ob und welche Tiere wir sehen. Muränen findet man nicht einfach so. Wir werden aber bunte Fische sehen. Alles andere ist Zufall.“ Dann schwimmt sie so zügig mit ihren Flossen, dass wir die Gruppe schnell eingeholt haben. Dabei halte ich sie an der Hand. Das gibt uns beiden Sicherheit. Unser Guide winkt uns neben sich und deutet auf eine Felsspalte, die mit Korallen überwachsen ist. Er schlägt auf seinen Armring. Angelockt von dem Geräusch schießt ein grünes, schlangenähnliches Tier zu seiner Hand. Nur eine Minute, nachdem ich Hanna belächelt habe, sehen wir tatsächlich eine Muräne. Sie ist von all den Schnorchelausflügen auf das Geräusch konditioniert und erhofft sich etwas Futter des Guides. Zum Glück verzieht sie sich schnell wieder, mit ihren Zähnen möchte ich keine Bekanntschaft machen. Hanna sieht mich triumphierend an. „Siehst du!", grinst sie bis zu den Ohren. Wir gleiten weiter über Korallen, sehen Anemonen, Barrakudas, Zackenbarsche, Schwärme kleiner bunter Fische, Krebse und Seegurken. Ich halte Hanna sicher an der Hand, während wir so viele Tiere sehen. Jede Minute hier ist ein Geschenk.

Zurück an Bord ist Hanna stolz, dass sie jetzt Schnorcheln kann. Immer wieder erzählt sie mir von der Muräne. Wir fahren nur fünf Minuten weiter entlang des Riffes, als der Guide das Boot stoppt: *„Manatee, get ready guys, go in the water."* Als ich Hanna übersetze, dass wir für eine Seekuh halten, macht sie sich so schnell fertig, dass ich mir wünsche, Seekühe würden jeden Morgen nach dem Aufstehen vorbeischwimmen. Wir springen ins Wasser und das Tier ist einfach vor uns. Neugierig schwimmt die Seekuh ein Stück auf uns zu. Wir versuchen einen respektvollen Sicherheitsabstand zu halten, denn die Tiere sind streng geschützt. Aber dieses Tier will spielen. Sie beäugt unsere Gruppe. Dreht sich um die eigene Achse und zeigt uns ihren Bauch. Steigt an die Oberfläche auf und holt Luft. Mit ruhigen Schwanzbewegungen nimmt sie viel Tempo auf, lässt uns hinter sich und verschwindet in der Tiefe.

Wieder eine kurze Bootsfahrt später erreichen wir die Shark and Ray Alley. Der Kapitän stoppt das Boot und legt an einer Boje an. Ohne die Boje wäre es für mich ein beliebiger Punkt im Meer. Sein Sohn öffnet einen großen Eimer mit Sardinen und wirft ein paar Hände voll der Köder ins Wasser. Es dauert nur Sekunden und von überall schießen graue Körper herbei, drängen sich zum Boot und wollen ihren Teil des Futters abhaben. Fasziniert schauen wir vom Boot aus zu. Die Haie bewegen sich so elegant durchs Wasser. Es sind so viele, dass ein einziges Durcheinander ums Boot wimmelt. Übereinander, untereinander, nebeneinander. Ich kann den Grund vor lauter Haien nicht mehr sehen. Es sind ausschließlich harmlose Ammenhaie, knapp so groß wie ein erwachsener Mensch. Wenn ich meinen Arm ausstrecken würde, könnte ich sie streicheln. Unser Guide grinst: „Wer geht ins Wasser?" Alle bleiben ruhig sitzen, schauen nach unten und fangen an, in ihren Taschen rumzuwühlen. Hanna sieht mich an. In ihrem Gesicht erkenne ich ihre Gefühlswelt. Eine Mischung aus Ablehnung, Angst, Mut und Begeisterung. „Na los, ihr könnt Schnorcheln. Das ist kein Problem!", lacht der Guide. Ich gebe Hanna ihre Maske: „Wir machen das schon." Wieder bin ich von ihrem Urvertrauen beeindruckt. Sie wird mir einfach ins Wasser folgen, nur weil Papa es macht – obwohl dort Haie herumschwimmen. Weil ich vor ein paar Tagen schon mal mit Ammenhaien geschnorchelt bin, weiß ich, dass keine Gefahr besteht, solange man nichts Dummes macht und sie sich verteidigen müssen. Ansonsten hätte ich Bedenken und würde erst mal allein vorschnorcheln. Die bevorzugte Nahrung der Ammenhaie sind kleine Fische und Krebse und Weichtiere, die sie aus dem sandigen Boden aufwühlen.

Per Schnorchelboot geht es zum Barriere-Riff

Wir beide sind die ersten im Wasser, erst später folgen die anderen Ausflügler. Das gibt mir auf jeden Fall ein noch beruhigenderes Gefühl. Wir gleiten ums Boot. Das Wasser ist hier so flach, dass ich gerade so stehen kann. Hanna hält meine Hand, schwimmt ganz dicht bei mir und genießt das Schauspiel. Wir kommen sehr nah an die Tiere ran, halten aber genug Abstand, um sie in ihrem Fressrausch nicht zu stören. Die Haie beachten uns kein bisschen und drehen sofort wieder ab, sobald sie in unsere Richtung schwimmen. Stachelrochen gesellen sich dazu und hoffen auf ihren Anteil. Meine Anspannung fällt ab, Hanna ist voll in ihrem Element und ich muss mich nicht um ihre Sicherheit sorgen. Ich mache mir wieder einmal klar, was für ein Privileg ich gerade genieße. Ich reise mit meiner Familie und schnorchle gerade mit meiner ältesten Tochter im karibischen Meer. Um uns herum schwimmen Haie und Rochen. Wir haben die Chance etwas so Außergewöhnliches zu tun, dass sie nachher am Telefon gar nicht mehr aufhören wird, ihren Großeltern davon vorzuschwärmen. Das gibt Selbstbewusstsein pur.

Hand in Hand schwimmen Hanna und ich über Korallen

Die Haifütterung bringt Herzklopfen und tolle Fotos

Unter den Touranbietern auf der Insel gibt es einige, die es ablehnen, die Haie zu füttern. In ihren Augen ist es ein Fehler wilde Tiere zu füttern und somit ins Ökosystem einzugreifen. Auch die Rochenfütterung am Iguana Reef In lehnen sie ab, da sie der Meinung sind, dass man Wildtiere nicht an Menschen gewöhnen darf. Wenn Wildtiere an Menschen gewöhnt sind, werden sie immer wieder zu Menschen kommen, in der Hoffnung Futter zu kriegen. Ich erinnere mich an die Bären in Kanada. Da funktioniert der Tierinstinkt sehr zuverlässig. Vielleicht sind Menschen an anderer Stelle nicht darauf vorbereitet, dass Haie wohlmeinend auf Futtersuche zu ihnen geschwommen kommen. Oder die Tiere werden einfacher Opfer von Fischern. Auch kann ich verstehen, dass es Leute gibt, die es nicht für sinnvoll halten, Leguane geschützt aufzuziehen und an Menschen zu gewöhnen, um sie dann in die Wildnis zu entlassen. Wildtier bleibt Wildtier.

Allerdings werden die Leguane als Jungtiere Beute von Raubtieren oder landen später im Kochtopf. Fischer werden immer Tiere aus dem Meer fangen und so ins Ökosystem eingreifen. In den Gewässern vor Caye Caulker gelten die Regeln des Naturschutzgebietes und die Haie und Rochen dürfen grundsätzlich nicht gefangen werden. Letzten Endes sind sie freie Tiere und haben die Wahl auch

Der Sonnenuntergang ist jeden Abend aufs neue ein Moment, ...

von Menschen fern zu bleiben. Für mich persönlich ist die Shark and Ray Alley und die Begegnung mit Tieren ein Grund gewesen, überhaupt nach Belize zu kommen. Dadurch haben wir Geld in das Land und zu den Menschen gebracht, genauso wie all die anderen Urlauber, die nach Caye Caulker kommen. Auf unsere Erde mit bald acht Milliarden Menschen brauchen wir ein Verständnis für die Tierwelt und für Umweltschutz. Ich bin davon überzeugt, dass man nur das schützen kann, was man liebt. Ich glaube, wenn wir unsere Umwelt erfahrbar und liebenswert machen, dann hilft es den Menschen dabei die Umwelt zu schützen. Geben wir unseren Kindern schon die Chance die Natur zu schätzen, so wird sie das für den Rest ihres Lebens begleiten – und sie davon abhalten Haifischflossensuppe zu essen. Diese Spezialität ist nur ein Gericht auf der Speisekarte, aber eine Katastrophe für die Nahrungsketten im Meer.

Mittlerweile geht die Sonne am Iguana Reef Strand unter und wir genießen den letzten Tag auf dieser Insel. Der Himmel hat sich über dem Meer gefärbt. Julia und ich sitzen im Sand, warmes Wasser umspült unsere Füße. Unsere drei Kinder spielen in den Hängematten, die hier praktischerweise ins Meer gebaut sind und sind völlig mit Toben beschäftigt. Ich nehme Julia in den Arm und wir genießen den Moment. Es war so richtig, nochmals von Kanada aufzubrechen. All die Naturerfahrungen mit unseren Kindern zu erleben. Mittelamerika kennenzulernen und unsere Komfortzone – Meeresleuchten und Haien sei Dank – nochmals deutlich zu erweitern. Dankbarkeit breitet sich in mir aus, dass wir die Möglichkeit hatten, Beruf und Schule hinter uns zu lassen und für ein paar Monate diese intensive Familienzeit zu erleben. Ich sehe unsere drei gesunden Kinder, wie sie in den Hängematten toben, dabei völlig selbstverständlich im Meer schwimmen und sich hier täglich weiterentwickelt haben. Ich wünsche mir, dass sie so viel von dieser Reise mitnehmen und sie die Erfahrungen noch ihr ganzes Leben begleitet.

... den wir als Familie genießen

Heimreise

„Ihr seid so eine tolle Familie. Eure Kinder werden sich immer an eure gemeinsame Zeit erinnern, sie werden von diesem Trip noch reden, wenn sie erwachsen sind." (Mateo, Schildkrötenschützer auf der Isla Mujeres)

Wir verlassen Belize per Boot. An der mexikanischen Grenze müssen sich alle Passagiere am Steg aufstellen und ihr Gepäck vor sich ablegen. Grimmige Zöllner laufen auf und ab. Dann folgt der Drogenspürhund. Er schnüffelt genau an allen Gepäckstücken. Ich schicke ein kurzes Stoßgebet los. Lass die Dinge, die in den Serien gezeigt werden, nur im Fernsehen passieren. Dass niemand von uns unwissentlich zum Drogenkurier wurde. Zum Glück hat der Hund nichts zu beanstanden und wir können weiter. Ich frage mich heimlich, ob es beim mexikanischen Zoll eine Ausbildungseinheit gibt, wie man böse guckt. Die Zöllner wollen gar nicht so richtig in mein Bild von der Leichtigkeit Mexikos passen. Für mich ist Mexiko ein absolutes Wohlfühlland. Natürlich kenne ich nur die Yucatán-Halbinsel und die heile Touristenwelt. Mit Sicherheit gibt es auch noch die andere Seite, die schwierigen Ecken in diesem riesigen Land. Mit Armut, Kriminalität, Verbrechen und Korruption. Aber die ganzen Sicherheitsbedenken, die während unserer Reise aus unserer Heimat an uns herangetragen werden, kann ich überhaupt gar nicht bestätigen. Wir haben uns jede Sekunde unseres Aufenthaltes sicher und wohl gefühlt – bei Tag und bei Nacht.

Die Laguna Bacalar ist ein gewaltiger ...

... Süßwassersee in Mexiko

So verbringen wir noch zwei wunderschöne Wochen in Mexiko. Wir erleben die Laguna Bacalar, einen gewaltigen Süßwassersee, in all ihren schillernden Grüntönen.

Wohlfühlzeit!

Hanna und Eva klettern Kokospalmen hoch, die sich weit über das Wasser beugen. Wie selbstverständlich lassen sie sich aus der Höhe ins Wasser fallen – immer und immer wieder.

In Akumal gehen wir noch einmal ausgiebig Schnorcheln. In dieser geschützten Bucht leben die grünen Meeresschildkröten, weil hier ihre Lieblingsspeise wächst: Seegras. Hanna ist wieder voll in ihrem Element und entdeckt eine Schildkröte nach der anderen. Eva traut sich mit ihren fünf Jahren auf einmal auch zu schnorcheln. Als sie ihre erste Schildkröte am Meeresboden erblickt, schreit sie erschreckt auf. Sofort nehme ich sie im Wasser in den Arm und beruhige sie. Als ich ihr glaubhaft versichert habe, dass die Tiere völlig harmlos sind, entwickelt sie richtig Freude am Schnorcheln und platzt vor Stolz, als sie Mama von ihrem Erlebnis erzählen darf. Endlich hat mal nicht nur die große Schwester ein Tiererlebnis gehabt.

Frischer Fruchtsaft für 80 Cent der Liter. Mexiko ist ein Reiseland für den kleinen Geldbeutel

In der Nähe von Akumal gibt es viele Cenoten. Davon sind die meisten touristisch gut erschlossen. Über die gängigen Buchungsseiten kann man hier das Komplett-Abenteuerpaket buchen, mit Quadbike-Fahrt und Abseilen, dazwischen ein genau getaktetes Mittagessen, bevor die nächste Tourgruppe kommt. Hier merken wir einfach die Nähe zu den touristischen Hochburgen Playa del Carmen und Cancún. Das ist einfach nichts für uns, schon in der Bucht haben wir es geschafft, uns gegen alle Tourguides durchzusetzen, die uns eine geführte Schnorcheltour zu den Schildkröten verkaufen wollten. Dabei sind die Tiere für alle im Wasser zugänglich.

Schwimmen im eiskalten aber klaren Wasser ...

... der Cenoten in Mexiko – mit Süßwasser gefüllte Höhlen

Wir finden eine Cenote nur für uns. Sie liegt auf dem Gelände eines Campingplatzes. Der Besitzer lacht uns an: „Ihr trinkt etwas in der Bar und dann könnt ihr gerne baden gehen." So finden wir uns in dicht gewachsenen Dschungel wieder. Brüllaffen springen durch die Bäume. Das Wasser in der Höhle ist unglaublich klar und schimmert blau. Wir schwimmen zwischen Stalagmiten und Stalaktiten hindurch. Als wir am Rand des Höhlensees eine Pause machen, schwimmen kleine Fische zu uns hin und fangen an, unsere Füße anzuknabbern. Ich muss grinsen. In Victoria, der Hauptstadt Vancouver Islands, habe ich einen Schönheitssalon gesehen, wo man für eine halbe Stunde Fisch Spa 50 Dollar bezahlt hat. Angeblich sei es sehr gesund, abgestorbene Hautschuppen von diesen Fischen abfressen zu lassen. Auf jeden Fall kitzelt es und es ist ein Erlebnis. Hier in Mexiko bekommen wir das völlig gratis.

Unsere letzten Tage lassen wir auf der Isla Mujeres ausklingen. Eine klassische Urlauberinsel, aber nicht so stark frequentiert wie die Orte am Festland. Am Strand lernen wir einen Mitarbeiter einer Schildkrötenschutzorganisation kennen. Die Bestände der grünen Meeresschildkröte haben in den letzten Jahrzehnten deutlich abgenommen. Die Organisation setzt sich für den Schutz der Tiere ein. Über Jahrmillionen haben die Tiere

Wir genießen die Strände der Isla Mujeres

sehr erfolgreich gebrütet. Die weiblichen Tiere kommen nachts aus dem Meer auf den Sand, scharren ein Loch mit ihren Hinterflossen und legen ca 150 Eier ab. Nach diesem gefährlichen Kraftakt verschwinden sie wieder im Meer. Die Sonne übernimmt für die nächsten 60 Tage das Ausbrüten. Ebenfalls nachts schlüpfen die Babys und treten ihren gefährlichen Weg ins Meer an. Fressfeinde gibt es viele: Raubvögel in der Luft, Fischer, Waschbären und Füchse am Strand und Haie im Meer. In den letzten Jahrhunderten hat der Mensch zur Dezimierung des Bestands beigetragen. Die Tiere finden kaum noch unbeleuchtete und naturbelassene Strände zur Eiablage.

Die freiwilligen Helfer der Organisation spüren Gelege an den Sandstränden auf. Damit den Eiern nichts passiert, sperren sie diese mit Drahtgittern ab. So können keine Waschbären oder Füchse die Eier ausbuddeln und fressen. Die Gelege werden ständig kontrolliert. Kurz vor dem Schlüpfen nehmen die Helfer die Eier mit an ihren eigenen privaten Strand, wo die Tiere nachts ohne weitere Fressfeinde ins Wasser krabbeln können. Die meisten Schildkrötenbabys erreichen nämlich gar nicht erst das Wasser. Somit erhöhen sich die Chancen, dass viele Jahre später eine Schildkröte an ihren Geburtsstrand zurückkehrt, um wiederum für Nachwuchs zu sorgen. Schätzungen gehen davon aus, dass es nur eins von 1000 Tieren schafft.

Ein letztes Schildkrötenbaby wird in die Freiheit des Meeres entlassen

Die Mitarbeiter laden uns dazu ein, abends die letzten drei Tiere eines Geleges in die Freiheit zu entlassen. Im Schein einer Rotlichtlampe, ein Lichtbereich, den Schildkröten nicht wahrnehmen können, versammeln wir uns am Wasser. Nach einem kurzen Vortrag entlässt der junge Mann drei Schildkrötenbabys in die Freiheit. Aufgeregt scharren sie mit ihren Flossen, um vorwärts zu kommen. Dann werden sie von den schwarzen Wellen verschluckt und werden für sich selbst sorgen müssen. Für Hanna, Eva und Jonas ist das ein magischer Moment, von dem sie noch lange erzählen.

Aber irgendwann ist der Tag gekommen, an dem wir das letzte Mal an den Strand gehen. Das letzte Mal zu unserem Lieblingsessensstand gehen, um dort Tacos zu bestellen, das letzte Mal, dass ich vor allen anderen aufstehe, um den Sonnenaufgang mit seinem Farbspiel über dem Meer zu beobachten. In Cancún sammeln wir wieder unser Gepäck auf. Heute Nachmittag werden wir den Flieger zurück nach Hause nehmen. Es kribbelt in meinem Bauch, Gedanken

Urlaub von der Reise – am Ende lassen wir unseren Trip im Golf von Mexiko ausklingen

schießen durch meinen Kopf, fast genauso wie in den Tagen, bevor wir nach Kanada aufgebrochen sind. Meine Gedankenwelt ist wirklich schwierig zu beschreiben. Ich habe mich so sehr darüber gefreut, von zu Hause wegzukommen und unseren Routine geprägten Alltag hinter uns zu lassen.

Wir füttern einen Schwarm Fische

Aber unter dem Strich haben alle Orte auf diesem Planeten das Potenzial uns glücklich zu machen. Das kann ein wunderschöner Strand in Mexiko sein, ein Korallenriff, ein Gletscher in Kanada – oder unser Zuhause in Krefeld. Jeder Ort hat seine Vor- und Nachteile. Aber das müssen wir ständig wieder neu herausfinden. Wir haben unsere Heimat verlassen, weil wir nicht mehr in Strukturen und Routinen leben wollten. Weil wir mit unseren Kindern neue Erfahrungen machen wollten. Weil wir für ein paar Monate ein ganz anderes Leben leben wollten. Ein Leben, in dem nichts selbstverständlich ist. Ein Leben, in dem wir nicht genau wissen, wo wir in den nächsten Nächten schlafen werden, wen wir kennenlernen werden, was wir essen werden oder welchen wilden Tieren wir begegnen werden. Für all das müssen wir ständig Entscheidungen treffen und diese Entscheidungen machen unser Reiseleben so bunt. Routinen lassen zu Hause schließlich unsere Tage verfliegen, zu Monaten und zu Jahren werden, aber hier ist jeder Tag ein einziges Entscheidungsfeuerwerk. Das macht Reisen so intensiv. Das tut mir gut.

Auch hilft die Distanz zu unserem vertrauten Zuhause, dass wir uns die wichtigen Fragen stellen. Wie wollen wir als Familie leben? Wie können wir uns gemeinsam weiterentwickeln? Was wollen wir unseren Kindern mitgeben? Es ist so viel einfacher, die Antworten auf diese Fragen zu finden, wenn wir Abstand zur Heimat, zu unserem Routinen und zu unserem Vertrauten haben. Das hat mir an unserer langen Reise unheimlich gut gefallen. Ich nehme mir fest vor, alle Ideen und Impulse mit nach Hause zu nehmen und unser Leben nach unseren Ideen zu leben. Zum Beispiel viel Zeit in der Natur zu verbringen. Fahrrad statt Auto fahren. Abende am Lagerfeuer verbringen, mit Freunden treffen, Kultur erleben und dafür den Fernseher hinter dem Schrank verstauben lassen. Mich von Kochbüchern inspirieren lassen und wenig, aber hochwertiges Fleisch essen. Nur das kaufen, was ich wirklich brauche und weitergeben, was nicht mehr benutzt wird.

Mich täglich über die kleinen Dinge des Lebens freuen und dankbar für das sein, was ich habe. Mutig an Vorhaben herangehen und keine Angst vor dem Scheitern haben. Dinge tun, die sich für uns gut anfühlen, anstatt den Erwartungen anderer zu folgen.

Fünf Fahrgäste plus Gepäck und Fahrer in einen Kleinwagen? In Mexiko kein Problem

Dann steht das Taxi vor der Tür – ein Kleinwagen mit Sitzplätzen für fünf Personen. Wir wuchten unser riesiges Gepäck hinein. Mit Fahrer quetschen wir uns zu sechst hinein, füllen jeden Kubikzentimeter des Kofferraums aus und platzieren noch viel mehr Gepäck auf unseren Beinen. Dem fröhlichen Taxifahrer ist seine enorme Zuladung komplett egal. Er lacht nur und sagt: „In Mexiko ist das kein Problem.“ So fahren wir dann zum Flughafen und nehmen das Flugzeug zurück in unser altes Leben.

Das Gefühl von Kälte ist für mich unvorstellbar, in den letzten Monaten haben wir fast durchgehend Wärme erlebt. Einen ersten Vorgeschmack gibt es, als wir am Flughafen Wien umsteigen und ich in meinem viel zu dünnen T-Shirt fröstle. Und dann sind wir wieder da. Mit 1000 Stundenkilometern sind wir viel zu schnell nach Hause geprescht, nach so einer langsamen und genussreichen Zeit. Wir stehen am Düsseldorfer Flughafen. Immerhin scheint die Herbstsonne. „Holt Opa uns ab? Wann werden wir Oma und Opa sehen? Schlafen wir wieder in unserem Haus?“, durchlöchern uns unsere Kinder. Sie haben die letzten Tage mit gemischten Gefühlen durchgestanden. Auf der einen Seite haben sie jeden Tag im warmen Wasser und am Strand ausgiebig genossen. Aber die Vorfreude auf das, was jetzt kommt, ist ungebrochen. Sie werden Oma und Opa, ihre Freunde wiedersehen und in ihr Zuhause zurückkommen. Ich freue mich auch schon sehr darauf, meine Familie wiederzusehen. Mit meinen Freunden am Lagerfeuer zu sitzen und Geschichten auszutauschen. Und ich freue mich auf mein Bett. Nach vier Monaten müssen wir uns keine Gedanken mehr darüber machen, wo wir die nächste Nacht schlafen werden. Diese Herausforderung elektrisiert mich auf Reisen immer wieder und ich liebe es spontan Unterkünfte zu suchen. Aber man liebt ja schließlich das, was man gerade nicht hat.

Als sich die Sicherheitstür öffnet, gibt es keinen Halten mehr. Hanna, Eva und Jonas stürmen auf Opa zu. Jeder rennt so schnell, wie er irgendwie kann. Gleichzeitig schmeißen sich die drei in Opas Arme. Freudestrahlen auf allen Seiten. Wie wild schreien die Kinder durcheinander: „Opa, wir haben Haie gesehen!“ „Opa wir waren in Mexiko!“ „Opa, Opa, Opa!“, ich kann die einzelnen Begeisterungsschreie kaum auseinanderhalten. Opa wird regelrecht bestürmt und beklettert von seinen Enkelkindern. Das sorgt für große Augen bei den anderen Wartenden. Opa ist einfach nur glücklich, dass wir gesund wiedergekommen sind. Ein paar Sorgen hatte er sich schon gemacht, wegen unserer Länderauswahl.

Zurück in unserem Haus gehen die Kinder zuallererst in ihre Zimmer. Sie verlieren sich in ihrem Spielzeug. Vier Monate lang haben sie auf all das verzichtet. Vermisst haben sie es auf der Reise keine Minute. Aber jetzt gibt ihnen ihr Zimmer Sicherheit. Wir versuchen schnell in den neuen Tagesrhythmus hineinzukommen und wollen zu deutscher Uhrzeit schlafen gehen. Wir kämpfen gegen die Müdigkeit und als wir dann um sieben Uhr endlich ins Bett gehen, wird das Einschlafen wie eine Erlösung. Wie schon im Zelt in Kanada kuscheln sich Eva und Hanna ganz eng an mich und während ihnen die Augen zu fallen, denke ich mir: „So stelle ich mir Elternzeit vor. Wir alle ganz eng beieinander. Bei Tag und bei Nacht. Zu Hause oder in der Ferne.“

Die nächsten Wochen verlaufen schnell wieder in alten Routinen. Hanna geht zur Schule, Eva und Jonas freuen sich über den Kindergarten. Ich begleite Eva in ihren Schwimmkurs. Bevor wir gefahren sind, hatte Eva schon das Seepferdchen-Abzeichen gemacht. Damals hatte sie sich aber noch schwergetan, das Gesicht ins Wasser zu stecken. Wir waren jetzt vier Monate lang fast täglich im Wasser, haben nie speziell für irgendeine Prüfung trainiert, sondern einfach nur Spaß gehabt. Nach dem Aufwärmspiel frage ich die Schwimmlehrerin, ob Eva heute das Bronze-Abzeichen versuchen darf. Sie schaut Eva an, die bis unter die Haarwurzeln motiviert ist. Ohne eine einzige Minute Training verlässt Eva vor Stolz platzend mit Urkunde und Aufnäher das Schwimmbad.

Jeden Morgen bringe ich Jonas und Eva mit dem Lastenrad aus dem Haus, Hanna fährt auf ihrem Rad nebenher. An der Schule verabschiede ich mich von Hanna und wundere mich, wie wenig sie mich beachtet, wenn ich sie auf dem Fahrradhof neben ihren Freunden absetze. Als ich die beiden Jüngeren zum Kindergarten bringe, erblicke ich das altbekannte Schild am Kindergarteneingang. Hier vermerkt die Leiterin alle aktuellen Krankheiten im Haus. Die übliche Liste steht dort: Magen-Darm, Fieber, Hand-Mund-Fuß. Ich glaube, das Schild mit Magen-Darm wird eine Woche nach den Sommerferien aufgehängt und hält sich durchgehend bis kurz vor den Sommerferien des nächsten Jahres. Ein Kindergarten, so großartig wie er nun mal ist, ist leider auch ein Krankheitsverteiler. Ich denke an unsere letzten vier Monate zurück. Die Kinder hatten einen einzigen Krankheitstag. Alle drei zusammen. Während Hanna und Eva gar nichts hatten, kämpfte Jonas in Kanada einen Tag lang mit Fieber. Als wir seinen Zustand bemerkten, haben wir einfach früh an einem Zeltplatz gehalten. Wir haben versucht, dass Jonas ruhig in seinem Schlafsack liegt und sich erholen kann. Ins Zelt wollte er allerdings nicht, sondern hatte es sich lieber auf Mamas Schoß im Stuhl gemütlich gemacht. Am nächsten Morgen war alles wieder gut. Das war die ganze Krankengeschichte der Kinder aus vier Monaten Reise. Durch das gute Wetter und das ständige draußen sein, sind uns die klassischen Kinderkrankheiten erspart geblieben. Tatsächlich dauert es in Deutschland keine drei Wochen, bis unser erstes Kind mit Fieber zu Hause liegt. Die anderen folgen – und die Eltern ebenfalls. Es ist halt mal wieder November.

Während ich noch ein paar Monate Elternzeit habe, wird Julia arbeiten gehen. Sie hatte ja vor unserem Aufbruch ihre Anstellung als Schulsozialpädagogin gekündigt. Diesmal soll uns die Marktlage in die Karten spielen. Julia schreibt gerade einmal drei Bewerbungen. Jeweils an dem Tag, an dem die Bewerbung beim potenziellen Arbeitgeber eingeht, klingelt ihr Telefon. Julia möge doch zu einem Vorstellungsgespräch vorbeikommen. Am besten noch am gleichen Tag. Schnell liegt ein unterschriebener Arbeitsvertrag auf unserem Tisch.

Am meisten freue ich mich über die Rückmeldung von Hannas Grundschullehrerin: Hanna hätte keine erkennbaren Rückstände im Lernstoff. Ganz im Gegenteil: Hanna sei durch die Reise starker geworden, selbstbewusster, sicherer. Als ich dieses Kompliment höre, jubiliere ich innerlich. Genau das wollten wir erreichen.

Mir bleibt unsere Reise den Winter lang noch ständig präsent. Beim Sortieren der Fotos, beim Durchschauen der Videos, beim Schreiben des Manuskripts und wenn ich meinen Freunden von unserer Reise berichte. Meine Lichtblicke im trüben kurzen Tageslicht des Winters. Die Kinder leben mehr im Hier und Jetzt anstatt in der Vergangenheit. Für sie sind die Herausforderungen jedes Tages viel wichtiger. Kann Cousine Jana vorbeikommen? Wann kriegen wir Süßigkeiten? Können wir zum Spielplatz gehen? Für sie scheint die Reise innerlich schon lange abgehakt.

Für diese Momente hat sich das alles gelohnt

Während ich beim Frühstückstisch aus dem Küchenfenster in die kahlen Bäume blicke und mich in die Wärme Mexikos fantasiere, traue ich meinen Ohren kaum. Hanna fragt mich unvermittelt: „Wann fahren wir wieder los?“ Ich bin baff. Ich weiß, dass unsere Kinder die Reise genossen haben, aber dass sie schon wieder bereit sind, alles Vertraute hinter sich zu lassen überrascht mich. „Ich möchte nach Afrika und Giraffen sehen.“ Ich muss lachen. Natürlich vermisst sie Tierbegegnungen. Eva kräht als nächste in die Runde: „Ich möchte nach Kanada. Papa, ich will auch Wale sehen." Selbst Jonas, für den die letzten vier Monate scheinbar viel unbewusster abgelaufen sind als für die älteren Mädels, stimmt mit ein: „Ich möchte nach Costa Rica, da kann man mit den Fingern essen.“ Woher er diese Weisheit hat, weiß ich nicht ganz genau. Aber dass meinen Kindern unsere Reise offensichtlich gut getan hat, lässt mein Herz jubilieren. Sie wollen wieder raus. Sie wollen wieder ein Leben unterwegs, mit täglich neuen Erfahrungen. Wir fünf ganz eng beieinander – mit viel Zeit nur für uns zusammen. Das macht mich wahnsinnig glücklich!

Am Meer sitzen und frei fühlen

Nachwort

Ich bin fest davon überzeugt, dass wir immer eine Wahl haben. Sicherlich hat das Leben seine eigenen Pläne für uns, Dinge passieren einfach so verschuldet oder unverschuldet. Aber wir haben die Chance unser Leben nach unseren Vorstellungen zu leben. Wir können für uns ganz bewusst entscheiden, was wir möchten und wie wir unsere Zeit in diesem Leben verbringen wollen. Und das jeden Tag aufs Neue. Ob wir unser Leben mit Kindern auf Reisen verbringen möchten oder in der vertrauten Sicherheit unseres Zuhauses, ist natürlich jedem selbst überlassen. Beides bringt Vorteile, aber auch Schwierigkeiten mit sich. Für unsere Familie war es unheimlich wichtig, diesen Schritt zu machen und zusammen länger zu verreisen. Es einfach mal auszuprobieren, unsere Komfortzone zu verlassen und nachzuspüren, wie sich das anfühlt. Mein Leben hat das Reisen mit Kindern auf jeden Fall intensiviert. Gerade die Ungewissheiten, denen wir uns jeden Tag unterwegs stellen, bringen Gefühle zum Hochschießen und zum Abstürzen.

Das hätte ich mir früher niemals vorstellen können. Als ich Student war, habe ich mein freies und unabhängiges Leben in vollen Zügen genossen. Feiern gehen, Kommilitonen kennenlernen, auf WG-Abenden bis tief in die Nacht philosophieren, neue Sportarten ausprobieren, Reisen, Neues entdecken. Damals wollte ich, dass mein Studium niemals aufhört. Ich war der festen Überzeugung, dass mit Bestehen der Abschlussprüfung mein Leben vorbei ist. Dann habe ich als Lehrer angefangen zu arbeiten. Und schnell festgestellt, dass auch dieses Leben sehr viel schöne Dinge für mich bereithält. Ich habe mich an meinen Rhythmus gewöhnt, mich gefreut, dass ich mit Jugendlichen arbeiten darf. Etwas Sinnvolles im Leben anderer bewirken kann. Soweit es in der Taktung des Berufslebens möglich war, habe ich auch hier meine Freiheiten genossen. Auch zu diesem Zeitpunkt war ich der festen Überzeugung, dass mein freies Leben mit dem nächsten Schritt – Kinder – vorbei wäre, obwohl ich immer einen starken Kinderwunsch verspürt habe. Ich bin heute noch froh und dankbar, dass Julia, Hanna und ich einfach nach Florida aufgebrochen sind. Dass wir es einfach gewagt haben, entgegen den Erwartungen und Unkenrufen anderer, das Flugzeug zu besteigen und einfach zu dritt in die Welt loszuziehen. Diese Reise hat mir gezeigt, dass auch mit Kindern das Leben nicht vorbei ist, sondern ganz im Gegenteil: Das Leben wird einfach immer nur viel besser als vorher. Jedenfalls meistens – auch ohne ständiges Feiern gehen und Freiheiten leben wie in meiner Studentenzeit.

„Ich finde es so toll, dass ihr so eine tolle und weite Reise gemacht habt, ich habe immer eure Bilder auf Social Media angeschaut. Einfach Wahnsinn." Solche

Sätze kriegen wir nach unseren Reisen oft zu hören. Ich freue mich über den Zuspruch und versuche das Gespräch ein wenig später immer darauf zu lenken, dass dieses Privileg nicht nur uns zusteht, aber die meisten winken ab. „Mein Chef würde mich niemals so lange Elternzeit nehmen lassen", und „Das würde für uns nie so einfach gehen", sind die häufigsten Einwände, die ich zu hören bekommen. Ich verstehe, dass ich als Beamter in einer privilegierten Situation bin. Aber das Recht auf Elternzeit steht jedem Arbeitnehmer zu. Bis zu drei Jahre pro Kind und Elternteil. Früher, als die Elternzeit neu eingeführt wurde, da haben auch Männer für ihre zwei Monate Elternzeit gekämpft. Sie sind vielleicht auch komisch von Chef und Mitarbeitern angeschaut worden. Haben entgegen

Antigua in Guatemala – wie selbstverständlich beschäftigen sich die Kinder und finden sich zurecht. Also keine Angst vor dem Unbekannten

der Befürchtung eines Karriereknicks ihr Recht in Anspruch genommen. Also Väter, traut euch, nehmt euer Schicksal in die Hand und nehmt Zeit vom Job frei. Verbringt Zeit mit den Menschen, die ihr am meisten liebt. Nehmt die Herausforderung an, Hauptverantwortlicher für die Kinder zu sein. Macht euch frei von dem Druck, wie es danach weitergehen könnte. Sicherheiten gibt es letzten Endes keine. Dies ist auch eine Erkenntnis meiner Reisen. Nichts ist sicher und garantiert. Aber es gibt immer einen Weg, egal wie ausweglos die Situation gerade erscheint. Und wenn Dinge schief gehen und wir scheitern, so gewinnen wir trotzdem: nämlich Erkenntnis und Erfahrung. Das ist so viel wertvoller, als es gar nicht erst versucht zu haben. Am Ende unseres Lebens wird keiner von uns sagen: „Damals als junger Vater hätte ich mehr Zeit im Büro verbringen sollen. Ich hätte noch mehr arbeiten sollen. Dann wäre mein Leben viel besser geworden." Die meisten Grenzen existieren nur in unserem Kopf! Also überlegt mit euren Vorgesetzten, wie es möglich sein kann, dass ihr eine längere Auszeit nehmt.

In unserem Alltag handeln wir oft wie die Getriebenen. Wir versuchen, allen Bedürfnissen gerecht zu werden und noch viel mehr. Wir takten unsere Tage und unsere Wochen. Wir wollen schließlich nur das Beste für unsere Kinder: musikalische Erziehung, Sport, dass sie gut in der Schule sind und Freunde haben. Aber am Ende verausgaben wir uns in unserem Trott oft selbst. Ich habe versucht in meiner Reisebeschreibung die Höhen und Tiefen unseres Reiselebens offen und ehrlich darzustellen. Kleine Probleme gibt es auf Reisen auf jeden Fall genug. Aber die gibt es zu Hause auch. Meine überraschendste Erkenntnis: Das Leben ist auf Reisen viel einfacher als zu Hause. Denn wenn wir auf Reisen am Frühstückstisch sitzen, dann haben wir heute: keine Termine. Und morgen auch nicht. Es müssen sich nicht fünf Leute abhetzen, um zu Arbeit, Kindergarten und Schule zu kommen, zum Sportverein und zum Flötenunterricht und noch Freunde zu sehen, dazwischen noch irgendwo die Hausaufgaben einzuschieben. Auf Reisen gibt es nur ein wir. Was erleben wir heute alle zusammen? Garantiert nicht konfliktfrei, aber meistens ohne Stress.

Auch auf Reisen gibt es Alltag: Wäsche waschen, aufräumen und Hausaufgaben machen. Nur anders

Hängebrücke in Vancouver – kindergerechtes Abenteuer

Ich spüre, dass unsere Reisen immer ein Teil unserer Familienbande sein werden. Wir sind durch das ständige Aufbrechen enger zusammengewachsen, wir sind uns vertrauter und wir wissen, wie wir in verschiedenen Situationen reagieren. Unsere Kinder haben keine Berührungsängste mehr mit fremden Sprachen. Wie selbstverständlich zählen die drei auf Spanisch bis 15, bestellen die Rechnung und wollen immer neue Wörter wissen. Die Mädels klettern mutig auf Felsen hoch, balancieren über umgefallene Bäume und waten durch seichte Flüsse. Jonas versucht ihnen immer nachzueifern, soweit, wie er es in seinem Alter schafft. Sie haben auf Reisen gelernt, auf andere Menschen zuzugehen. Dabei ist es egal, welches Alter die anderen Menschen haben. Wie selbstverständlich sprechen sie andere Touristen an, sobald sie irgendwo Deutsch hören. Völlig ohne Kontaktschwierigkeiten oder scheu. Die drei lernen, dass sie sich immer in neuen Orten zurechtfinden, dass es überall auf der Welt schön sein kann, solange wir draußen in der Natur sind und wir uns gegenseitig haben. Es ist wichtig, Menschen um sich herum zu haben, denen sie vertrauen. Selbst Jonas passt auf seine beiden großen Schwestern auf, oder zumindest tut er das, was er für aufpassen hält. Ich freue mich, wenn sie in Zukunft den eingeschlagenen Weg weitergehen, und ihrem Herzen folgen. Wenn sie das tun, was sie glücklich macht, anstatt dem was in unserer Gesellschaft als erstrebenswert gilt. Der geradlinige Weg: Sei in der Schule gut, geh studieren, arbeiten, kauf ein Haus, heirate, krieg Kinder und einen Hund. Zwei dicke Autos vor dem Haus zeigen deinen Erfolg. Dann hat man es geschafft. Es ist völlig ok, das für erstrebenswert zu halten, solange man sich damit auseinandergesetzt hat, was man wirklich will. Ich glaube, es ist mindestens genauso wichtig, Umwege zu laufen, hinzufallen, wieder aufzustehen, auszuprobieren und herauszufinden, was einem wirklich gefällt. Ob das in Deutschland ist oder woanders auf diesem Planeten, möchte ich ganz ihnen überlassen.

Mit mir haben all diese Reisen auf jeden Fall etwas gemacht. Neben der ganzen Begeisterung und Freude, die ich jeden Tag empfunden habe, habe ich für mich ein ganz wichtiges neues Lebensziel hinzugewonnen: die Begegnung mit Doug von der Mennoniten-Kirchengemeinde auf dem ersten Campingplatz in Kanada hallt bis heute noch in meinem Kopf nach. Ich möchte nicht einfach so vor mich hinleben. Ich möchte am Ende meines Lebens sagen, dass ich für andere da war. Ich möchte auch ein Licht sein, das für andere scheint. Ich möchte andere Menschen dazu inspirieren, ihr Leben so zu leben, wie sie sich das wünschen. So wie ihr Herz ihnen das vorgibt. Ob das auf einer großen Reise oder nur ein erster kleiner Schritt ist, spielt dabei keine Rolle.

Die Kinder werden so schnell groß. Lasst uns die guten Momente auskosten.

Dieser Gedanke hat mich dazu hingeführt, dieses Buch zu schreiben. Oft hat mich der Erwartungsdruck, dass dieses Buch unbedingt erfolgreich sein muss und von vielen Menschen gelesen werden muss, dabei gebremst es zu schreiben. Erst als ich mich von den Erwartungen gelöst habe, sind meine Inspiration und mein Schreibfluss zurückgekommen. Druck ist das Destruktivste, was man sich in seinem Leben machen kann. Wenn ich helfen kann, das Leben von anderen in die Richtung zu lenken, die sie sich wünschen, dann habe ich viel erreicht.

Also lebe dein Leben mit Kindern genauso, wie du dir das vorstellst, entgegen den Erwartungen anderer, der Gesellschaft oder den vorgegebenen geradlinigen Wegen. Die größte Entscheidung in deinem Leben hast du glücklicherweise sowieso schon getroffen. Deine Kinder sind dann glücklich, wenn ihre Eltern es auch sind.

Danke

Ich bedanke mich bei allen Menschen, die wir auf unseren Reisen getroffen haben. Durch euch haben wir viel über die Welt fernab unserer Heimat gelernt, neue Ideen erhalten und unseren Blickwinkel erweitert. Danke an alle Workaway-Gastgeber, dass ihr eure Türen geöffnet habt und uns als Familie aufgenommen habt.

Ich danke meinen Eltern für die Ermunterungen zum Reisen und dass ihr immer für uns da seid.

Hanna, danke, dass du so tierinteressiert bist und so viel Geduld beweist, mit mir nach Walen, Bären und Rochen zu suchen.

Eva, ich danke dir für deine festen und innigen Umarmungen und dass du mit mir zusammen in die höchsten Bäume kletterst.

Jonas, danke für dein ansteckendes Lachen, deine Fröhlichkeit und deinen schelmischen Blick auf die Welt.

Julia, schön, dass du alle diese Reisen mitgemacht hast und auch nicht in den schwierigen Momenten aufgegeben hast. Auch möchte ich diesmal nicht vergessen, dir für die Titelidee des Buches zu danken. Mit dir möchte ich die Welt entdecken.

Freiheit leben

Ein Buch von Stefan Walter

Was macht uns glücklich?
Wie sieht ein erfülltes Leben aus?
Wie finde ich meinen Weg dorthin?

Auf der Suche nach Abenteuer und Herausforderung lässt Stefan das sichere Vorstadtleben hinter sich, um bei einem Jahr Work & Travel mehr von der Welt zu sehen. In Australien wird ein uralter Kombi das Basisquartier für die große Freiheit: Sterne zählen an einsamen Stränden, am Lagerfeuer sitzen und am Meer einschlafen. Er treibt Kühe durchs Outback, erntet Avocados, verzweifelt beim Schafe scheren und lebt einen ganz neuen Alltag. Diese erste große Reise verändert Stefans Leben und von nun an reist er, um herauszufinden, auf was es im Leben wirklich ankommt.

288 Seiten – voll bebildert
Naturzeit Reiseverlag
ISBN-10: 3944378334
16 Euro

Erhältlich in deinem Buchladen!